Hafen
Die Anlegeplätze entlang des Themseufers reichen wegen des boomenden Seehandels im 18. Jahrhundert nicht mehr aus. 1799 entscheidet das Parlament, geschlossene Hafenbecken weiter östlich zu bauen. Die ersten „Docks" werden 1802 eröffnet.

Tower
Die Festung an der Themse dient den Königen seit dem 12. Jahrhundert als Gefängnis, später beherbergt sie das Archiv, Waffenlager und die Münzprägestätte. Bis heute werden die Kronjuwelen hier aufbewahrt.

Fleet Street
Im März 1702 erscheint in dieser Straße die erste Londoner Tageszeitung, der „Daily Courant", praktisch alle großen englischen Zeitungsredaktionen siedeln sich später ebenfalls im Quartier an.

St. Paul's Cathedral
Im großen Londoner Feuer von 1666 wird die Kathedrale aus dem 11. Jahrhundert zerstört. 1711 erklärt das Parlament den Neubau mit der charakteristischen Kuppel für eröffnet.

Bank of England
Ihre Gründung durch Privatleute 1694 basiert auf dem damals revolutionären Konzept der „Staatsschuld". 1734 zieht das Institut an die Threadneedle Street. Ihr Spitzname „Old Lady" geht auf eine Karikatur zurück.

Moorfields
Hier leben die Armen, die Gegend ist für ihre Bordelle berüchtigt. Während der Gordon-Unruhen 1780 kommt es zu gewaltsamen Auseinandersetzungen zwischen Protestanten und hier lebenden Katholiken.

Englands Krone

Bettina Musall und Eva-Maria Schnurr (Hg.)

ENGLANDS KRONE

Die britische Monarchie
im Wandel der Zeit

Stefan Berg, Felix Bohr, Georg Bönisch,
Sebastian Borger, Thomas Darnstädt,
Martin Doerry, Marco Evers, Jan Fleischhauer,
Angelika Franz, Dagmar Freist, Annette Großbongardt,
Konstantin von Hammerstein, Wolfgang Höbel,
Hans Hoyng, Britta Kessing, Uwe Klußmann,
Joachim Kronsbein, Romain Leick, Johannes Saltzwedel,
Christoph Scheuermann, Michael Sontheimer,
Frank Thadeusz, Peter Wende

Deutsche Verlags-Anstalt

Die Texte dieses Buches sind erstmals in dem Heft
»Britanniens Krone. Von den Angelsachsen bis zu Königin Elizabeth II.«
(Heft 4/2014) aus der Reihe SPIEGEL GESCHICHTE erschienen.

Verlagsgruppe Random House FSC® N001967
Das für dieses Buch verwendete FSC®-zertifizierte Papier
Munken Premium Cream liefert Arctic Paper Munkedals AB, Schweden.

1. Auflage
Copyright © 2015 Deutsche Verlags-Anstalt, München,
in der Verlagsgruppe Random House GmbH
und SPIEGEL-Verlag, Hamburg
Alle Rechte vorbehalten
Typografie und Satz: DVA/Brigitte Müller
Gesetzt aus der Bembo
Bildbearbeitung: Heliorepro, München
Druck und Bindung: GGP Media GmbH, Pößneck
Printed in Germany
ISBN 978-3-421-04674-1

www.dva.de

Inhalt

11 Vorwort

EINLEITUNG

17 »WER DIE QUEEN ANSCHAUT, SIEHT BRITISCHE GESCHICHTE«
Die Historikerin Karina Urbach über die Langlebigkeit der Monarchie
Von Annette Großbongardt und Eva-Maria Schnurr

28 RULE, BRITANNIA!
Regentschaften englisch-britischer Monarchen

TEIL I
RITTER UND RIVALEN

33 GESALBT UND GEKRÖNT
Kampf der Angelsachsen und Wikinger um die Herrschaft auf der Insel
Von Angelika Franz

38 EIN NORMANNE AUF DEM THRON
Wilhelm der Eroberer, Krieger und Staatsmann
Von Uwe Klußmann

47 WUCHT DER TRAGÖDIE
Richard Löwenherz und Johann Ohneland kämpften gegen ihren eigenen Vater
Von Georg Bönisch

INHALT

58 HELD UND MESSIAS
König Artus – ein Mythos im Dienst der Krone
Von Stefan Berg

64 »EIN SCHELM, DER BÖSES DABEI DENKT«
Wie der britische Hosenbandorden entstand
Von Britta Kessing

67 »ZITTERE UND VERZAGE!«
Der Hundertjährige Krieg und die Erbfeindschaft zwischen England und Frankreich
Von Romain Leick

75 TRINKGELD FÜR DEN HENKER
Im Londoner Tower wurde gequält und gefoltert
Von Frank Thadeusz

81 EWIGES SCHEUSAL
Was ein Knochenfund über den notorischen Bösewicht Richard III. aussagt
Von Marco Evers

TEIL II
GLAUBENSKAMPF UND REVOLUTION

89 REFORMER WIDER WILLEN
Heinrich VIII. ließ seine Frauen köpfen, sein Land hat er verändert wie kein anderer
Von Konstantin von Hammerstein

99 DIE MACHT DER FEENKÖNIGIN
Durch geschickte Selbstinszenierung beförderte Elizabeth I. ihren Ruhm
Von Eva-Maria Schnurr

INHALT

111 INTRIGANTIN ODER OPFER?
Das tragische Ende der Schottin Maria Stuart
Von Britta Kessing

114 DER KOMÖDIANT DES HOFES
Shakespeares politische Botschaften bleiben rätselhaft
Von Wolfgang Höbel

124 OHNE KOPF UND KRONE
Die Exekution Karls I. 1649 markiert den Tiefpunkt
der Monarchie
Von Peter Wende

132 KUNST DES SCHMEICHELNS
Der Hofmaler Hans Holbein
Von Joachim Kronsbein

135 KÖNIGREICH GOTTES
Oliver Cromwell, Rebell im Bürgerkrieg,
harter Herrscher
Von Jan Fleischhauer

148 SIEG DES PARLAMENTS
In der Glorious Revolution entlud sich der Frust
über die enttäuschende Restauration
Von Dagmar Freist

157 DAS RECHT DER MENSCHEN
John Locke, Erfinder des modernen Staates
Von Thomas Darnstädt

TEIL III
WELTREICH UND PARLAMENTARISMUS

165 **KÖNIGE AUS HANNOVER**
Die deutschen Georgs waren keine Genies, verschafften England aber Weltgeltung
Von Johannes Saltzwedel

176 **DER AKKORDARBEITER**
Auf der Themse komponierte Händel die »Wassermusik«
Von Johannes Saltzwedel

181 **MITTELPUNKT DER WELT**
London im 18. Jahrhundert, die größte, quirligste und brutalste Metropole Europas
Von Sebastian Borger

192 **DELIKATE ERMITTLUNGEN**
Der liederliche König Georg IV. in der öffentlichen Kritik
Von Felix Bohr

TEIL IV
DEMOKRATIE UND MEDIENZEITALTER

203 **NIE GELÖSCHTE FLAMME**
Victoria I. und ihr Mann Albert machten den Königshof zum Familienunternehmen
Von Bettina Musall

INHALT

215 »DIE FRAU, DIE ICH LIEBE«
Für die Amerikanerin Wallis Simpson verzichtete
Eduard VIII. auf die Krone
Von Michael Sontheimer

226 BECHERN FÜR BRITANNIEN
Queen Mum, die Beliebteste der Windsors
Von Michael Sontheimer

229 DAS UNTERNEHMEN WINDSOR
Elizabeth II. hat die Monarchie stabilisiert
Von Hans Hoyng

241 DER FLUCH DER PRINZEN
Den Boulevardmedien entgeht kein Fauxpas
des royalen Nachwuchses
Von Martin Doerry

251 FAMILIENSACHE
Wohin steuert die britische Monarchie im 21. Jahrhundert?
Von Christoph Scheuermann

261 »DIE KRONE HAT GERADE EINE STARKE ZEIT«
Gespräch mit Lord Michael Dobbs
über den britischen Adel
Von Bettina Musall und Christoph Scheuermann

ANHANG

273 Chronik
286 Buchhinweise
288 Autorenverzeichnis
290 Dank
291 Personenregister

Vorwort

Als Queen Elizabeth 2012 anlässlich ihres 60. Thronjubiläums Bilanz zog, erinnerte sie an die zwölf Premierminister, die sie als Königin bisher erlebt hat. Nicht ausgeschlossen, dass es noch mehr werden.
Politiker kommen und gehen, die britische Monarchie bleibt. Seit mehr als 1000 Jahren folgt beinahe nahtlos ein Regent auf den nächsten, getreu dem Ausruf: »Der König ist tot, es lebe der König.« Bis ins frühe Mittelalter kann Elizabeth II. ihre Ahnen zurückverfolgen, eine Galerie berühmter und illustrer Häupter, von denen etliche zu den ganz großen Figuren der europäischen Geschichte gehören – oder zu den finsteren, obskuren und berüchtigten.
Wilhelm der Eroberer unterwarf in der Schlacht bei Hastings 1066 die Angelsachsen, trat das Erbe ihrer Könige an und führte kontinentale Gepflogenheiten wie das Lehnswesen auf der Insel ein. Heinrich II. heiratete England zur Großmacht empor, indem er Eleonore von Aquitanien ehelichte und das Angevinische Reich begründete. Heinrich VIII. wurde berühmt, weil er einige seiner Ehefrauen köpfen ließ. Die englische Geschichte prägte er entscheidend, als er mit der Gründung der Anglikanischen Kirche den römisch-katholischen Einfluss im Land zurückdrängte. Seine Tochter Elizabeth I. besiegte die Spanische Armada, Queen Victoria machte das Empire groß – beide Monarchinnen gaben einem ganzen Zeitalter ihren Namen.
Nicht zuletzt wegen dieser legendären Gestalten geht vom britischen Königshaus eine Faszination aus, die viel größer ist als die aller anderen europäischen Monarchien. Staunen lässt auch die Überlebensfähigkeit der britischen Krone. Die »Royals«

überdauerten Revolutionen und Skandale – heute sind sie beliebter denn je.

Was also machte die Könige und Königinnen ausgerechnet in jenem Land so erfolgreich, in dem auch der Parlamentarismus groß wurde? Wie überstanden sie Krisen, Kriege und Intrigen, und wie schafften sie es, in einer sich dramatisch verändernden Welt die royale Tradition aufrechtzuerhalten? Dieses Buch sucht Antworten im Leben und in der Regentschaft jener Monarchen, die bis heute die englische Geschichte am stärksten geprägt haben.

Flexibilität und Pragmatismus seien typisch sowohl für die britische Verfassung als auch für die Briten selbst, glaubt die Historikerin Karina Urbach. Das sei eine wichtige Voraussetzung der parlamentarischen Monarchie, wie sie sich zuerst in England entwickelte. Früher als die Menschen in kontinentaleuropäischen Ländern wehrten sich die Engländer gegen absolutistische Bestrebungen ihrer Herrscher und versuchten, deren Macht zu begrenzen.

Das Jahrhundert der Glorreichen Revolution von 1688 ist deshalb eine Schlüsselepoche für die Geschichte der britischen Monarchie. Der Historiker Peter Wende, ehemaliger Direktor des Deutschen Historischen Instituts in London, beschreibt, wie religiöse Gegensätze und Kompetenzstreitigkeiten zwischen König und Parlament das Land beinahe zerrissen und wie Karl I. in einem öffentlichen Schauprozess schließlich zum Tode verurteilt wurde. Ein blutiger Bürgerkrieg war die Folge. SPIEGEL-Autor Jan Fleischhauer rekonstruiert die Herrschaft Oliver Cromwells. Kein Mann habe die öffentliche Meinung so sehr gespalten wie der Lordprotektor, so Fleischhauer: Während er den einen schon zu Lebzeiten als Freiheitsheld galt, war er anderen als Diktator verhasst – der einzige ungekrönte König der Insel.

Ein echter Monarch sollte nach den Wirren Einigkeit und Ordnung des Landes sichern, deshalb holte man den König zurück. Doch als sich eine katholische Thronfolge anbahnte, kam es zur Glorious Revolution. Die Oldenburger Frühneuzeit-Forscherin Dagmar Freist schildert, wie das Parlament seine Befugnisse in einem immer noch monarchisch-aristokratischen Staatswesen ausbauen konnte.

Auch britische Philosophen und Staatslehrer spielten eine zentrale Rolle bei der Weiterentwicklung der Monarchie, allen voran John Locke. Nicht etwa von Gott, sondern vom Volk werde jedwede Macht, also auch der König, legitimiert, so seine Überzeugung. SPIEGEL-Autor Thomas Darnstädt porträtiert den Aufklärer und seine revolutionären Ideen.

Einen Aspekt ihrer Geschichte verschweigen die Royals allerdings gerne, und zwar den deutschen. Weil ein nicht-katholischer Thronerbe gesucht wurde, bestieg der in Hannover residierende Kurfürst von Braunschweig-Lüneburg 1714 als Georg I. den britischen Thron, ein entfernter Verwandter des Stuart-Geschlechts. SPIEGEL-Redakteur Johannes Saltzwedel erklärt, warum der Welfe – wie auch seine unmittelbaren Nachfolger – ein bemitleidenswert schwacher Monarch war. Eine weitere Verbindung zu Deutschland schuf Queen Victoria, als sie 1840 Albert von Sachsen-Coburg und Gotha heiratete. Der gemeinsame Sohn, Eduard VII., war der erste britische Herrscher des Königshauses »Saxe-Coburg and Gotha«. Allerdings änderte sein Nachfolger, Georg V., im Ersten Weltkrieg den Namen nach dem Familienanwesen in »Windsor« – eine öffentliche Distanzierung von der nun heiklen deutschen Herkunft.

Damit schützte er die Familie aber nicht vor Skandalen. Sein Sohn Eduard VIII. verzichtete zunächst aufgrund seiner großen Liebe zur Schauspielerin Wallis Simpson auf die Krone, dann trank er auch noch Tee mit Adolf Hitler. SPIEGEL-Autor Michael Sontheimer staunt über die Zurückhaltung der damaligen britischen Presse. Kein Vergleich zu den Paparazzi unserer Zeit, die

VORWORT

spätestens seit dem Tod Prinzessin Dianas die Mitglieder des Königshauses wie Popstars unter medialen Dauerbeschuss nehmen, wie SPIEGEL-Autor Martin Doerry beschreibt.

Die Royals gelten bis heute als Symbol der Beständigkeit in einer sich rapide verändernden Welt, sagt der frühere Thatcher-Berater Michael Dobbs im Interview. Der Geadelte mit Sitz im House of Lords und Autor der Serie »House of Cards« sieht bei allen Schwächen eine gewisse Überlegenheit der Monarchie: »Hätten wir einen gewählten Präsidenten, hätte der es viel schwerer, sich herauszuhalten und über allem zu stehen.«

Die amtierende Königin Elizabeth II. bringt auf den Punkt, was wohl für ihre gesamte Ahnenreihe gilt: »Wie alle großartigen Familien haben auch wir unsere exzentrischen Seiten, unsere ungestümen Kinder und unsere Familienstreitigkeiten.« Vielleicht ist es gerade das, was die Royals ausmacht.

Hamburg, im Frühjahr 2015
Bettina Musall und Eva-Maria Schnurr

EINLEITUNG

»WER DIE QUEEN ANSCHAUT, SIEHT BRITISCHE GESCHICHTE«

Gespräch mit der Historikerin Karina Urbach
über die Langlebigkeit der Monarchie,
das Arbeitsethos von Elizabeth II. und den Versuch,
brisante Dokumente unter Verschluss zu halten

Das Gespräch führten Annette Großbongardt
und Eva-Maria Schnurr.

SPIEGEL: Sie leben seit zehn Jahren vorwiegend in England und sind auch bei britischen Medien gefragt, wenn es darum geht, die Monarchie zu deuten. Wie erleben Sie die Queen?
URBACH: Für die Engländer ist Elizabeth II. die Verkörperung der Geschichte. Die Briten sind sehr geschichtsverliebt – das ist gewissermaßen schon eine Obsession. Im englischen Fernsehen sieht man eigentlich ständig Sendungen über Queen Victoria oder den Ersten und Zweiten Weltkrieg. Wer die Queen anschaut, sieht nicht die knuddelige Großmutter, sondern die britische Historie.
SPIEGEL: Für einen Bundesbürger ist die Monarchie eine überkommene Staatsform, zwei Drittel der Briten jedoch sind auch heute noch für das Königshaus. Was lieben sie so an ihrer Krone?
URBACH: Elizabeth II. ist zum nationalen Symbol geworden, das ist ihre größte Leistung, die sie mit viel Disziplin und Beständigkeit erreicht hat. Indem man sie feiert, feiert die Nation sich selbst. Man könnte das auch kritisch sehen und sagen, das ist ein Bewahren der Monarchie in Aspik. Elizabeth hat keine Innova-

tionen gebracht. Ein Beispiel ist ihre Kunstsammlung, die um 1900 stehengeblieben ist.

SPIEGEL: Welcher Typ einer Monarchin ist sie: Eine Arbeitskönigin, die zuverlässig ihre Pflicht erfüllt? Auf der »official website of The British Monarchy« heißt es: »Der Arbeitsalltag der Queen beginnt wie der vieler Menschen – an ihrem Schreibtisch.«

URBACH: Ich glaube, sie wird auch an ihrem Schreibtisch sterben. Sie verkörpert diese Arbeitsethik, absolut. Aber sie weiß auch, sie muss sichtbar sein, mit Wohltätigkeitsprojekten glänzen, sonst ist die Relevanz weg. Wenn man sie nicht sehen würde, wäre es wie bei Queen Victoria in ihrer Trauerzeit. Dann käme die Kritik: Was tun die eigentlich für uns? Warum kostet das so viel?

SPIEGEL: Aktuell ist die königliche Familie jedenfalls auf einem Allzeithoch.

URBACH: So beliebt war sie nicht immer, in den Siebzigerjahren etwa befand sich die britische Gesellschaft im Umbruch, und die Royal Family wirkte altbacken. In den Neunzigern gab es dann die endlosen Scheidungskriege. Aber inzwischen sind die Royals eine Art Hollywood-Ersatz, sie sind Stars – und ein Trost. Man schaut sie an und denkt: Ach ja, die Queen ist immer da, auch jedes Weihnachten, das ist irgendwie schön. Sicher spielt auch eine Rolle, dass sie sozusagen über der Politik schwebt. Die Wut über Entscheidungen der Regierung oder soziale Probleme trifft die Politiker, nicht sie. Winston Churchill hat das auf den Punkt gebracht: Wenn eine Schlacht verloren ist, macht man die Regierung verantwortlich; wird sie gewonnen, jubelt das Volk der Königin zu.

SPIEGEL: Wie viel Macht hat denn die Königin heute noch? Formal hat sie ja vor allem repräsentative Pflichten, allerdings trifft sie einmal pro Woche den Premierminister und muss »gehört« werden. Hat sie dadurch mehr Einfluss auf die aktuelle Politik als etwa der deutsche Bundespräsident?

URBACH: Das ist zu vermuten, aber wir wissen zu wenig. Bekannt ist, dass sie mehrmals nachfragt, wenn ihr etwas nicht gefällt: »Sind Sie sich sicher, wirklich sicher, dass Sie das so machen wollen?« Sie hat ja ein enormes Herrschaftswissen und Erfahrung, dank der zwölf Premierminister, die sie schon erlebt hat. Auch in der Zeitgeschichte liegt vieles im Dunkeln, was die Einflussnahme des Königshauses angeht, denn die Royal Archives sind für die Zeit nach 1918 für Historiker versperrt. Wir wissen bloß, dass wir nichts wissen über die politische Rolle der Royal Family. Es ist ein Skandal, dass wir keinen Zugang bekommen.
SPIEGEL: Was vermuten Sie dahinter?
URBACH: Sie wollen die Kontrolle über ihre Geschichte, die Deutungshoheit bei sich behalten, etwa über ihre Rolle in der Zwischenkriegszeit. Und ich glaube, dass die Royals sehr viel politischer waren und sind, als man denkt. Sie sagen, die Archive seien privat, aber die Queen ist doch nicht privat! Das Archiv wird auch durch Steuergelder finanziert.
SPIEGEL: Wo steht die Queen politisch?
URBACH: Sie ist konservativ, aber eine Sozialkonservative. Der ultraliberale Kurs von Margaret Thatcher ging ihr viel zu weit, dafür hat sie die Premierministerin sogar kritisiert, ebenso wie für deren Politik gegen ihr liebstes Kind, das Commonwealth.

KARINA URBACH

Die habilitierte Historikerin ist spezialisiert auf die deutsch-britischen Beziehungen im 19. und 20. Jahrhundert. Sie hat eine Biografie über Queen Victoria veröffentlicht (Verlag C.H. Beck). Ihr Buch über britische Nazi-Verbindungen »Go-Betweens for Hitler« erscheint 2015 bei Oxford University Press. Sie lehrt in London und lebt in Cambridge.

Das ist eine der wenigen politischen Informationen, die wir haben, jemand aus dem Palast hat sie, vermutlich mit Wissen der Queen, der *Sunday Times* gesteckt. Plötzlich wurde klar, dass sie in der Tagespolitik tatsächlich mitspielen will. Allerdings musste sie einen Rückzieher machen, als es publik wurde, denn das Volk will keinen Monarchen, der sichtbar Politik macht.

SPIEGEL: Die letzte Königin, die offen ihr Veto gegen die Regierung eingelegt hat, war Königin Anne, die 1702 den Thron bestieg?

URBACH: Queen Anne war ein Desaster in vielerlei Hinsicht, politisch viel zu schwach. Auch Queen Victoria versuchte noch, Einfluss zu nehmen, und sie war vielleicht die Letzte, der das eingeschränkt noch gelang. Aber das wissen wir auch erst jetzt seit der Veröffentlichung ihrer Tagebücher; ihre Zeitgenossen hatten davon keine Ahnung.

SPIEGEL: Die Royals erfahren bis heute mehr Aufmerksamkeit als andere Königshäuser in Europa, warum?

URBACH: Elizabeth II. ist die Doyenne, die dienstälteste Monarchin nach dem König von Thailand. Ihr Königreich wird immer noch als Großmacht wahrgenommen.

SPIEGEL: Tatsächlich ist sie ja auch immer noch Staatsoberhaupt von Neuseeland, Kanada, Australien, von Tuvalu und Barbados. Welche Rolle spielt das heutzutage?

URBACH: Diese Weltmachtreste sind exotisch, das hat Glamour. Die Niederlande etwa haben das nicht.

SPIEGEL: Was ist das Besondere an der britischen Monarchie, wenn man in die Geschichte zurückschaut?

URBACH: Interessanterweise ihre frühe Schwäche. Die Glorious Revolution fand ja schon 1688 statt, das Parlament stoppte die absolutistischen Bestrebungen ihrer Könige endgültig, sehr viel eher als in anderen europäischen Staaten. Danach war das Parlament de facto mächtiger als der König, der mehr oder weni-

ger in eine repräsentative Rolle zurückfiel. Um seine Bedeutung zu sichern, musste er seine Rolle neu definieren.
SPIEGEL: Wie das?
URBACH: Queen Victoria gelang das beispielhaft: Sie hat gemeinsam mit ihrem Mann das Hofzeremoniell neu erfunden, die Pracht und Perfektion, mit der Krönungen, Hochzeiten, Beerdigungen inszeniert wurden. Mit ihrem Premierminister Benjamin Disraeli hat sie die Idee vom britischen Empire genutzt, um ihre Rolle in der Welt zu stärken.
SPIEGEL: Wie kam es, dass Frauen in England so früh an der Macht waren?
URBACH: Die Engländer hatten schlicht kein Salisches Erbrecht, das heißt: Die Töchter waren erbberechtigt. Es gab, vom 16. Jahrhundert an, sechs Königinnen: Maria Tudor, Elizabeth I., Maria II., die mit Wilhelm III. von Oranien regierte, Queen Anne, Victoria und jetzt Elizabeth II. – viele von ihnen waren sehr lange an der Macht und dadurch sehr prägend. Und sie profitieren sicher auch vom weiblichen Vorteil: Man sieht sie als Mutter der Nation, die das Land zusammenhält. Mit Ausnahme von Anne sind starke Frauen ein Kennzeichen der englischen Monarchie.
SPIEGEL: Wenn man einen Engländer nachts wecken und fragen würde, wer der wichtigste Monarch war – was würde er sagen?
URBACH: Elizabeth I.! Sie kann als die Größte gelten: Sie hat sich als Warrior Queen inszeniert, im Kampf gegen Rom und Spanien, sie hat die Armada besiegt; aber sie trat auch als soziale Mutter ihres Landes auf. Zu den Ikonen im kollektiven Gedächtnis der Briten gehört unbedingt auch Heinrich VIII., ein ganz großer Politiker und wohl der stärkste aller Könige. Er ist für seine Frauen- und Sexskandale bekannt, aber er hat viel geleistet. Er war so klug, nie gegen die Volksmeinung zu kämpfen, er hat immer mit dem Volk gearbeitet.

SPIEGEL: Anders als der absolutistisch auftretende Karl I., den das Parlament 1649 schließlich hinrichten ließ.

URBACH: Karl war einfach zu weit gegangen, er wollte seine Neigung zum Katholischen gegen die Interessen des Adels und damit des Parlamentes durchsetzen. Heinrich VIII. und Elizabeth I. waren da viel geschickter: Sie haben mit der führenden Schicht zusammengearbeitet und einen gemeinsamen äußeren Feind gesucht – die katholische Kirche und Spanien. So entfachten sie Patriotismus und konnten ihre Pläne durchsetzen.

SPIEGEL: England gilt als älteste europäische Monarchie, ist aber gleichzeitig durch seine lange parlamentarische Tradition geprägt. Wie passt das zusammen?

URBACH: Die britische Verfassung ist nicht verschriftlicht. Es gibt zwar einige zentrale Gesetze, Richtlinien und Gebräuche, aber eben auch viele Freiräume. So konnten sich beide Systeme gut miteinander arrangieren.

SPIEGEL: Hat diese Flexibilität die Monarchie auch so überlebensfähig gemacht? Immerhin überstand sie Revolution und Bürgerkrieg.

URBACH: Es gab keinen Masterplan, das hat sich in ständiger Auseinandersetzung mit dem Parlament so herausgebildet. Die Monarchen waren fast immer so pragmatisch, es nie zum Bruch kommen zu lassen. Nach der Revolution war klar, dass sie es nie wieder wagen durften, in Richtung Absolutismus zu gehen, wenn sie überleben wollten. Die Drohung, im Zweifelsfall ausgetauscht zu werden, schwebte über ihnen.

SPIEGEL: Trotzdem haben sich die Engländer nach der Revolution ihren König zurückgeholt – sie hätten das Land ja auch in Richtung Republik weiterentwickeln können ...

URBACH: Die Idee einer Republik stand gar nicht im Raum. Den mächtigen Männern im Land, den Besitzenden, Geschäftsleuten, Adeligen, war immer klar, dass sie vor allem für die

Außendarstellung einen König brauchten. Allerdings suchten sie sich schwache Könige wie Karl II. oder die Hannoveraner, die aus diesem deutschen Kleinstaat kamen. Sie waren arm und manipulierbar – perfekt.

SPIEGEL: Dann hatte von nun an das Volk das Sagen in Großbritannien?

URBACH: Vorsicht, das Volk war im Parlament nicht vertreten, es war die Versammlung der besitzenden Klassen, der Adeligen und Landbesitzer. Sie haben die Industrialisierung vorangebracht, sie waren die eigentliche Macht im Land, denn sie mussten dem König Gelder bewilligen. Viele Adelige waren viel reicher als die hannoveranischen Georgs.

SPIEGEL: In Niedersachsen wird gerade der 300 Jahre seit der Thronbesteigung des Hauses Hannover 1714 gedacht. Wie würdigt man das Erbe in London?

URBACH: Das wird auf die kunsthistorische Ebene abgeschoben. Es gibt Ausstellungen, man zeigt schöne Bilder, aber im britischen Königshaus wird die Verbindung mit Deutschland noch immer heruntergespielt.

SPIEGEL: Warum?

URBACH: Man möchte sich als indigene englische Monarchie verkaufen, da stören die Georgs eher, außerdem liegt wegen der Weltkriege noch immer etwas Belastendes auf der Verwandtschaft zu den Deutschen. Trotzdem: Sie sehen sich auch in der Traditionslinie zu den Hannoveranern und würden den Familienzusammenhalt und das Ansehen der Vorfahren immer verteidigen.

SPIEGEL: Wie viel Macht hatten die Könige nach der Revolution von 1688 noch?

URBACH: Darüber waren sie sich manchmal selbst im Unklaren. Manche neigten zur Überschätzung und wurden zurückgepfiffen. Georg III., wegen seiner Liebe zur Landwirtschaft auch »Farmer Georg« genannt, hat versucht, außenpolitisch noch eine Rolle zu spielen. Aber er verlor Nordamerika, das hat seine Regierungszeit überschattet. Sein Sohn Georg IV. war dann in vielem nur noch eine Witzfigur. Eigentlich war die ganze Regierungszeit der Hannoveraner ein einziger Abstieg für die Monarchie. Queen Victoria musste einen radikalen Schnitt machen, um der Institution wieder Relevanz zu verleihen. Sie erfand die Monarchie quasi noch einmal neu: Als Wohlfahrts- und Familienmonarchie. Damit hat sie vermutlich das Überleben der Krone gesichert, denn das Ansehen stieg wieder. Ihre »Royal Family« stellte sie fast bürgerlich dar, als gehöre sie zum ganz normalen Volk.

SPIEGEL: Ein Image, das bis heute gepflegt wird?

URBACH: Ja, die Queen führt das weiter. Man gibt sich ganz bodenständig: Prinz Philip grillt, und die Kinder spielen im Garten, so will man gesehen werden. Seit dem Desaster um Diana hat die Queen die bestbezahlten PR-Berater, die man haben kann, sie kontrolliert ihr Image bis ins Detail, nichts wird dem Zufall überlassen. Derzeit wird Charles medial als Großvater aufgebaut, die jungen Leute William und Kate und Harry sind die Musketiere, und alle halten fest zusammen. Das ist natürlich hochidealisiert und entspricht nicht der Realität.

SPIEGEL: Wie nahbar waren die britischen Könige für ihr Volk?

URBACH: Wenn Nahbarkeit entstand, dann nicht planvoll, sondern eher wegen schlechter Organisation. Unter Victoria konnte das Volk in den Windsor Great Park gehen und durch die Fenster in den Palast schauen, das hat Victoria furchtbar aufgeregt, so sehr, dass sie sich dann andere Rückzugsorte wie Balmoral Castle zulegte. Bürger mit Anliegen wurden nicht einfach so vorgelassen.

SPIEGEL: Dabei gab es in England schon früh eine kritische Öffentlichkeit: Flugschriften oder Karikaturen äußerten bereits seit dem 16. Jahrhundert teils heftigen Unmut über den König, ja machten ihn teilweise sogar lächerlich.

URBACH: Die Kritik an den Monarchen war immer ein Ventil für das Volk. Letztlich kanalisiert man damit ja auch republikanische Bestrebungen: Man kann den Ärger herauslassen, ohne die gesamte Institution infrage zu stellen. Die Könige versuchten anfangs, solche Pamphlete mit Zensur zu verhindern, später reagierten sie mit Gegenpropaganda. Victoria war besonders entsetzt über die Karikaturen, die ihren Mann Albert lächerlich machten und antideutsche Ressentiments schürten. Sie ließ dann selbst Pamphlete drucken. Und im 20. Jahrhundert versuchte man, sich die Zeitungs-Tycoone gewogen zu machen, das ist eigentlich bis heute so.
SPIEGEL: Manipulierte Presse im Land, in dem die Pressefreiheit entstand?
URBACH: Das geschieht natürlich indirekt. Der Ritterschlag durch die Königin ist bis heute ein gesellschaftliches Ziel in Großbritannien. Dafür aber muss man brav sein. Journalisten, die kritisch berichten, werden eben nicht mehr zu Reisen eingeladen und bekommen keine Informationen mehr vom Hofe. Sie könnten auch Ärger mit ihrem Chefredakteur bekommen, der vielleicht noch gern »Sir« werden würde. Auch die Fernsehanstalten halten sich zurück. Unser Versuch, eine Sendung über die restriktive Archivpolitik der Royal Archives zu machen, wurde von der BBC abgelehnt. Solange die Queen lebt, ist eine solche Berichterstattung nicht erwünscht.
SPIEGEL: Was wäre an dem Archivmaterial besonders spannend?
URBACH: Die Königsfamilie war trotz des Ersten Weltkriegs sehr pro-deutsch eingestellt. Es gibt viele Verschwörungstheorien. Eduard VIII., später Herzog von Windsor, und sein Bruder, der Herzog von Kent, hatten enge Verbindungen zu den deutschen Verwandten, den Häusern Hessen und Sachsen-Coburg, in denen es viele stramme Nazis gab. Es hat bis 1939 über diese Kanäle definitiv Kontakte zu Hitler gegeben. Aber die Royal

Archives haben zu diesem Thema kein einziges Dokument freigegeben. Nach 1945 hat die Royal Family sogar versucht, die Privatbriefe, die sie an ihre deutschen Verwandten geschrieben hatte, in Deutschland und dann in den USA einzusammeln und in die königlichen Archive zu bringen. Um eine Veröffentlichung der Windsor-Akte zu verhindern und so die königliche Familie zu schützen, schrieb Premier Winston Churchill sogar zweimal an den amerikanischen Präsidenten Dwight Eisenhower.

SPIEGEL: Der Queen selbst könnte man doch keinen Vorwurf machen, sie wurde ja gerade 18 Jahre alt im Krieg.

URBACH: Sie schützt wohl auch ihren Vater Georg VI., der stark für die Appeasement-Politik gegenüber Hitler eingetreten ist.

SPIEGEL: Elizabeth II. ist schon 88 Jahre alt, allzu lange dürfte sie nicht mehr herrschen. Hat die Monarchie nach ihr noch eine Zukunft?

URBACH: Aber ja. Kaum jemand in der britischen Gesellschaft hat ein Interesse daran, dass sich etwas ändert. Das Establishment nicht, denn wenn die Monarchie abgeschafft würde, dann würde das System der königlichen Ehrungen, der Royal Honours, wegfallen und auch das überkommene Erbrecht des Adels hinterfragt werden. Und die Durchschnittsengländer ebenso wenig, denn sie verehren die Königin, der royale Glamour bietet Trost und Kompensation für den trüben Alltag.

SPIEGEL: Was passiert, wenn die Queen stirbt?

URBACH: Dann werden sich die Schleusen erst mal öffnen. Es wird sicher eine Krise geben, weil Charles so unbeliebt ist. Einiges wird neu verhandelt werden, einiges wird sich vielleicht auch ändern, aber ich bin überzeugt, dass die Monarchie nicht abgeschafft wird.

SPIEGEL: Könnte Charles übergangen werden?

URBACH: Nein! Er plant seit Dekaden, was er macht, wenn er König ist, das ist sein Lebensziel.

SPIEGEL: Haben Sie die Queen eigentlich mal persönlich getroffen?

URBACH: Ja, bei einer Historikertagung in Windsor Great Park. Sie fragte nach dem Thema, es ging um das Hofzeremoniell. »Oh, my God!«, sagte sie da. Uns wurde freigestellt, sie mit einem Knicks zu begrüßen oder ihr die Hand zu geben. Allerdings musste man warten, bis sie einen berührt. Die Republikaner unter uns weigerten sich natürlich, einen Knicks zu machen, die anderen taten es.

SPIEGEL: Und Sie?

URBACH: Um ehrlich zu sein, ich habe einen Knicks gemacht.

SPIEGEL: Frau Urbach, wir danken Ihnen für dieses Gespräch.

Rule, Britannia!

Regentschaften englisch-britischer Monarchen

Egbert 802 – 839	Æthelwulf 839 – 858	Æthelbald 858 – 860
Æthelberht 860 – 865	Æthelred 865 – 871	

WESSEX-LINIE

Alfred der Große
871 – 899 König von Wessex
886 – 899 König der Angelsachsen

Eduard der Ältere 899 – 924	Athelstan 924 – 939	Edmund I. 939 – 946
Æadred 946 – 955	Æadwig 955 – 959	Edgar 959 – 975
Eduard der Märtyrer 975 – 978	Æthelred II. 978 – 1016	Edmund II. 1016
Eduard der Bekenner 1042 – 1066		

NORMANNISCHE LINIE

Wilhelm I. 1066 – 1087	Wilhelm II. 1087 – 1100	Heinrich I. 1100 – 1135
Stephen 1135 – 1154	Heinrich II. 1154 – 1189	Richard I. 1189 – 1199
Johann 1199 – 1216	Heinrich III. 1216 – 1272	Eduard I. 1272 – 1307

PLANTAGENET-LINIE

Eduard II.	Eduard III.	Richard II.
1307 – 1327	1327 – 1377	1377 – 1399
Heinrich IV.	Heinrich V.	Heinrich VI.
1399 – 1413	1413 – 1422	1422 – 1461
Eduard IV.	Heinrich VI.	Eduard IV.
1461 – 1470	1470 – 1471	1471 – 1483
Richard III.		
1483 – 1485		

TUDOR-LINIE

Heinrich VII.	Heinrich VIII.	Eduard VI.
1485 – 1509	1509 – 1547	1547 – 1553
Maria I.	Elizabeth I.	
1553 – 1558	1558 – 1603	

STUART-LINIE

Jakob I. Stuart
1567 – 1625 König von Schottland
1603 – 1625 König von England

Karl I.	Karl II.	Jakob II.
1625 – 1649	1660 – 1685	1685 – 1688
Wilhelm III. —∞—	Maria II.	Anne
1689 – 1702	1689 – 1694	1702 – 1714

HANNOVER-LINIE

Georg I.	Georg II.	Georg III.
1714 – 1727	1727 – 1760	1760 – 1820
Georg IV.	Wilhelm IV.	Victoria
1820 – 1830	1830 – 1837	1837 – 1901

SACHSEN-COBURG-GOTHA-LINIE

Eduard VII.
1901 – 1910

WINDSOR-LINIE

Georg V.	Eduard VIII.	Georg VI.
1910 – 1936	1936	1936 – 1952

Elizabeth II.
seit 1952

TEIL I
RITTER UND RIVALEN

Gesalbt und gekrönt

Im Frühmittelalter kämpften Angelsachsen und Wikinger um die Herrschaft auf der Insel. Am Ende griff sich ein Normannenherzog den Thron.

Von Angelika Franz

Viel hätte nicht gefehlt, und England hieße heute nicht England. Wer waren schon die Angeln, nach denen die Insel benannt wurde? Ein wüster Haufen germanischer Immigranten, die von Schleswig-Holstein auf die Insel gekommen waren. Dort hatten sie sich mit Sachsen aus der norddeutschen Ebene zu den Angelsachsen zusammengetan und regierten nun in sieben kleinen Königreichen vor sich hin.

Viel zu melden hatten die Angelsachsen noch nicht in Europa Anfang des 9. Jahrhunderts. Die großen Player der Geschichte saßen im Frankenreich Karls des Großen oder in Skandinavien, von wo aus die Wikinger ein riesiges Handelsnetzwerk mit Verbindungen bis in den Orient aufzogen und sich schon mal darauf vorbereiteten, in Kürze bis nach Amerika zu reisen.

Bevor sie aber den Atlantik überquerten, lag auf ihrem Weg noch diese Insel unweit der heimatlichen Küste. 793 tauchten die Nordmänner in Britannien auf und plünderten das Kloster Lindisfarne – der Überfall markiert den Beginn einer langen Reihe von Überfällen der Wikinger.

Zunächst beschränkte sich ihre Taktik auf kurze Raubzüge, nach denen sie wieder verschwanden. Doch mit der Zeit blieben einige zurück und übernahmen die Macht von den schlecht gerüsteten Angelsachsen. Im Jahr 870 war in ganz Britannien nur noch ein einziges Königreich übrig, das die Wikinger nicht kontrollierten: Wessex, im Südwesten der Insel, angrenzend an Wales. Hätten sie das auch noch erobert, dann würde England heute wohl nicht England heißen, sondern Daneland.

Wessex aber hatte einen besonders fähigen König, Alfred, der sich den Eindringlingen entgegenstellte. Es gelang ihm, den Wikingern fast den gesamten Südwesten Britanniens abzutrotzen, ihr Anführer ließ sich taufen. Die Wikinger zogen sich in den Nordosten der Insel zurück und blieben fortan friedlich. Die übrigen angelsächsischen Reiche erkannten Alfreds Oberherrschaft an. Damit wurde er zum ersten König eines mehr oder weniger vereinten Englands – zumindest jenes Teils des Landes, der nicht von Wikingern besetzt war.

Ein Königreich hatte in jenen Jahren allerdings noch wenig mit prächtigem Hofstaat zu tun. Viel unterschied einen König noch nicht vom einfachen Oberhaupt eines Stammes. Die Aufgabe eines angelsächsischen Königs bestand vornehmlich darin, ständig durch das Gebiet seiner Untertanen zu reisen. Er sprach Recht, organisierte die waffenfähigen Männer für die Verteidigung oder Angriffe auf Nachbarn und verteilte die auf Kriegszügen gemachte Beute. König war man nicht von Geburt. Auch wenn oft der älteste Sohn auf den Vater folgte – seine Machtposition musste erst vom Witenagemot, dem Rat der wichtigsten geistlichen und weltlichen Würdenträger, bestätigt werden.

Alfred entwickelte die Königsherrschaft einen bedeutenden Schritt weiter: Er baute eine Flotte und ein stehendes Heer auf und ließ die Küsten sichern, um das Land besser vor Wikingerüberfällen zu schützen. Die Grafschaften (Shires) wurden nun genau erfasst, um das Land effizienter zu verwalten. Alte angelsächsische Stammesrechte ließ Alfred systematisch sammeln und neu herausgeben. Vor allem aber sorgte er für Bildung in seinem bislang weitgehend analphabetischen Volk: Seine eigenen Kinder, Söhne wie Töchter, sollten lesen und schreiben lernen, die Sprösslinge seiner Edelleute ließ er gleich mit unterrichten, und auch talentierter Nachwuchs aus weniger adliger Kinderstube durfte die Schule an seinem Hof besuchen.

In den folgenden Jahrzehnten kristallisierten sich Regeln und Rituale der Königsherrschaft mehr und mehr heraus. Alfreds Urenkel wurde zu Pfingsten 973 erstmals in einer Zeremonie gekrönt. Der Erzbischof von Canterbury, der wichtigste Kirchenvertreter des Landes, hatte den Symbolwert einer Krönungszeremonie erkannt und sich ein entsprechend pompöses Schauspiel ausgedacht. Bis heute bilden die frühmittelalterlichen Rituale den Kern der englischen Krönungsfeierlichkeiten: Das Volk bestätigt seinen König, und der verspricht im Gegenzug, seinem Volk zu dienen. Dann wird der Herrscher vom Erzbischof gesalbt und schließlich gekrönt.

Zwar wurde das Land nunmehr seit über zwei Jahrhunderten von Angelsachsen regiert. Doch die Wikinger waren auf der Insel immer noch allgegenwärtig, vor allem im Norden hatten sich viele für immer niedergelassen. Und der Süden des Landes wurde immer wieder von Plünderungszügen heimgesucht. 1002 gab der englische König Æthelred Order, am 13. November – dem St. Brice's Day, dem Gedenktag des heiligen Bischofs Brictius – sämtliche Dänen zu ermorden, derer man habhaft werden konnte.

Wie groß die Wut und Angst der Engländer gegenüber den Skandinaviern gewesen sein muss, wird an den Geschehnissen in der Stadt Oxford deutlich. Hier hatten sich viele ansässige Dänen an den einzigen Ort geflüchtet, an dem sie sich sicher wähnten: die Kirche. Doch Schergen des Königs brannten die Kirche nieder – mit Männern, Frauen und Kindern darin. Als im Jahr 2008 auf dem Gelände des St. John's College Archäologen die Skelette von 37 Menschen fanden, die kurz vor ihrem Tod schlimmste Verletzungen – darunter auch Brandwunden – erlitten hatten, glaubten sie zunächst, auf die Opfer des St. Brice's Day Massakers gestoßen zu sein. Doch obwohl die Datierung stimmt, haben neuere Analysen ergeben, dass die Toten wohl eher Krieger aus Skandinavien waren – und damit möglicherweise zu genau den Plünderern gehörten, die den Zorn Æthelreds ausgelöst hatten.

Die Dänen sollten sich rächen: Ihr König Sven Gabelbart landete wenige Jahre später auf der Insel und jagte den englischen König davon. Es war wohl auch ein persönlicher Feldzug: Svens Schwester, vermuten Historiker, war unter den Toten des St.-Brice's-Day-Massakers gewesen.

England geriet erneut unter dänische Herrschaft, jetzt wurde das ganze Land von einem Wikingerkönig regiert. Sven und nach ihm sein Sohn Knut, bekannt unter dem Beinamen »der Große«, regierten nun ein England und Dänemark umfassendes Großreich.

Als König von England herrschten sie faktisch über einen zentral organisierten Staat: In den Grafschaften regierten als königliche Amtsträger nun mächtige Earls, die vom König eingesetzt und auch entlassen werden konnten, daneben bildete sich eine hierarchische Verwaltungsstruktur aus, mit Gerichts- und Steuerrechten, an deren Spitze der König stand. Am Hofe gab es nun feste Ämter wie das des Mundschenks, des Kämmerers oder des Hofmeisters. Entscheidend zur Sicherung seiner Macht war des Königs Einfluss auf die Kirche: Schon früh gelang es ihm, seine Anhänger als Bischof oder Abt einzusetzen.

Knut starb zu früh, als dass die Dänen ihre Herrschaft über England auf Dauer hätten behaupten können. 1042 kam wieder ein Abkömmling der Angelsachsen an die Macht, Æthelreds Sohn Eduard. Er war in der Normandie aufgewachsen, in der Heimat seiner Mutter Emma. In ihm waren zum ersten Mal die angelsächsische und die skandinavische Blutlinie vereint.

Die Engländer hatten allerdings eher das Gefühl, sie würden von einem Fremden regiert. Eduard war im Herzen Normanne.

Nicht einmal die Hochzeit mit Edith, Tochter des mächtigsten Earls im ganzen Land, konnte ihn englisch machen. Die Ehe blieb kinderlos, Eduard umgab sich mit Beratern aus der Normandie und brachte die normannische Kultur auf die Insel. In London setzte der König seiner Exilheimat ein eindrucksvolles Denkmal: Westminster Abbey, die erste normannisch-romanische Kirche auf englischem Boden.

Nur zu glaubhaft schien es deshalb, dass ein normannischer Herzog namens Wilhelm behauptete, Eduard habe ihn offiziell zu seinem Nachfolger ernannt. Durch seine Großtante Emma konnte er vage Verwandtschaftsbeziehungen zur englischen Krone vorweisen. Und vor allem gelang es ihm, konkurrierende Thronprätendenten mit schlagkräftigen Truppen und gewiefter Propaganda aus dem Feld zu schlagen.

Die Normannen waren Nachfahren von Wikingern, die sich 911 an der französischen Kanalküste festgesetzt und viel von der Kultur übernommen hatten. Mit ihrer Herrschaft endete die Epoche der angelsächsischen Könige. Wilhelm der Eroberer ließ sich 1066 als erster normannischer König von England in der Westminster Abbey krönen. So hatten die Nordmänner am Ende doch gesiegt.

Ein Normanne auf dem Thron

Wilhelm der Eroberer war ein brutaler Kriegsherr, doch er erwies sich als geschickter Staatslenker.

Von Uwe Klußmann

Der Mann, der England den Angelsachsen entreißen sollte, wuchs in der französischen Normandie auf. Von der märchenhaften Kindheit eines Fürstensohnes war für ihn wenig zu spüren. Der illegitime Sohn des normannischen Herzogs Robert I. und der Tochter eines Gerbers, 1027 oder 1028 in Falaise geboren, wurde groß in einer Atmosphäre brutaler Machtkämpfe. Adelige bereicherten sich durch Feldzüge gegen Nachbarn.

Der Junge erlebte Mord und Totschlag aus nächster Nähe. In seinem Schlafzimmer ermordeten Verschwörer den Haushofmeister. Auch sein Hauslehrer starb eines gewaltsamen Todes. Mit seinem Onkel musste er immer wieder vor Aufrührern fliehen, sie versteckten sich in Hütten armer Leute. So blickte er früh in menschliche Abgründe.

In den ersten Jahren seiner Herrschaft musste der junge Herzog sich immer wieder gegen Aufstände durchsetzen. Mal rebellierten seine Vasallen, mal waren Lehnsleute des französischen Königs die Frondeure. Doch allmählich festigte »Wilhelm der Bastard«, wie ihn seine Feinde verächtlich nannten, seine Macht in der Normandie. Sein Erfolgsrezept, das Bündnis von Krone, Altar und Adel, sollte sich auch später in seiner Königsherrschaft bewähren.

Als er um 1051 Mathilde, die Tochter des Grafen Balduin V. von Flandern, aus politischen Gründen heiratete, protestierte Papst Leo IX., der bedeutendste mittelalterliche Papst deutscher

Abstammung. Er lehnte die Verbindung angeblich wegen einer zu engen Verwandtschaft der Familien ab. Doch mit dem späteren Papst Nikolaus II. gelang Wilhelm eine Verständigung. Dabei half ihm, dass das Kirchenoberhaupt gerade Verbündete gegen einen Gegenpapst suchte. Papst Nikolaus II. genehmigte die Ehe, was das Ansehen des Herzogs hob. Seine Stellung festigte auch, dass er kriegerische Angriffe der Provinz Anjou und des französischen Königs erfolgreich abgewehrt hatte. Eindruck machte schon seine kräftigte Statur; mit einer Größe von 1,78 Metern überragte er die meisten seiner Zeitgenossen.

Beim Ausbau seiner Macht stützte er sich vor allem auf die Kirche. Zehn herzogliche Klöster unterstanden ihm in der Normandie. Der normannische Adel zahlte erhebliche Dotationen an die Klöster. Dabei ging es nicht um reine Wohltaten aus christlicher Überzeugung. Die Klöster spielten eine wachsende Rolle in der Geldwirtschaft. Normannische Adelige nutzten Klöster, um Ländereien zu verkaufen, mit Mönchen als Maklern.

Wilhelm sorgte schließlich für eine Übernahme von Klöstern durch weltliche Adelige. Einen der Bischofssitze von Rouen bekam sein Halbbruder Odo von Bayeux. Die Söhne derselben Mutter waren mehr als drei Jahrzehnte enge Gefährten in der Führung des normannischen Herrschaftsgebietes und unterstützten sich darin, die Feudalaristokratie mit ihren Grafen und Vicomtes der Macht des Herzogs zu unterwerfen.

Wilhelms Vertrauter William Fitz Osbern verfügte über interne Informationen aus England. Denn sein Bruder war einer der Hofprediger König Eduards des Bekenners. Und so wusste der Herzog der Normandie ziemlich gut Bescheid über das Militär der Engländer. Die Nachrichten von jenseits des Kanals verfolgte Wilhelm besonders aufmerksam. Der englische König lag in einer Dauerfehde mit Schottland und Wales. Auch er war normannisch geprägt, denn er hatte vor seiner Krönung mehrere Jahre im

Herzogtum Normandie verbracht. In seinem Dienst standen normannische Adelige und Prälaten, Normannen erwarben in England Boden und bauten Burgen, etwa Richards Castle bei Hereford nahe der Grenze zu Wales.

Während Herzog Wilhelm seine Rivalen besiegt und so sein Reich erheblich gestärkt hatte, konnte sich die englische Königsmacht nicht gegen ihre Gegner auf der Insel durchsetzen. Aus der Schwäche Eduards entstand Wilhelms Plan, England zu erobern. Umsichtig weitete der normannische Herzog seinen Einfluss auf den Inselstaat aus. In den letzten Jahren der Herrschaft Eduards

Wilhelm der Eroberer
England und Nordfrankreich um 1087

hatte er mögliche Nachfolger fest im Blick. So machte er Harold Godwinson, Earl von Wessex, einen der Thronanwärter, 1064 zu seinem Vasallen, der ihn bei einem Feldzug begleitete.

Als Eduard der Bekenner im Januar 1066 schließlich starb, wählte die englische Ratsversammlung (Witenagemot) Harold zum neuen König. Diesen Schritt erklärte Wilhelm für illegitim: Der kinderlose Eduard habe ihn zum Nachfolger bestimmt, über seine Großtante war er tatsächlich mit dem angelsächsischen Königsgeschlecht verwandt. Zügig bereitete er die Invasion vor. Die Zeichen standen günstig: Nicht nur der spätere Kaiser Heinrich IV. hatte für ihn Partei ergriffen, sogar Papst Alexander II. sandte eine geweihte Fahne an das Invasionsheer.

Wilhelms Kriegsschiffe waren am 12. August startklar, doch er spielte auf Zeit in einem erfolgreichen Nervenkrieg. Er ließ seinen Gegner Harold an der englischen Küste so lange warten, bis der wegen Versorgungsproblemen am 8. September sein Heer auflösen musste. Drei Wochen später schlugen die Normannen los. Zu Wilhelms Truppe gehörten zahlreiche Söldner aus verschiedenen Teilen Frankreichs und sogar aus Süditalien. Zwar ließ der Herzog für den Krieg werben wie für einen Kreuzzug. So ließ er den Kämpfern ein von Papst Alexander geweihtes Banner zeigen. Doch vielen der rauen Gesellen ging es wohl eher ums Beutemachen.

Bei Einbruch der Nacht am 27. September 1066 begann Wilhelms Flotte von Dives-sur-Mer aus mit der Überquerung des Ärmelkanals. Er kommandierte eine Flotte von 300 Booten mit mindestens 7000 Mann. Nach der Landung bei Pevensey an der Südostküste Englands ließ der Herrscher in der alten römischen Festung einen inneren Wall errichten. Von dort aus verlegte er seine Truppen in das heutige Seebad Hastings. Dabei verwüstete er das umliegende Land, um den Feind zu einem zu frühen Gegenangriff zu provozieren.

Am 13. Oktober führte Harold, der erst 18 Tage zuvor einen Angriff des norwegischen Königs Harald Hardråde zurückgeschlagen hatte, ein Heer von etwa 7000 Mann über London nach Hastings. Dort zwang Wilhelm die von langen Märschen erschöpften Engländer zum Kampf. Zuerst griffen normannische Fußtruppen mit Schleudern und Speeren an. Schließlich stürmten behelmte Reiter in Panzerhemden vorwärts, das erhobene Schwert in einer Hand.

Auf dem Höhepunkt der Schlacht täuschten Wilhelms Truppen eine Flucht vor und lockten die Engländer so in die Falle. Dann trieben normannische Reiter die Reihen der englischen Soldaten auseinander. Bogenschützen und Nahkämpfer fügten den Engländern schwere Verluste zu. In dem Gemetzel, das als Schlacht von Hastings in die Geschichte eingehen sollte, fiel auch König Harold.

Wilhelms siegreiches Heer zog weiter: Nach Dover, das sich widerstandslos unterwarf, dann nach Canterbury. Bald darauf ergaben sich auch die Gebiete um Winchester. Ende November 1066 beherrschte der Eroberer den Südosten Englands einschließlich Teilen von Hampshire.

Dem Nachfolger Harolds, Edgar Aetheling, gelang es nicht, die Invasoren aufzuhalten. Anfang Dezember isolierten Wilhelms Soldaten bereits London und drohten mit einer Hungerblockade. Da gaben die Engländer auf. Bei Berkhamsted nahe London gingen König Aetheling, der Erzbischof und die wichtigen Männer der Hauptstadt Wilhelm entgegen, um sich zu unterwerfen.

Symbolträchtig zu Weihnachten ließ sich William the Conqueror in der Westminster Abbey in London nach englischem Brauch zum König krönen. Erzbischof Aldred von York salbte ihn. Er hielt dazu eine Ansprache in Englisch, der normannische Bischof Geoffrey von Coutances sprach auf Altfranzösisch. Wilhelm inszenierte sich so als Fortsetzer angelsächsischer Traditionen. Er wollte nicht als Fremdherrscher gelten und beanspruchte die legitime Nachfolge König Eduards.

Sein Gespür für symbolische Handlungen zeigte sich auch in den neuen Münzen, die er prägen ließ. Auf dem Geldstück war sein Profil mit Zepter zu sehen, ähnlich wie auf den Königsporträts früherer angelsächsischer Münzen. Doch die versöhnliche Geste war vor allem Taktik. Denn der neue König wollte die ganze Macht für seine Normannen. Dabei setzte er wie zuvor schon in der Normandie auf das Bündnis von Thron und Altar.

Wilhelm erobert England, 1066

Es gelang ihm, angelsächsische kirchliche Amtsträger für sich zu gewinnen, gleichzeitig leitete er eine schrittweise Normannisierung der Kirche ein. Neun Jahre nach der Krönung Wilhelms gab es nur noch einen amtierenden in England geborenen Bischof, den von Worcester. Die anderen Bischöfe stammten vom gegenüberliegenden Ufer der Kanalküste.

Wilhelm wusste, dass mit seiner Krönung der Kampf um England noch nicht entschieden war. Rasch ließ er deshalb eine Festung bauen, aus der später der Tower von London wurde. Seinen Gegnern entzog er im Wortsinne den Boden: Er ließ englische Grundherren enteignen und übergab die Flächen vorwiegend normannischen Adeligen. Die dienten nach dem Prinzip des Lehnswesens in einer Doppelfunktion als Grundherren und Krieger.

Bald war Englands neue Aristokratie normannisch geprägt. Verwaltungssprache war nun nicht mehr Angelsächsisch, sondern Anglonormannisch und Latein. Der König selbst eignete sich ein Fünftel des Landes an. Etwa 5000 normannische Ritter bildeten seine feste Machtbasis in einem Land mit 1,5 Millionen Einwohnern.

Die Eingriffe des Königs in die gewohnten Rechte des einfachen Volkes waren schwerwiegend. Er erließ etwa ein strenges Gesetz gegen Wilderei. Wer ein Reh erlegte, dem drohte der Tod durch Erhängen. Womöglich auch deshalb erhielt der englische bewaffnete Widerstand gegen Wilhelms Herrschaft immer wieder Zulauf. In den Jahren 1067 bis 1070 machten dem König zahlreiche Aufstände zu schaffen.

Bis 1069 hatte er den Großteil Englands südlich des Humber unter seine Herrschaft gebracht, mit brachialen Methoden. Zwischen Hastings und Canterbury ließ er das Land verwüsten. In Exeter verstümmelten seine Soldaten zahlreiche Geiseln. Wie an vielen anderen Orten ließ er dort eine Burg errichten, die, so hatte er schon in seiner Jugend in der Normandie gelernt, Macht sicherte und Schutz bot.

Die Engländer sollten wissen, dass Aufstände zwecklos waren und sein Wille zur Macht nicht zu brechen war. Um dies zu demonstrieren, feierte er Weihnachten 1069 im eroberten York, in einer abgebrannten Stadt voller Ruinen. Die Botschaft war klar: Hier hatte nur einer etwas zu feiern, und das war der siegreiche König. Doch Schottland, wohin viele englische Adelige einschließlich Aetheling geflüchtet waren, konnte Wilhelm nicht erobern. Sein Machtbereich endete im Norden dort, wo seine aus Frankreich stammenden Reiter an der Schwelle des schottischen Hochlandes das Gelände sicherten. Dem geschickten Taktiker Wilhelm gelang es aber, Edgar Aetheling wieder an seinen Hof zu locken. Dort zu dienen war attraktiv, denn das Reich Wilhelms befand sich in den Siebziger- und frühen Achtzigerjahren des 11. Jahrhunderts in einer Aufbauphase.

Er ließ an Gesetzen und einer effektiven Verwaltung arbeiten. So entstand 1086 das noch heute berühmte Domesday Book, ein Reichsgrundbuch. Das Werk, verfasst in Latein, wird im Londoner Nationalarchiv verwahrt. Es ist »der bemerkenswerteste statistische Bericht, der je in einem mittelalterlichen Königreich hervorgebracht wurde«, so der britische Historiker David Douglas.

Das Werk dokumentiert, wie stark Wilhelms Machtsystem war. Ein Viertel des Landes gehörte elf Männern. Die waren überwiegend Verwandte des Königs. Doch auch Familienbande bewahrten Wilhelm nicht vor Machtkämpfen im inneren Kreis.

So rebellierte etwa der langjährige Weggefährte Odo von Bayeux, angeblich weil er sich selbst zum Papst ernennen wollte. Doch letztlich unterlagen alle diese Gegner, auch Odo fiel in Ungnade.

Schmerzlicher noch für Wilhelm war, dass sich sein Sohn Robert II., genannt Robert Kurzhose, gegen ihn wandte. Robert, von seinem Vater zum Herzog der Normandie ernannt, versuchte 1078, eine antinormannische Koalition zu schmieden, mit Kontakten zum französischen Kapetingerhof.

Die Rebellen sammelten sich im Südwesten der Normandie. Wilhelm setzte Truppen gegen sie in Marsch und belagerte den Sohn und dessen Gefolgschaft bei der Burg Gerberoy im heutigen nordwestfranzösischen Departement Oise. Bei einer Schlacht wurde Wilhelm im Januar 1079 schwer verwundet, er musste die Belagerung beenden. Zwar versöhnte Königin Mathilde Vater und Sohn, doch ein Waffenstillstand hielt nur drei Jahre. Obwohl ihm der Sohn schließlich wieder zum Feind wurde, verzichtete Wilhelm darauf, ihn zu enterben, da siegte sein dynastisches Interesse. Robert erhielt die Normandie als Erbe.

Bedroht war Wilhelms Reich auch durch Feinde aus dem Norden. König Knut IV. von Dänemark erneuerte 1086 Ansprüche an England, die schon sein Großonkel erhoben hatte. Sobald Wilhelm, durch Späher stets gut informiert, von den Invasionsplänen Knuts erfuhr, handelte er radikal. Er ließ Küstengebiete im Osten Englands verwüsten, damit der Feind keinen Proviant fände. Zugleich mobilisierte er mithilfe seiner gut gefüllten Kassen ein großes Söldnerheer.

Die Invasion fand nicht statt, weil der Dänenkönig daheim von einem Aufstand überrascht wurde. Im Juli 1086 wurde Knut IV. in der St. Albans Kirche in Odense ermordet. In der dortigen Kathedrale liegt sein Skelett bis heute in einem Glassarg. Im Jahr darauf starb auch Wilhelm, in den Morgenstunden des 9. September 1087 nach mehrwöchiger Krankheit. Damit endete das Leben eines Herrschers, der ähnlich wie Karl der Große und Friedrich I. Barbarossa mit einer gewaltigen Konzentration aus Machthunger, Energie und Willenskraft Grundlagen für das spätere Europa schuf.

Wucht der Tragödie

Heinrich Kurzmantel hatte zwei Söhne, Richard Löwenherz und Johann Ohneland. Das Problem: Jeder führte Krieg gegen jeden.

Von Georg Bönisch

Große Namen waren es zumeist, die eine mächtige Dynastie in der Geschichte festschrieben. Die Karolinger folgten Karl dem Großen, die Welfen Graf Welf I., die Kapetinger Hugo Capet, einem der legendärsten Herrscher in Frankreich. Bei den Staufern markierte die geografische Herkunft die Führungselite.

Doch ein Geschlecht unter den politischen Spitzenkräften im Hohen Mittelalter war anders – die Plantagenets: Heinrich Kurzmantel, Richard Löwenherz, Johann Ohneland. Könige von England, die Okzitanisch sprachen. Manager eines Staatswesens, in dem sie sich selten aufhielten. Trainierte Krieger – und doch auf ihre Weise auch Feingeister, Kunstsinnige. Richard Löwenherz beispielsweise konnte Verse schmieden und kleine Lieder komponieren.

Schlicht, fast bäuerlich kam dagegen der Name daher, Plantagenet, abgeleitet von planta genista, der lateinischen Bezeichnung für: Ginster. Eine wundervoll gelb blühende Pflanze. Pure Natur. Gründungsvater Gottfried liebte diese Büsche, oftmals trug er, berichten Chronisten, ein paar Zweige als Zierde an Hut oder Helm; auf seinen Ländereien, das ist eine andere Version der Geschichte, habe er Ginster als Sichtschutz anpflanzen lassen.

Diese Ginster-Story ist, angesichts beinharter Typen, sehr hübsch, allerdings hat sie sich bei Historiografen nicht wirklich durchgesetzt: Das außergewöhnliche Imperium nämlich, das die Plantagenets nur zwei Generationen lang beherrschten, heißt bei ihnen in aller Regel ganz anders: Angevinisches Reich. Von hier stammten die Plantagenets: aus der Provinz Anjou am Unterlauf der Loire. Französische Engländer also, dessen erster König, Heinrich Kurzmantel, an der Themse rasch den größten Königshof in Europa installieren konnte – bis die Sippschaft begann, als es um Heinrichs Erbe ging, sich untereinander aufs Heftigste zu bekriegen. Und das war der Anfang vom Ende.

Dass dieses seltsame Reich überhaupt entstehen konnte, hatte wenig zu tun mit männlicher Schneidigkeit – dahinter steckte eine Frau. Eine »überlebensgroße Figur«, wie sie der amerikanische Historiker Ralph V. Turner nennt: Eleonore von Aquitanien, die Frau Heinrichs, Mutter von Richard Löwenherz und Johann Ohneland.

Aquitanien, dieses geschichtsbeladene Gebiet zwischen der Loire und den Pyrenäen, liegt im Südwesten Frankreichs. Anfangs herrschten hier die Römer, später die Westgoten, dann die Karolinger. 927 übernahmen die Grafen von Poitou das riesige Territorium. Mit diesem Landbesitz galt diese willensstarke, temperamentvolle und gut aussehende Eleonore, die den Titel eines Herzogs von Aquitanien geerbt hatte, als eine der besten Partien europaweit.

Knapp 15 Jahre war sie verheiratet mit Frankreichs König Ludwig VII., auf ihr Betreiben hin wurde die Ehe annulliert. Wahrscheinlich hatte sie es mit dem »zunehmend asketischen, weltabgewandten Kapetinger«, so der Mediävist Dieter Berg, nicht mehr ausgehalten. Diese Trennung, offiziell wegen einer zu spät erkannten engen Blutsverwandtschaft, sollte eine der folgenschwersten der Geschichte sein – weil sich in ihr die jahrhundertelange Kontrastellung England/Frankreich begründete.

Dem nunmehr Auserwählten, Plantagenet-Spross Heinrich, ließ Eleonore – keck und emanzipiert – durch einen Boten mitteilen, sie sei jetzt wieder frei und bereit, seine Frau zu werden. Dieser Heinrich war zwar erst knapp 20 und erheblich jünger als sie. Aber eine fesselnde Persönlichkeit, charmant, sprachgewandt (bis auf Englisch), belesen, bescheiden. Und umtriebig. »Er sitzt nie«, notierte ein Zeitgenosse, »außer zu Pferde oder wenn er seine Mahlzeiten einnimmt.«

Auch galt der Plantagenet bereits als ein mächtiger Mann, war Herzog der Normandie und seit dem Tode seines Vaters Gottfried,

jenem Ginster-Freund, Graf von Anjou. Und hatte beste Chancen, alsbald der neue englische König zu werden. Dank seiner Mutter Mathilde, der Erbin des anglonormannischen Reichs.

Im Mai 1152 heiraten Eleonore und Heinrich. Die Hochzeit ist nicht nur bloße Zeremonie, sie verschiebt, gewissermaßen staatsrechtlich gesehen, die Linien im Reiche des Kapetingers. Aquitanien gehört jetzt nicht mehr dazu, und sein Stammland, die Krondomäne, besteht lediglich aus der schmalen Region zwischen dem Pariser Becken und Orléans im Süden. Dennoch, der Kapetinger nimmt weiterhin für sich in Anspruch, Herrscher über das gesamte Regnum Francorum zu sein, also das alte karolingische Land.

Das alles klingt kompliziert, und das ist es auch. Noch schwieriger wird die Situation für Heinrich, als er tatsächlich im Dezember 1154 in London den englischen Thron besteigt. Hier, in seiner neuen Welt: ein Souverän, auf Augenhöhe mit dem Franzosen. Dort, in der alten Heimat: zwar größter Grundbesitzer, aber des Franzosen Vasall, ein Abhängiger, sein Lehnsmann. Der muss, jedenfalls formal gesehen, seinem Lehnsherrn beistehen, wann immer der ihn ruft.

Diese außergewöhnliche Doppelrolle im europäischen System der Monarchen beschreibt der Bamberger Geschichtsforscher Klaus van Eickels treffend als »Gleichrangigkeit in der Unterordnung«. Klar, dass diese Konstellation ein gewaltiges Reibungspotenzial in sich barg.

Auf der Insel sichert sich König Heinrich II., der mit Vorliebe kurz geschnittene Umhänge und deshalb seinen hübschen Beinamen trug, Schottland und Wales, hinzu kam Irland. Als starker Innenpolitiker korrigiert er Fehler seines Vorgängers – indem er der selbstverständlich gewordenen Unabhängigkeit der Adligen, manchmal als »feudale Anarchie« beschrieben, Grenzen setzt durch eine Politik der Zentralgewalt.

Heinrich II. und Thomas Becket, Erzbischof von Canterbury, franz. Handschrift, 14. Jhd.

Heinrich glänzt auch als Reformer. So etwa schafft er ein überaus effizientes Finanzsystem, das seiner Administration eine Planungssicherheit ermöglicht wie zu jener Zeit in sonst »keinem anderen Land in West- und Mitteleuropa«, urteilt Berg. Sein größtes Werk ist der völlige Umbau des Justizwesens, und deshalb gilt Heinrich vielen als Vater des englischen Rechts. Die Idee ist eine hehre: Gleichheit aller vor dem Gesetz.

Trotz dieser Erfolge – sein Leben wird beherrscht von schweren Konflikten. Da ist der Fall Thomas Becket, selbstbewusster Erzbischof von Canterbury, früherer Kanzler und Freund des Königs. Der Monarch hat eine Stärkung der weltlichen gegenüber der geistlichen Jurisdiktion konstituiert, was der Kleriker als Bedrohung der kirchlichen Freiheit erachtet, jahrelang schwelt der Streit. Als es zu einem weiteren Zerwürfnis kommt, schreit Heinrich seinen Zorn über ihn heraus – vier Ritter werten die wilden Worte offenbar als Mordauftrag. Thomas Becket stirbt, brutal niedergemetzelt am Altar seiner Kathedrale. Egal, welchen Anteil Schuld der König trägt: Sein Ansehen leidet von nun an stark.

Da ist das dauernde, nur immer wieder kurz unterbrochene Ringen mit seinem Lehnsherrn auf dem Festland, der natürlich alles daransetzt, die angevinischen Gebiete hier zu zerschlagen. Dies alles kostet Geld, viel Geld. Heinrich saugt es aus England heraus. Das Land, so beschreibt es der Historiker Turner, sei für die »endlosen Kriege ... an allen Fronten« vor allem eines gewesen: Bankinstitut.

Dann waren da die Kämpfe der Söhne gegen den Vater – unterstützt von der Mutter. Und die Kämpfe der Söhne untereinander. Wann und wo diese Familientragödie von shakespearescher Wucht beginnt, lässt sich genau sagen: auf der Burg Montmirail, am 6. Januar 1169. An dem Tag trifft Heinrich hier den französischen König. Ein Tagesordnungspunkt ist die geplante Verlobung Richards mit der Königstochter Alice, und was er dann verkündet, hat auch mit Familie zu tun: Zukunftspläne, die Aufteilung des Erbes nach seinem Tod.

Heinrich, der älteste Sohn, soll England, die Normandie und Anjou übernehmen, Richard Aquitanien, das Land Eleonores, und Gottfried die Bretagne. Johann, mit einem Jahr der jüngste, bleibt erst einmal außen vor – ohne Land. Schon im Jahr darauf wird Heinrich junior zum Mitkönig ernannt. Was den Plantagenet dazu trieb, so frühzeitig sein Erbe zu regeln, bleibt ein Rätsel. Es war überdies ein gravierender taktischer Fehler, sich über eines nicht im Klaren gewesen zu sein – den, wie Berg formuliert, »notorischen Herrschafts- und Machtwillen« der Söhne. Denn die wollen, wenn sie schon in Amt und Würden sind, bitte schön auch regieren. Doch da ist der Alte vor, und zwar rigide.

Die erste Rebellion gegen ihn bricht los, als 1173 Heinrich seinem Jüngsten drei Burgen übereignen will. Der Älteste protestiert scharf, Richard und Gottfried springen ihm bei. Als sie Schutz suchen beim Kapetinger, rückt Heinrich mit einem gewaltigen Söldnerheer gegen sie vor. Die Söhne strecken nach monatelangen Scharmützeln die Waffen, seine Ehefrau, die versucht hat, in Männerkleidern nach Paris zu fliehen, lässt der König unter Arrest stellen – anderthalb Jahrzehnte lang.

Als Heinrich 1183 und Gottfried 1186 sterben, ändert der Monarch die Erbfolge zugunsten seines Lieblingssohnes Johann. Wieder ein taktischer Fehler, vielleicht Folge einer sich verstärkenden Selbstüberschätzung. Sohn Richard wähnt sich wohl enterbt und erklärt deshalb dem Vater den Krieg. An seiner Seite der Kapetinger, aber auch angevinische Adlige, die zu Recht an einen raschen Chefwechsel glauben.

Heinrich, mittlerweile 56, schwer krank und kaum mehr aktionsfähig, hat keine Chance gegen die geballte Übermacht. Schmerzen schütteln seinen Körper, er habe, klagt er, »weder einen Leib, noch ein Herz, noch Glieder«. Am 4. Juli 1189 verfügt er unter Zwang, Richard solle sein Nachfolger werden, zwei Tage später ist er tot. Immer wieder schreit er: »Schande, Schande über einen besiegten König!« – die wirkliche Schande ist, dass seine Diener ihm alles stehlen: Juwelen, Geld, Kleider.

35 Jahre lang hat er das Angevinische Reich geführt, »einer der größten Könige, die England jemals hatte«, so urteilt der Publizist John T. Appleby. Nun liegt er da wie eine weggeworfene Puppe, nur bekleidet mit einfachem Hemd und Unterhose.

Nach seiner Krönung wenige Wochen später bleibt Richard I. nur sechs Wochen lang zu Hause in England. Viel mehr wird es in seiner ganzen zehnjährigen Regierungszeit nicht werden. Der Kraftprotz, fast 1,90 Meter groß und ausgestattet mit der »Tapferkeit Hektors« und dem »Heldenmut Achills«, wie ein Chronist im Jubelton notiert, folgt seiner Berufung: Krieg führen zu müssen. Krieg gegen den französischen König Philipp, der in der Normandie und in Aquitanien wilderte, und Krieg gegen die Muslime, die Jerusalem okkupiert haben, die heilige Stadt der Christenheit.

Das wichtigere der beiden Kriegsziele ist, weil politisch höherrangig, die Rückeroberung Jerusalems. Welche Bedeutung dieser Kreuzzug für die mittelalterliche Christenwelt hat, zeigt schon das Führungspersonal: An Richards Seite der französische König, eigentlich gefährlichster Widersacher der Angevinen. Kaiser Friedrich Barbarossa leitet zu Beginn das militärische Großunternehmen, auch er mitnichten ein Freund der Plantagenets.

Der Kreuzzug scheitert grandios, trotz einiger Siege, Jerusalem bleibt in der Hand der Muslime. Und doch ist es nicht die Niederlage, die sich mit Richards Namen auf ewig verbindet. Zum einen ordnet er im Juni 1191 ein Massaker an – seine Soldaten metzeln nahe der Stadt Akkon 2700 Gefangene nieder, unter ihnen viele Frauen und Kinder; zum anderen gerät er in heftigsten Streit mit dem österreichischen Herzog Leopold. Ein Streit auf neutralem Boden, jedoch mit dramatischen Folgen.

Im Oktober 1192 tritt Richard den Rückweg an. Mit dem Schiff bis an die Adriaküste, dann auf Pferden nach Österreich, ausgerechnet. Richard Löwenherz, diesen Beinamen trägt er wohl seit etwa zwei Jahren, fühlte sich offenbar sicher, zu sicher. Kurz vor Weihnachten wird der in Pilgergewänder gekleidete König nahe Wien von Leopolds Leuten gefangen genommen – angeblich erkannte ihn einer an seinem Ring.

Der Herzog informiert Kaiser Heinrich VI.; von nun an gerät das Kidnapping zu einem Fall von höchster politischer Brisanz. Der Kaiser, Barbarossas Sohn, ist Staufer. Die Plantagenets unterstützen deren härteste Konkurrenten, die Welfen. Kein Wunder, eine Schwester Richards ist verheiratet mit dem Welfenchef Heinrich dem Löwen, ihr Sohn Otto ist sein Lieblingsneffe.

Richard ist nun auf der Kaiserburg Trifels in der Pfalz interniert, dann in der Reichspfalz von Hagenau. Für seine Freilassung verlangen die Entführer ein unvorstellbares Lösegeld: 23 Tonnen Silber, doppelt so viel wie die Jahreseinnahme der englischen Krone. Dazu will der Kaiser der Lehnsherr des Engländers werden. Eine Win-win-Situation für ihn, schließlich ist mit alldem auch noch eine Schwächung des Welfen-Alliierten verbunden.

Bruder Johann weigert sich, doch die Mutter Eleonore treibt das Lösegeld auf. Das Land muss bluten, die Steuern steigen ins Unermessliche. Fast alles, was nicht niet- und nagelfest ist, wird verscherbelt. Am 4. Februar 1194 ist Richard Löwenherz wieder frei – und lässt sich noch einmal krönen, um gleichsam die Erniedrigung der Gefangenschaft abzuwaschen. Auch söhnt er sich mit Bruder Johann aus, der in seiner Abwesenheit ein Verbündeter des französischen Königs geworden ist und ihm sogar rechtswidrig große Gebiete überschrieben hat.

Sofort beginnt Richard, einen Großteil der von Philipp annektierten Territorien zurückzuholen, zweimal schlagen seine Truppen die Franzosen. In der Normandie lässt er die modernste Burg

Europas bauen, Château Gaillard. Ruhe herrscht – wären da nicht die immer wieder aufrührerischen aquitanischen Magnaten.

Auf einer seiner Strafaktionen wird Richard, der keine Rüstung trägt, am 26. März 1199 an der linken Schulter von einem Armbrustbolzen mit Widerhaken getroffen. Tief bohrt der Bolzen sich ins Fleisch. Richard versucht, ihn herauszureißen, vergebens. Ein Arzt schließlich schafft es. Aber da ist es zu spät. Der Wundbrand ist nicht zu stoppen. Auf dem Sterbebett bestimmt Richard, der verheiratet ist, aber keine Kinder hat, seinen Nachfolger: Johann. Elf Tage nach seiner Verwundung stirbt der später als Held verehrte König. Die »Ameise«, kommentierte bitter der Geschichtsschreiber Roger von Hoveden, habe den »Löwen vernichtet. O Schmerz, in einem solchen Untergang geht die Welt zugrunde«.

Richards Tod läutet den Niedergang des Kurzzeit-Imperiums der Angevinen ein – ob der Grund das mangelnde Kriegsglück Johanns war, angeblich fehlender staatsmännischer Weitblick oder aber sein teils mieser Charakter, mag dahingestellt sein. Auf jeden Fall ist er schwächer als sein Vater und sein Bruder, dies schlägt auf zweierlei Weise durch: Der Kapetinger fühlt sich überlegen, und die englischen Adligen, die Heinrich hatte niederhalten können, gewinnen altes Selbstbewusstsein zurück.

Zudem macht das böse Gerücht die Runde, Johann habe seinen Neffen und Konkurrenten Arthur, einer der Lieblinge Eleonores, umgebracht, als der sein Gefangener war. Viele Gefolgsleute etwa aus dem Loire-Tal, aus dem Poitou und Anjou sagen sich nun los von ihm. Als im April 1204 seine hochbetagte Mutter stirbt, ist die Bindung Aquitaniens an den englischen Thron gekappt.

Johann kassiert Niederlage auf Niederlage. 1204 fallen Gaillard und damit die Normandie, 1206 die Bretagne, dreimal setzt er an, das alte Reich neu aufzubauen – stets scheitert er am Widerstand der Earls und Barone, die ihr Geld dafür nicht geben wollen.

Und er bringt sich selbst in eine äußerst missliche Lage, als er es 1208 ablehnt, den vom Papst vorgeschlagenen Kandidaten für das Amt des Erzbischofs von Canterbury zu akzeptieren. Folge eins: England steht unter Interdikt, das heißt, hier dürfen keine Gottesdienste mehr stattfinden, Folge zwei: Johann ist exkommuniziert.

Dies sind scharfe Kirchenstrafen; deshalb beschließt er, sein »insulares Königtum gegen jeden Angriff von Außen abzusichern«, so van Eickels, indem er sich dem Papst als Vasall unterwirft. Innozenz III. ist jetzt sein Lehnsherr, sein Schutzherr, und mit dieser Macht im Rücken wagt Johann den allerletzten Versuch.

Im Frühjahr 1214 landet er mit einer großen Armee an der Westküste Frankreichs, seine Strategie: den Kapetinger herauszulocken aus Paris. Aus Aachen soll Otto vordringen, sein Neffe; mittlerweile ist der Welfe deutscher Kaiser. Der Plan, ein Zangenangriff, schlägt fehl, bei Bouvines nahe Lille kommt es am 27. Juli zur entscheidenden Schlacht. Drei Stunden dauert das Abschlachten auf einer Frontlänge von 1,5 Kilometern, mindestens 2000 Mann werden getötet. Der Franzose siegt, obgleich er weit weniger Soldaten aufzubieten hat.

Das Debakel von Bouvines verschlechtert Johanns Situation auf der Insel enorm. Denn die oppositionellen Adligen, die vor allem unter seiner Fiskalpolitik leiden, machen dem König nun gewaltigen Druck – und der knickt ein. Ein Jahr später ringen sie ihm die »Magna Carta Libertatum« ab, die eine Reihe von Adelsrechten verbrieft und ihnen ein Widerstandsrecht gegen königliche Entscheidungen sichert. Fast schon Ironie ist es, dass diese Magna Carta durch die Aufwertung feudaler Prinzipien eigentlich einen reaktionären Kern besaß – und doch der Wegweiser war für die konstitutionelle Monarchie.

Held und Messias

Ein Geistlicher schuf den sagenhaften König Artus –
ein Mythos im Dienste der Englischen Krone.

Von Stefan Berg

Was für ein Typ: schwertschwingend, übermächtig und so was von gerecht! So reitet er durch das kollektive Gedächtnis der Briten, und so wurde er zum globalen Helden, Raum und Zeit überwindend. Mit seinen Rittern der Tafelrunde kämpft er sich durch Romane, bezwingt seine Gegner auf der Kinoleinwand, liebt seine Königin im Musical am Hof von Camelot und springt durchs Computerspiel wie ein älterer Bruder von Harry Potter. Ausgestattet mit tollen Requisiten, dem Heiligen Gral und dem weltweit ersten runden Tisch.

Das ist König Artus: Ikone der englischen Geschichte und unausrottbar populäres Sinnbild der Ritterzeit, die lange vorbei ist und doch nicht nur im Kinderzimmer weiterlebt. Männer mit Helmen und Lanzen auf Pferden, geschützt durch hängende Metallschürzen.

Was für eine Geschichte. Dieser König, die Briten nennen ihn Arthur, ist gestorben, gefallen nach blutigem Kampf – und doch lebendig geblieben. Seine Gebeine wurden nie gefunden. Aber seine Anhänger glauben an seine Rückkehr von der Insel Avalon, auf die er schwer verwundet gebracht wurde, sie glauben an ihn wie an einen Messias.

Gab es ihn wirklich? Oder ist er nur ein Mythos, eine Gestalt, die geschaffen wurde, um der englischen Königsgeschichte einen unbesiegbaren, wahrlich sagenhaften Überkönig zu schenken?

Die Spurensuche beginnt bei dem Mann, der im Mittelalter die Geschichte schrieb, am Schreibpult des ersten Artus-Evangelisten, der heute vermutlich Chefentwickler einer Firma für Computerspiele wäre. Ein »Genius«, so schwärmen Literaturwissenschaftler von ihm und haben wohl recht. Denn das Wesen, das er geschaffen hat, Artus, ist ein Mensch, und dennoch heilig, transzendent, unfassbar.

Über diesen Mythosmacher, Geoffrey von Monmouth, ist nur wenig bekannt: Ein Geistlicher, der in der ersten Hälfte des 12. Jahrhunderts lebte, zum Bischof von St. Asaph in Wales ernannt wurde und als Vertrauter des englischen Königshauses galt. »Monmouth«, wenigstens das ein konkreter Hinweis: So heißt eine Stadt am Südostrand von Wales. Aus dieser Gegend stammte vermutlich Geoffrey, der wohl vom Königshaus den Anstoß bekam, die Flicken englischer Geschichte zu einem prächtigen Großen und Ganzen zu verweben.

Geoffrey gab sein Bestes, um 1138 erschien seine »Geschichte der Könige Britanniens«, sie wurde zu einem der bedeutendsten Werke des Mittelalters. Reale Orte und Menschen hatte der Autor darin kunstvoll mit Legenden verwoben. In dieses Netz der historischen Fiktion platzierte er König Artus, für dessen Existenz schon damals nicht allzu viel sprach. Aber Autor Geoffrey scheint die Wahrheit weniger im Blick gehabt zu haben als die Wirkung seines Textes.

Geoffreys Umgang mit Quellen gilt – gelinde gesagt – als großzügig. Raffiniert verschleierte dieser dichtende Chronist, auf welche Informationen er sich stützte. Hatte er die »History of the Britons« gelesen, die dem frühmittelalterlichen Mönch Nennius zugeschrieben wird? Darin ist erstmals von einem englischen Heerführer Arthur die Rede, der im 5. Jahrhundert gegen die Sachsen gekämpft und triumphal gesiegt haben soll. In Quellen des 5. Jahrhunderts selbst taucht Artus jedoch nicht auf.

Geoffreys Hinweise sind dürftig: Manches stamme aus dem Buch eines Erzdiakons aus Oxford, anderes aus nicht näher benannten Schriften und allerlei aus Erzählungen. Der Autor musste deshalb den Vorwurf ertragen, »Lügengeschichten« geschrieben zu haben. Ihn kümmerte das kaum. Befördert von der Obrigkeit, verbreitete sich sein Werk rasch, wurde übersetzt in viele Sprachen und in verschiedenen Handschriften angefertigt. Dieses Buch schuf das, was man heute wohl »corporate identity« nennen würde, eine Heldengeschichte, in die sich die Könige Englands einreihen konnten so wie Jesus in den Stammbaum Abrahams und Davids.

Artus ist der Mann, der es mit allen Feinden Britanniens aufnimmt – mit den von außen eindringenden Barbaren ebenso wie mit den inneren, charakterlosen Rivalen. Der junge Feldherr bezwingt die sächsischen Horden, Schlacht um Schlacht, bewaffnet mit einem Schild, auf dem ein Bildnis der Jungfrau Maria prangt. Dieses Symbol des Christentums verbindet Geoffrey mit der reichlich unchristlichen Figur des hilfreichen Magiers Merlin und dem geheimnisvollen Schwert Excalibur, geschmiedet auf der Insel Avalon. Die überraschende Dreieinigkeit von heidnischem Schwert, christlichem Schild und zauberhaftem Merlin macht Artus (und das soll heißen: England) unschlagbar: Hinfort ihr Sachsen, Schotten und Pikten! Friede für Britannia!

Und dann ist da noch diese »angeborene Güte«, die Artus die Zuneigung der Untertanen sichert, sodass er noch flugs Island und Irland unterwerfen kann. Danach hat er die nötige Muße, allerlei ausgezeichnete Männer um sich zu scharen, einen Kreis, der später »die Ritter der Tafelrunde« genannt wird. Derart aufgerüstet wird Artus zum Schrecken anderer Herrscher. Sie beginnen, vor Britannia »zu zittern«, schreibt Geoffrey. Und im Innern herrschte unter Arthur angeblich eine »Kultiviertheit«, ein nicht zu überbietender »Reichtum an Zierrat und höfischen Manieren...«, und natürlich sie, die schöne Königin Guinevere.

Er scheint unaufhaltbar: Ritterlich kultiviert bezwingt Artus noch allerlei andere Bösewichte und um ein Haar sogar Rom, wäre ihm da nicht die Heimatfront durcheinandergeraten. Der Konkurrent greift an, dazu ein Ehebruch der miesen Sorte. Artus zieht erneut in die Schlacht, bezwingt seinen Gegner, aber wird schwer verletzt. Es folgt die letzte große Reise, zur Wundversorgung wird er auf die mythische Insel Avalon gebracht. Stirbt er dort, oder ruht er nur? In Anspielung auf den christlichen Auferstehungsglauben wird seine Rückkehr in Aussicht gestellt. Von der Insel wird er kommen, zu richten, die Lebenden und die Toten... England erhält mit dieser Geschichte ein Bindemittel, ein Stück Selbstbeschwörung. Modern fast verbindet der Autor den inneren Zustand einer Gesellschaft mit der Fähigkeit zur äußeren Abwehr. Geoffrey hat hier nach Überzeugung der Historiker seine Erwartungen an die Obrigkeit einfließen lassen.

Der Geistliche sei über die Streitigkeiten, die dem Tod Heinrichs I. (1068 bis 1135) folgten, so entsetzt gewesen, vermuten die Experten, dass er sich einen neuen Heinrich herbeisehnte, und als dieser nicht erschien, habe er ihn sich selbst geschaffen – in Artus. Dabei überträgt der Autor erstaunlich nonchalant die christliche Chance zur Auferstehung auf den weltlichen Herrscher von Britannia. Erstaunlich, dass die Kirche solchen Mischkult durchgehen ließ.

Die fantasievolle Erzählung indes macht den Helden zur Projektionsfläche des jeweiligen Zeitgeistes späterer Jahrhunderte. Die vermeintliche Aktualität schuf eine Glaubwürdigkeit, die historische Wahrheit ersetzte. Dennoch wurden die mangelnden Beweise gelegentlich zur Schwachstelle, wenn Herrscher sich der Artus-Legende bedienen wollten. Dann musste etwas Handfestes her, am besten die Knochen, auch wenn dies mit dem insinuierten Weiterleben des Helden etwas kollidiert.

Ende des 12. Jahrhunderts beginnen in dem von Feuer fast vollkommen zerstörten Kloster von Glastonbury Aufbauarbeiten. König Heinrich II. (1133 bis 1189) lässt die Gebäude rekonstruieren, in denen Artus seine letzte Ruhe gefunden haben soll – in der Mythologie von Glastonbury wird der Ort oft mit Avalon gleichgesetzt. Davon will der König durch Visionen erfahren haben, einen göttlichen Wink sozusagen.

Die Artus-Figur lieferte ihm Bindekraft und eine Faszination, die ihn erhöhte und ihm nützlich war, indem er den Staatsgedanken mit einer moralischen Leitfigur verband. Eifrig ließ Heinrich II. deshalb Artus-Chroniken zusammenstellen und Artus-Dichtungen verfassen. Er setzte sich in Bezug zum sagenhaften Urahn und legitimierte so seine Herrschaft in einer vermeintlich glorreichen Ahnenreihe. Die Traditionskette diente ihm auch in der Rivalität zu Frankreich, wo der höfische Dichter Chrétien de Troyes schon bald die europäische Mode der Artus-Romane begründen sollte.

Heinrichs Sohn Richard I., genannt »Löwenherz«, wollte da nicht hintanstehen. In der Ära dieses Königs, der selbst ein Schwert mit Namen Excalibur trug, fanden in Glastonbury archäologische Grabungen statt – mit Erfolg: Das angebliche Grab von Artus wurde entdeckt. So entstand eine Artus-Pilgerstätte, die viele englische Könige nach ihm aufsuchten. Erfundenes und Gefundenes verschmolzen hier zu einer neuen Realität.

Über Jahrhunderte blieb das Phantom Artus die bestimmende Figur bei Hofe, wurde zu einer Hauptfigur höfischer Feste. Artus-Szenen wurden aufgeführt, Turniere und Tafelrunden inszeniert. Der Kult ging so weit, dass Heinrich VII. (1485 bis 1509) Winchester zum Geburtsort seines Sohnes bestimmte, weil dort angeblich die »Tafelrunde« zusammengekommen war. Heinrich VIII. ließ sich selbst – etwas dreist – in Gestalt König

Artus' auf eine gigantische hölzerne Platte malen, die den Kreis der »Ritter der Tafelrunde« symbolisiert.

Artus ist dabei mehr als ein Element der Folklore, er macht Politik. Denn mit dem Hinweis auf den Artus-Mythos wurde das Streben Englands nach Dominanz in Europa gerechtfertigt. Sein vermeintlich großes Reich sollte sogar Gebietsansprüche der Krone legitimieren – auf Wales und Schottland. Eduard I. (1272 bis 1307) schrieb im Mai 1301 einen Brief an den Papst und begründete darin seinen Anspruch auf Artus' Erbe. Die Schotten wehrten sich originell und systemkonform. Sie wiesen die Ansprüche unter Hinweis auf einen anderen Teil der Artus-Legende zurück: Artus sei im Ehebruch gezeugt worden und habe deshalb keinen Erbanspruch – und England ebenso wenig.

Welcher König mochte sich nicht in eine Linie mit ihm stellen? Ganz offen beschreibt der Verleger des Werks »Geschichten von König Artus« von Sir Thomas Malory 1485 die Auftragslage: Viele edle Herren Englands seien zu ihm gekommen und hätten ihn aufgefordert, die Geschichte des Grals und des christlichen König Artus zu drucken. Er habe entgegnet, manche Leute meinten, Artus habe doch gar nicht existiert, und alle Bücher über ihn seien bloße Erfindung. Da sei ihm erwidert worden, dass Artus von Christen und Heiden gleichermaßen geschätzt werde und Chronisten sehr wohl von ihm berichtet hätten. Und so druckte der Verleger nach einer Handschrift von Malory.

Das Epos wirkte bis ins Viktorianische Zeitalter, als der Artus-Stoff erneut in Mode kam, als fantastischer Gegenentwurf zur hochtechnisierten Moderne. Sogar im königlichen Ankleidezimmer im Palast von Westminster dienen, von Königin Victoria beauftragt, Szenen aus der Artus-Sage zur Wanddekoration.

Bis heute hat kein Historiker den Beweis seiner Existenz erbracht. Doch wahr oder nicht wahr, das ist längst nicht mehr die Frage: Artus lebt.

»Ein Schelm, der Böses dabei denkt«

*Vor mehr als 650 Jahren gründete König Eduard III.
den britischen Hosenbandorden. Die Queen beruft
bis heute neue Ritter – und Ladies.*

Von Britta Kessing

Jedes Jahr im Juni kleiden sich Queen Elizabeth II., ihr Sohn Prinz Charles und Enkel Prinz William in dunkelblaue Samtroben und Hüte mit weißen Straußenfedern. In einer feierlichen Prozession schreiten sie über das königliche Anwesen von Windsor zur Kapelle – es ist Garter Day. Alljährlich treffen sich an diesem Tag die Ritter des Hosenbandordens, darunter auch Mitglieder der königlichen Familie.

Mehr als 650 Jahre alt ist der »Order of the Garter«, so der englische Name, den König Eduard III. 1348 gründete. Zu der Zeit hatte der Niedergang des kämpfenden Ritterstandes schon begonnen, sein Ethos aber war weiter angesehen. In Anlehnung an die geistlichen Orden bildeten sich so im Spätmittelalter höfische Ritterorden. Die genaue Entstehungsgeschichte des Hosenbandordens bleibt unklar, denn die Aufzeichnungen sind lückenhaft.

Schon 1344 soll Eduard angekündigt haben, die legendäre Tafelrunde des bewunderten König Artus aufleben zu lassen und einen runden Tisch von 300 Rittern einzuberufen. Dabei verfolgte der Monarch ein recht pragmatisches Anliegen: Ritterorden dienten auch dazu, die Mitglieder an den Landesherrn zu binden. Und Eduard III. konnte die Unterstützung des Adels und der Ritterschaft gut gebrauchen. Englands Herrscher erhob Anspruch auf Frankreichs Thron und führte Krieg gegen die Franzosen. 1340 hatte er sich selbst zum französischen König erklärt. Im Sommer

1346 fügte er den französischen Streitkräften bei Crécy eine empfindliche Niederlage zu. Seine Langbogenschützen waren den mit Armbrüsten bewaffneten französischen Rittern weit überlegen.

Das Motto des Ordens »Honi soit qui mal y pense« (»Ein Schelm, der Böses dabei denkt«) sowie das blaue Ordensband verbinden viele Forscher denn auch mit dem Streben nach der französischen Krone – blau ist die Grundfarbe des französischen Königswappens. Bei dem etwas anderen Ritterschlag wird Männern das blaue Band unterhalb des linken Knies, Frauen oberhalb des linken Ellenbogens umgebunden. Das mit einer Schnalle versehene Band interpretieren Historiker zudem als Symbol für die Riemen, die die Platten der Ritterrüstung zusammenhielten.

Wesentlich amüsanter liest sich die pikante Legende, die sich um den Hosenbandorden rankt: Auf einem Ball verliert Eduards angebliche Geliebte, Catherine Montacute, Gräfin von Salisbury, ihr Strumpfband. Der König hebt es auf, bindet es sich kurzerhand selbst ums Bein und ruft so Gelächter hervor. Oder amüsieren sich die Ballgäste über das verrutschte Kleid der Gräfin? Jedenfalls soll der Monarch auf die Witzeleien mit eben jenem »Honi soit qui mal y pense« geantwortet und sogleich kundgetan haben, er werde das Tragen des Bandes zu einer ehrenvollen Angelegenheit machen. Tatsächlich ist es das bis heute.

Der Hosenbandorden ist nicht nur der älteste der drei britischen Hoforden, er ist auch der exklusivste. Zwar ist die adelige

Der spätere Eduard VIII., 1911 in Ordenstracht

© Ullstein Bild

Herkunft heute nicht mehr Voraussetzung für die Ernennung zum Ritter. So können auch Bürger, die sich um Land und Krone verdient gemacht haben, in den Orden berufen werden: Zuletzt ernannte die Queen eine frühere Generaldirektorin des britischen Geheimdienstes sowie den Ex-Präsidenten der Bank von England zu Hosenbandrittern. Auch Winston Churchill, der Mount-Everest-Bezwinger Edmund Hillary und Ex-Premier Margaret Thatcher gehörten dem Orden an.

Nach wie vor ist die Zahl der aktuellen Mitglieder jedoch streng reglementiert. Insgesamt 24 Männer und Frauen kann Elizabeth II. zum Knight oder zur Lady of the Garter ernennen. Hinzu kommen Mitglieder der königlichen Familie und ausländische Würdenträger. Diese Tradition wurde im Ersten Weltkrieg zum Problem: Eigentlich auf Lebenszeit zum Ritter ernannt, mussten etliche deutsche und österreichische Fürsten 1915 aus dem Ordensregister gestrichen werden.

Nach dem Zweiten Weltkrieg verhalf der Vater der Queen, Georg VI., dem Orden, der inzwischen an Bedeutung verloren hatte, zu neuer Popularität. Seitdem kommen die Hosenbandritter wieder jedes Jahr zusammen, natürlich höchst exklusiv – Publikum und Kameras sind beim Ritterschlag nicht zugelassen.

»Zittere und verzage!«

Der Hundertjährige Krieg zwischen England und Frankreich begründete eine Erbfeindschaft, deren Spuren noch heute sichtbar sind.

Von Romain Leick

Der Krieg begann als klassische mittelalterliche Fehde zwischen zwei Herrscherhäusern um feudale Rechtsansprüche. Als er mehr als hundert Jahre später zu Ende ging, war er zum nationalen Anliegen geworden, ein Meilenstein in der frühen Entwicklung moderner Zentralstaaten in Westeuropa. Er begründete eine Erbfeindschaft zwischen England und Frankreich, die erst im 20. Jahrhundert mit der »Entente cordiale« und nach den zwei Weltkriegen überwunden wurde, aber immer noch fortdauert in politischem Misstrauen und notorischen Sticheleien zwischen »Rosbifs« und »Froggies«, Roastbeef-Liebhabern und Froschschenkel-Essern, die sich durch Lebensart, Mentalität und Volkscharakter unterscheiden.

Dieser Hundertjährige Krieg, von Historikern aus Gründen der Zweckmäßigkeit von 1337 bis 1453 datiert, obwohl die Streitigkeiten bis ins 12. Jahrhundert zurückreichten, veränderte die Landkarte Westeuropas. Die Engländer verloren nach vielen Erfolgen und Rückschlägen ihre Neigung, sich auf dem Kontinent festzusetzen, und widmeten sich der Entfaltung einer eigenen politischen Identität, in der die Krone und die Nation symbolisch miteinander verschmolzen. Die Franzosen, die mehrmals am Rande des Abgrunds standen, legten die Grundlage für die Bildung eines einheitlichen, ungeteilten Königreichs, das fortan Sicherheit in der Ausdehnung bis zu seinen »natürlichen« geografischen Grenzen suchte.

Alles begann als Duell der Plantagenets mit den Kapetingern. Schon der englische König Heinrich II., der von 1154 bis 1189 regierte, beherrschte durch Erbschaft, Heirat und Zukäufe den größten Teil Frankreichs und drängte die französische Krone unter Philipp II. immer weiter zurück. Der versuchte, nach Norden auszuweichen und seine Ländereien auf Kosten des Grafen von Flandern zu erweitern. Da die flämische Tuchindustrie der wichtigste Absatzmarkt der englischen Wolle war, sah England seine elementaren Wirtschaftsinteressen gefährdet. Um den lebenswichtigen Handel zu schützen, beanspruchte London die rechtliche und faktische Hoheit über den Ärmelkanal. Auf dem Spiel stand letztlich die Überlebensfähigkeit des französischen Königshauses.

Dieser strukturelle Konflikt, bei dem es um weit mehr als um persönliche Rivalitäten ging, konnte wohl nur durch Waffengewalt entschieden werden. Den Anlass lieferte der französische König Philipp VI. von Valois. Im Mai 1337 konfiszierte er Aquitanien im Südwesten, ein Lehen des englischen Königs, und ließ es teilweise militärisch besetzen. In London reagierte Eduard III. mit einem Schachzug, der den Streit um Land und Lehnspflichten schlagartig eskalierte: Er erhob selbst Ansprüche auf den französischen Königsthron. Denn durch seine Mutter Isabella war er ein Enkel Philipps des Schönen, während sein Gegenspieler Philipp Valois nur dessen Neffe war.

Juristisch schien der Erbanspruch wackelig, da Eduard nicht von der männlichen Linie der Kapetinger abstammte. Dennoch legte er sich den Titel »Rex Angliae et Franciae« zu und ließ Philipp von Valois propagandistisch als Mann diffamieren, »der vorgibt, König von Frankreich zu sein«. Damit konnte sich die zunächst lokal begrenzte Auseinandersetzung auf lange Sicht in einen nationalen Krieg zweier Monarchen um die französische Königskrone, in einen nicht mehr nur feudalen Kampf zwischen Ländern und Völkern verwandeln. Vereinfacht gesagt: England drohte Frankreich zu schlucken und ein Reich diesseits und jenseits des Meeres zu errichten.

Im Rückblick konnte die allmähliche Steigerung vom Feudalkonflikt zum nationalen Krieg zudem wie ein böses Omen des künftigen Schlachtens gedeutet werden, das Europa bis in die neueste Zeit heimsuchen sollte – obwohl die Monarchen vor der Französischen Revolution in der Regel darauf bedacht blieben, ihre kriegerischen Auseinandersetzungen in Form kontrollierbarer »Kabinettskriege« zu führen, begrenzt in Zeit, Raum und Mitteln. Bei aller gebotenen Vorsicht mit historischen Vergleichen könnte der Hundertjährige Krieg so wie ein früher Vorbote moderner Kriege erscheinen – ein existenzieller Kampf auf Leben und Tod zwischen Nationalstaaten, die um Vorherrschaft und Selbstbehauptung ringen.

Zur ersten großen Schlacht kam es im Sommer 1346, nachdem König Eduard persönlich mit einem Invasionsheer von etwa 12 000 Mann in die Normandie eingefallen war und Caen eingenommen hatte. Bei Crécy nördlich von Abbeville stießen die beiden Heere am 26. August aufeinander. Der französische König, der zahlenmäßig weit überlegen war, ließ seine Ritter frontal angreifen. Eduards Truppen hatten eine defensive Position bezogen. Seine Langbogenschützen mähten die in mehreren Wellen heranstürmenden französischen Ritter von beiden Flanken mit einem verheerenden Geschosshagel nieder. Die Pfeile durchschlugen die Rüstungen; waffentechnische Überlegenheit und taktisches Geschick der Engländer führten binnen weniger Stunden zu einer völligen Niederlage des französischen Heeres.

Am Ende des Tages lagen über 1500 französische Ritter tot auf dem Schlachtfeld, darunter der Bruder des Königs, der Graf von Flandern und der mit den Franzosen verbündete blinde König Johann von Böhmen aus dem Hause Luxemburg, Vater des römisch-deutschen Königs Karl IV., der mit seinem sinnlosen Heroismus in die Legende einging. König Philipp VI. selbst kam verwundet davon.

Eduard rückte nun nordwärts vor und belagerte Calais, um einen für den Nachschub und den Wollexport wichtigen Brückenkopf zu gewinnen. Die Stadt fiel erst ein Jahr später, im August 1347. Die Schlüsselübergabe durch die berühmten »Bürger von Calais« hat der Bildhauer Auguste Rodin in seiner eindrucksvollen Skulptur künstlerisch verewigt. England blieb über zweihundert Jahre im Besitz dieses bedeutenden strategischen Vorpostens.

Crécy, wo die Blüte des französischen Adels fiel, und die folgenreiche Kapitulation von Calais sind als traumatischer Schock in das kollektive Gedächtnis der Franzosen eingegraben. Es war jedoch nur der erste in einer Kette desaströser Rückschläge, die das französische Königtum fast vernichteten, dem Land den Stachel eines anhaltenden Minderwertigkeitskomplexes einpflanzten und eine unauslöschliche Rivalität zwischen den beiden Nationen begründete. Sie war noch nach Frankreichs Zusammenbruch 1940 im angespannten Verhältnis zwischen Winston Churchill und Charles de Gaulle spürbar; alte Nationen haben ein langes Gedächtnis.

König Eduards ältester Sohn, wegen seiner schwarzen Rüstung der »Schwarze Prinz« genannt, verwüstete den französischen Südwesten. Im September 1356 wiederholte sich das Schlachtmuster von Crécy in der Nähe von Poitiers; abermals vernichteten die englischen Bogenschützen das französische Ritteraufgebot. Johann der Gute, der seinem Vater Philipp als König nachgefolgt war, geriet in Gefangenschaft und wurde als Geisel nach England gebracht.

»ZITTERE UND VERZAGE!«

Frankreich stürzte in eine schwere Krise. Ein Bauernaufstand, eine Revolte der Kaufleute von Paris und zunehmende innenpolitische Spannungen zwangen den König zu einem für ihn blamablen Frieden, der den Engländern beträchtliche territoriale Gewinne brachte. Johann der Gute starb am 8. April 1364 in London.

Die nächste große Konfrontation auf dem Schlachtfeld folgte am 25. Oktober 1415 bei Azincourt. In England herrschte inzwischen Heinrich V., in Frankreich der geistig umnachtete Karl VI., für den ein Regentschaftsrat hatte bestimmt werden müssen – eine Quelle weiteren innenpolitischen Zwists. Militärisch hatten Frankreichs Adelige nichts hinzugelernt. Sie rannten, obwohl dreimal so stark wie die Engländer, wieder in ein schreckliches Blutbad. Am Ende hatten die Engländer 10 000 Franzosen niedergemetzelt und selbst in der dichterisch verklärten Erinnerung nur 29 Mann verloren. Die Chronisten berichteten, die Leichen hätten in solchen Haufen gelegen, dass sich nicht mehr darüber hinwegsteigen ließ. Shakespeare hat diesen großen Sieg der englischen Geschichte in seinem Stück »König Heinrich der Fünfte« gefeiert: »We few, we happy few, we band of brothers.«

Der englische Sieg bei Azincourt versetzte das gesamte Abendland in Erstaunen. Der heimkehrende König Heinrich wurde in London triumphal empfangen, er war der Held der Nation geworden. Der Erfolg verlieh den Engländern enormes Selbstbewusstsein. Die französische Sprache, die bis dahin am Hof dominiert hatte, wurde verdrängt. Hass und Misstrauen gegen die »Fremden« förderten eine Insel-Mentalität, in der das entstehende Nationalgefühl sich zur Loyalität gegenüber der Krone verdichtete. Begeisterung für die Sache des Königs, Verunglimpfung seiner Feinde wurden patriotisches Gebot. Der Keim für den späteren englischen »Jingoismus«, eine britische Variante des Hurra-Patriotismus, war gelegt. Heinrich brachte die Normandie fest in englische Hand. Mit dem Vertrag von Troyes (1420) erkannte er zwar den König Karl VI. für dessen Lebenszeit als französischen Herrscher an. Dafür aber heiratete er die Tochter des französischen Königs, Katharina, und sollte nach Karls Tod die Nachfolge im Königtum antreten.

Heinrich V. und Karl VI. starben 1422 kurz nacheinander, sodass der einjährige Sohn Heinrichs aus der Ehe mit Katharina nicht nur König von England (als Heinrich VI.), sondern nach dem Vertrag von Troyes auch König von Frankreich wurde. Doch der eigentliche Dauphin, der Sohn Karls VI., der nach dem Vertrag für immer von der Thronfolge ausgeschlossen sein sollte, errichtete in Bourges eine Gegenregierung, von wo aus sich sein Einfluss auf weite Gebiete Mittelfrankreichs sowie die Provinzen südlich der Loire (mit Ausnahme der englischen Gascogne) erstreckte. Während die Engländer unter dem Herzog von Bedford planmäßig ihre militärische Position verbesserten, blieb der Dauphin, der nunmehr als Karl VII. die französische Krone beanspruchte, überraschend passiv, als habe er resigniert. Ein Wunder errettete ihn.

Ein Bauernmädchen aus dem lothringischen Dorf Domrémy, Jeanne d'Arc, kaum 19 Jahre alt, erschien Ende Februar 1429 am Hof des Dauphins in Chinon, um eine Botschaft zu verkünden, die himmlische Stimmen ihr aufgetragen hätten. Mit großer Überzeugungskraft trug sie ihre Vision vor, eine Kommission von Theologen bestätigte ihre Glaubwürdigkeit. In weißer Rüstung und mit einem Lilienbanner gelang es ihr an der Spitze einer kleinen Schar, die von den Engländern belagerte Stadt Orléans an der Loire zu stützen. Die verunsicherten Engländer zogen letztlich ab, und die Streitmacht des Dauphin bahnte sich weiter ihren Weg in die alte Krönungsstadt Reims, wie Johanna es gewünscht und prophezeit hatte. Am 18. Juli 1429 wurde Karl VII. in Anwesenheit Johannas in der Kathedrale von Reims gekrönt und gesalbt.

Das war ein Akt von entscheidender politischer Bedeutung: Die Franzosen im besetzten Norden konnten nicht länger ignorieren, dass sie wieder einen nationalen König hatten. Der Mythos der Jungfrau von Orléans war geboren, Frankreich hatte seine Nationalheilige. Ihr Glaube an den göttlichen Auftrag, die Engländer aus dem Land hinauszuwerfen, wirkte auf die ganze Nation. Die Befreiung des Landes war nicht mehr nur eine Angelegenheit rivalisierender Adliger, sonder die Aufgabe eines ganzen Volkes, das in mystischer Einheit im Banne einer Gottgesandten zusammenrückte.

Die bedrängten Engländer versuchten sich zu wehren, indem sie ebenfalls überirdische Kräfte bemühten. Schließlich war Gott, wie sie meinten, bis dahin auf ihrer Seite gewesen. Johanna eine Heilige? Eine Hexe! Als sie im Mai 1430 vor Compiègne in Gefangenschaft geriet, machte man ihr in Rouen den Prozess. Zu Richtern und Gutachtern erkor man französische Kollaborateure, auch vor Protokollfälschungen schreckte man nicht zurück. Am Ende des auch nach damaliger Vorstellung rechtlich höchst problematischen »Inquisitionsverfahrens« wurde Johanna am 30. Mai 1431 auf dem Marktplatz von Rouen lebendig verbrannt – ein politischer Schauprozess und ein Verbrechen, wie jedem französischen Schulkind noch heute eingeschärft wird.

So schwenkt der rechtsextreme Front national, der Frankreichs Wiedererstarken zu vergangener Größe verheißt, heute seine Paniere im Gedenken an Jeanne d'Arc. Dass so viele französische Wähler immer wieder Hoffnungen auf einen nationalen Erlöser aus Zeiten der Krise setzen, sei es Philippe Pétain vor Verdun 1916 oder Charles de Gaulle 1944 oder einen ihrer gegenwärtigen Möchtegern-Epigonen, verblüfft Engländer stets aufs Neue.

Die Invasoren von der Insel hatten nach Jeanne d'Arcs Erscheinen die militärische und diplomatische Initiative verloren. Mit der Einnahme von Bordeaux durch die Franzosen kam der Hundertjährige Krieg 1453 praktisch zum Ende, auch wenn kein offizieller Friedensschluss unterzeichnet wurde. Die Engländer hatten ihre Besitztümer auf dem Festland verlassen, ihre Ambitionen auf ein englisch-französisches Doppelkönigtum waren gescheitert. Ein bizarrer Nachhall erklang noch einmal im Debakel Frankreichs von 1940, als der britische Premier Winston Churchill Paris eine britisch-französische Union anbot.

Paris und London bleiben in wechselseitiger Faszination und galliger Zwietracht vereint. Jean Froissart, der Chronist des Hundertjährigen Kriegs, konstatierte: »Es gibt unter der Sonne kein gefährlicheres Volk als die Engländer.« Umgekehrt schmähte der anonyme Autor einer »Invective against France« die Franzosen als effeminiert und pharisäisch; sie wurden mit Luchsen, Schlangen und Füchsen verglichen – Sinnbilder der Falschheit. Noch der Seeheld Lord Nelson ermahnte seine Landsleute im 18. Jahrhundert: »Ihr müsst den Franzosen hassen wie den Teufel.« Kaiser Napoleon machte das Wort »L'Albion perfide« danach zum festen Begriff in ganz Europa: »Zittere und verzage, perfides Albion!«

Mitten in der am 8. April 1904 unterzeichneten Entente cordiale, dem »herzlichen Einverständnis« zwischen Großbritannien und Frankreich, befand Georges Clemenceau, Frankreichs »Tiger« im Ersten Weltkrieg: »England, das ist eine französische Kolonie, die auf die falsche Bahn geraten ist.« Und Präsident Charles de Gaulle begründete seine Ablehnung des britischen Beitrittsgesuchs zur Europäischen Gemeinschaft 1963 so: »England ist ein Inselstaat, ausgerichtet auf die See.«

Heute kokettiert England immer mal wieder damit, sich vom Kontinent und von der EU zurückzuziehen. Immerhin müht sich die deutsche Kanzlerin, mit London und Paris ein Dreieck der Vernunft zu bilden – von der Erbfeindschaft über die Entente cordiale zur Triple Entente.

Trinkgeld für den Henker

Jahrhundertelang diente der Londoner Tower
als Kerker und Hinrichtungsstätte. Einige prominente
Inhaftierte lebten dort ziemlich luxuriös.

Von Frank Thadeusz

Am Morgen wird der Häftling in jenen Raum geführt, in dem sein Leben enden soll. Er ist am Knöchel verletzt und kann nicht aus eigener Kraft stehen. Deshalb muss Josef Jakobs im Sitzen sterben – ein Novum im Tower zu London. Er wird auf einen Stuhl geschnallt, dann legt ein Erschießungskommando an und tötet den deutschen Spion.

Was am Morgen des 15. August 1941 noch niemand weiß: Die Hinrichtung markiert den Schlusspunkt der blutigen Geschichte des Towers; der 43-Jährige ist der letzte Mensch, der zwischen den Mauern der Stadtfestung hingerichtet wird.

Für 22 Pfund, Kinder 11 Pfund, können Besucher heute mit Schaudern das »Traitors Gate« bestaunen – die Beschuldigten, die dieses Tor passierten, sahen zumeist einer harschen Bestrafung entgegen. Touristen starren mit Grusel in jene finstern Verliese, in denen Häftlinge einst von der Welt vergessen waren und bei karger Kost vor sich hindämmerten. Beim Anblick einer im Tower ausgestellten Streckbank fragt sich wohl mancher: Kann es wirklich möglich sein, dass ein solch brutales Folterinstrument einst fundamentaler Bestandteil der englischen Verbrechensaufklärung war?

Die Trutzburg in der City wurde hauptsächlich aus massivem Kalkstein gebaut. Zwei weitere Zutaten waren erforderlich, damit aus dem Fort der englischen Könige jene unvermeidliche Sehenswürdigkeit werden konnte: Blut – und Sperma. Denn im Tower wurde nicht nur gemetzelt, sondern auch höchst irdischen Lastern gefrönt. Etliche Könige vergnügten sich mit ihren Mätressen im Lotterbett, während nur wenige Meter entfernt die von ihnen Eingekerkerten Qualen litten.

Architekt der steinernen Festung im Auftrag von Normannenkönig Wilhelm dem Eroberer war ein Kleriker namens Gundulf, der wegen gelegentlicher Heulattacken als »der jammernde Mönch« bespöttelt wurde. 1078 begannen die Arbeiten an dem Herrschaftsbau, dank dessen London zur uneinnehmbaren Kapitale Englands werden sollte; Wilhelm, der Usurpator aus dem fernen Frankreich, sah in der Anlage gleichwohl vor allem einen Schutz gegen die Engländer selbst.

Nichts weniger als das großartigste Schloss der gesamten Christenheit sollte nach Wilhelms Wunsch hier in die Höhe wachsen. Richtig fertig wurde die Burg für viele Jahrhunderte nicht: Nach dem Tod Wilhelms 1087 fügten etliche seiner Nachfolger dem Tower immer neue Gebäudeteile hinzu.

Anfänglich war die Bastion noch nicht jener düstere Kerker, als der er später berüchtigt war. Vielmehr diente der Bau den Royals zunächst als hochgerüsteter Militärstützpunkt. Erst allmählich entdeckten die Herrscher das Potenzial des Gebäudes als Dauerhaftanstalt. Und ganz nach Belieben des Despoten wurde das Prunkschloss immer wieder einfallsreich zweckentfremdet. Johann Ohneland etwa, der Nachwelt als verschlagener Bruder der Heldengestalt Richard Löwenherz in Erinnerung, ließ angeblich im Tower ein junges Mädchen in einen überdimensionierten Vogelbauer sperren, weil sie den König abgewiesen hatte.

Unter Johanns Sohn Heinrich III. begann die Ära der Tierhaltung im Tower. Stauferkönig Friedrich II. hatte dem unbedarften Heinrich drei Leoparden zum Geschenk gemacht. Sogleich ließ der englische König einen Teil des Towers zur Menagerie umbauen. Den Raubkatzen war an diesem Ort allerdings nur ein kurzes Leben beschieden – niemand konnte die fachgerechte Fütterung der exotischen Tiere gewährleisten. Ein Eisbär, gestiftet vom norwegischen König Haakon IV., durfte mit Erlaubnis der Sheriffs von London in der Themse auf Lachsjagd gehen.

Jahrhunderte später missbrauchte der sadistisch veranlagte Jakob I. das Zoogefängnis für blutige Spektakel mit Tieren. Als ein Bär einmal ein umherstreifendes Kind getötet hatte, verurteilte Jakob das Pelztier, gegen einen Löwen zu kämpfen. Als sich die Tiere der königlichen Belustigung verweigerten, reagierte der Monarch mit einem Zornesausbruch.

Zu Beginn des 17. Jahrhunderts spielten sich die weit größeren Dramen aber schon in anderen Teilen des Komplexes ab. Längst war die weithin sichtbare Feste am Themse-Ufer zu einem Kerker für prominente Missetäter, gefallene Höflinge oder missliebige Angehörige der Königsfamilie geworden. Auf der Streckbank unter dem White Tower wurde auch der renitenteste Häftling gefügig.

Die stärkste Gegenwehr auf diesem Folterinstrument brachte der Überlieferung nach der katholische Offizier Guy Fawkes auf. Aus Protest gegen die Unterdrückung seiner Glaubensbrüder wollte der Rebell mit Gleichgesinnten das englische Parlamentsgebäude und König Jakob I. gleich mit in die Luft sprengen. Erst nach zweieinhalb Stunden Marter soll der leidensfähige Fawkes die Namen seiner Mitverschwörer preisgegeben haben. Am 31. Januar 1606 starb Guy Fawkes auf dem Schafott im Old Palace Yard.

In der Regel ereilte die zum Tode Verurteilten ihr Schicksal allerdings auf dem »Tower Hill«, einer Erhebung unweit der Festung. Nur privilegierten Todeskandidaten war es vergönnt, abgeschirmt von den Blicken des Pöbels im Innenhof der Burganlage ins Jenseits befördert zu werden. Die übrigen Unglücklichen wurden zur öffentlichen Hinrichtungsstätte geführt, wo sie häufig neben Almosen für die Armen auch ein großzügiges Trinkgeld an den Henker entrichteten. Der Scherge mit der Axt übte sich seinerseits in Freundlichkeit und bat sein Opfer um Vergebung für die nachfolgende grobe Behandlung. Nach getaner Arbeit hielt der Henker den Kopf des Gerichteten in die Menge und rief: »Betrachtet das Antlitz eines Verräters!«

Nur wenige Todeskandidaten waren ähnlich zu Scherzen aufgelegt wie der Gelehrte und Abenteurer Sir Walter Raleigh. Der einstige Star am Hofe Elizabeths I. hatte wegen Hochverrats im Tower eingesessen. Am Tage seiner Hinrichtung am 29. Oktober 1618 ließ er sich von seinem Henker die Axt zeigen, um nach eingehendem Befühlen der Klinge festzustellen: »Das ist eine scharfe Medizin, die einen aber ganz sicher von allen Krankheiten befreit«.

Katherine Howard, die fünfte Frau Heinrichs VIII., ließ sich den Henkersblock in ihr Gefangenenlager bringen, um zu üben, wie sie für einen reibungslosen Ablauf der Köpfung fachgerecht ihren Hals zu recken hatte. Sehnlichster Wunsch der Todgeweihten war, dass der Scharfrichter sein Werk mit einem einzigen, sauberen Hieb verrichten möge – eine Hoffnung, die allzu oft enttäuscht wurde.

Die Hinrichtung des in Ungnade gefallenen Lordsiegelbewahrers Heinrichs VIII., Thomas Cromwell, geriet etwa zu einem Schauerstück, das die anwesende Menge zu Protestschreien veranlasste. Der für die Vollstreckung engagierte Spanier Gurrea hackte und hebelte am Nacken Cromwells wie an einem widerspenstigen Baumstumpf herum. Erst nach schier endlosem Hantieren fiel der Kopf des Verurteilten. Auch der unter Elizabeth I. ins Abseits geratene Feldherr Robert Devereux hatte unter den Folgen einer dilettierenden Henkerszunft zu leiden. Der erste Hieb zerschmetterte die Schulter des bedauernswerten 2. Earl of Essex, auch der zweite Schlag ging daneben; erst mit dem dritten Versuch glückte die Enthauptung.

Verglichen mit der Vierteilung und dem Herausreißen der Eingeweide – beides durchaus gebräuchliche Strafen für verurteilte Verräter der Krone – war die Metzelei mit der Axt noch milde. Nur wenige kamen durch einen Gnadenakt in den Genuss, sich die Art ihres Sterbens selbst aussuchen zu dürfen. So ließ sich der wegen Hochverrats verurteilte George Plantagenet, Duke of Clarence, angeblich in einem Fass seines bevorzugten Süßweins ertränken.

War der Tower Abbild der Vorhölle? In jüngerer Zeit bemühen sich Historiker, das Schauerbild zu relativieren. In der Tat: Einigen Insassen präsentierte sich das Gemäuer als Edelkerker. Der schottische König John Balliol etwa durfte sich in den Jahren seiner Inhaftierung im White Tower einen kleinen Hofstaat und Pferde halten.

Bevor ihre rund 45 Jahre währende Regentschaft begann, befand sich auch Elizabeth Tudor für kurze Zeit in Festungshaft. Allzu große Not hatte die künftige Königin wohl nicht zu erleiden. Sie protestierte mit Erfolg, nachdem sich das wachhabende Personal des Towers an den für die Prinzessin angelieferten Delikatessen bedient hatte. Die VIP-Häftlinge ließen sich Kohlen und Kerzen in ihren klammen Knast schicken und wärmten sich nächtens in Kissen und Federbetten. Gegen die ungesunde Zugluft im Tower wappnete sich diese Kerkerelite mit Tapisserien an den Wänden.

Manch Inhaftierten spornte die Gefangenschaft gar zu unverhofften Höchstleistungen an. In seinen insgesamt 13 Haftjahren vertrieb sich der Entdecker Raleigh die Zeit mit chemischen Experimenten; einen alten Hühnerstall im Innenhof des Towers hatte der in Ungnade gefallene Günstling Elizabeths I. zur Alchemistenwerkstatt umfunktioniert. Dort entwickelte Raleigh ein Verfahren, mit dem er Salzwasser in Frischwasser umwandeln konnte und verfasste eine Weltgeschichte. Zeitgenossen zollten ihm nach seiner Enthauptung immerhin Respekt: »Noch so einen Kopf haben wir nicht, um ihn abzuschlagen«.

Einer der seltsamsten Insassen in der beinahe tausendjährigen Geschichte des Towers war wohl der letzte König des Herrscherhauses Lancaster, Heinrich VI. Bereits als Siebenjähriger zum König gekrönt, lagen die Nerven des labilen Regenten früh bloß. Zeitweise fiel das Staatsoberhaupt in apathische Starre, brachte für Jahre kein Wort mehr heraus und war kaum mehr fähig, seine Amtsgeschäfte zu leiten. 1460 verlor das faktisch führerlose Haus Lancaster in den Rosenkriegen die Macht an das Haus York. Fünf Jahre lang war der bedrängte Heinrich auf der Flucht; 1465 wurde er dann in einer der größten Volten in der Geschichte der englischen Krone vom Herrscher zum Gefangenen im Tower. Immerhin war ihm in seiner Zelle die Gesellschaft eines Hundes und eines Käfigvogels erlaubt. Nach fünfjähriger Festungshaft verhalfen seine Unterstützer dem Umnachteten sogar zu einem Comeback auf dem Thron; doch nur für rund sechs Monate. Dann landete Heinrich erneut im Tower.

Am 21. Mai 1471 wurde der Gefangene nachts zwischen elf und zwölf Uhr ermordet. Womöglich starb er durch die Hand des Duke of Gloucester – der spätere König Richard III., dessen Ruf als einer der größten Bösewichte in der Geschichte der englischen Monarchie durch ein Stück von William Shakespeare zementiert wurde. Nach bewährter Diktatorenart verschleierte das Haus York den wahren Grund für den Tod des Rivalen: »Zorn, Empörung und Verdruss« über die verlorene Sache des Hauses Lancaster hätten den abgesetzten Regenten getötet, ließen die Yorkisten mitteilen.

Die Skelette von Richards wohl jüngsten Opfern, der kleinen Prinzen Edward und Richard, seine Neffen, fand man erst knapp 200 Jahre nach ihrem gewaltsamen Tod in den Gewölben des Towers.

Ewiges Scheusal

Richard III. war gar nicht böse, glauben seine Fans. Seit unter einem Parkplatz seine Knochen gefunden wurden, sehen sie ihn rehabilitiert.

Von Marco Evers

War es Intuition, unbegreifliches Glück oder gar ein Wink aus dem Jenseits? Jedenfalls reiste die schottische Amateurhistorikerin Philippa Langley vor einigen Jahren ins mittelenglische Leicester. Hier irgendwo sollte König Richard III., das Idol ihrer Forschungen, begraben sein. Und sie, so ihre Hoffnung, würde vielleicht diejenige sein, die seine Gebeine findet. Philippa Langley schlenderte durch die alte Stadt – bis sie im Zentrum einen Parkplatz der Stadtverwaltung erreichte. Da durchfuhr sie, so schilderte sie den Moment später, urplötzlich die Gewissheit: Unter diesem Boden liegt Richard.

Im August 2012 kehrte sie zurück, diesmal mit einem Trupp Archäologen und Geld, das sie von Richard-Fans eingesammelt hatte. An der fraglichen Stelle am Parkplatz hatte jetzt jemand ein »R« gemalt für »reserved«. Die Enthusiastin Langley deutete dies als weiteres Zeichen: »R« wie »Richard«. Die Mannschaft begann zu graben. Und so seltsam, wie das Leben bisweilen spielt, geschah es, dass sie gleich am ersten Tag und ziemlich genau unter dem »R« tatsächlich auf Knochen stießen. »Richard«, sagt Philippa Langley feierlich, »war bereit, gefunden zu werden.«

Forscher der University of Leicester bargen die Gebeine: Der Schädel wies Hiebverletzungen auf, wie sie der damals 32-jährige Richard III. bei der Schlacht von Bosworth erlitten haben könnte. Die Wirbelsäule war krankhaft gekrümmt, ein Makel, der Richard der Überlieferung zufolge tatsächlich plagte. Die Altersbestimmung, die Fundortforschung, vor allem aber die DNA-Analyse zeigen: Das Skelett ist »ohne Zweifel« der Überrest Richards, bestätigt Richard Buckley, Chefarchäologe der Universität.

Dort, wo man die Knochen fand, da ragte Ende des Mittelalters die Kirche eines Franziskanerklosters empor. Hier wurde Richard 1485 bestattet, nein, verscharrt: ohne Aufhebens, ohne Sarg. Seine Totengräber hatten es eilig. Sie hatten seine Leiche, die von Dolchstößen durchbohrt war, in ein Loch gepfercht und den nackten Körper nicht einmal ausgestreckt zur ewigen Ruhe.

Die hat nun, einstweilen zumindest, ein Ende: Richard III. ist wieder da, einer der berühmtesten und berüchtigtsten Könige Englands. Zeitlebens war er in mörderischen Streit verstrickt. Posthum wurde dieser nur noch erbitterter geführt. Shakespeare nannte ihn ein Jahrhundert später die »bucklige Giftkröte« und machte ihn zum Inbegriff des Tyrannen auf dem Thron. In England ist dieser tote König bis heute gegenwärtig wie wenige andere. Selbst seine Knochen beschwören neuen Streit herauf.

Kaum war Richard 1452 geboren, brachen die Rosenkriege aus. Über Jahrzehnte stritt das Haus York mit dem Haus Lancaster um den englischen Thron. Dies war eine Art Familienfehde, denn beide Häuser gehörten zu Nebenlinien der Herrscherdynastie Plantagenet, aus der seit nahezu 300 Jahren alle englischen Könige hervorgegangen waren. Richard sollte das letzte gekrönte Haupt der noblen Sippe werden.

Das Haus York, dem er angehörte, hatte eine weiße Rose zum Wappen, Lancaster eine rote. Weniger blumig war, was die rivalisierenden Clans im Kampf um die Macht einander antaten: Nichts ließen sie unversucht, um die jeweiligen Konkurrenten der anderen Linie zu meucheln, hinterrücks oder auch in offener

Feldschlacht. Nach und nach, Kopf für Kopf, gewann das Haus York die Oberhand. 1471 war auch der letzte männliche Thronanwärter aus der direkten Lancaster-Linie ermordet worden. Für eine Weile herrschte Frieden.

Dann aber starb 1483 auf Yorker Seite plötzlich König Eduard IV. Er hinterließ zwei Söhne, zwölf und neun Jahre alt. Deshalb wurde Richard, Bruder des Verstorbenen, zum Regenten bestellt, der bis zur Volljährigkeit des Thronfolgers regieren sollte. Doch offenbar fand Richard Gefallen an der Macht. Der junge Thronerbe und sein Bruder wurden zunächst im Tower von London festgehalten. Dann machten Gerüchte die Runde, die Zweifel an ihrem Thronanspruch streuten. Kurz darauf setzte das Parlament Richard, offenbar auf dessen Betreiben, als rechtmäßigen König ein.

Seither steht Richard III. im Ruch, den Thron usurpiert zu haben. Niemand sah die Prinzen im Tower je wieder. Hat Richard tatsächlich die Neffen auf dem Gewissen? Manches spricht dafür – allerdings hatten auch andere Intriganten Motive, die beiden umzubringen. Der Kriminalfall um die verschwundenen Jünglinge gilt bis heute als ungeklärt.

Zwei Jahre nur war Richard König, und es war kein Honigschlecken. Immer musste er auf der Hut sein, viele trachteten ihm nach dem Leben. Erst starb sein junger Sohn, dann seine Frau; beide entgegen böswilliger Gerüchte wohl aber auf natürliche Weise. Und ihn selbst holte bald der letzte Akt der Rosenkriege ein. Heinrich Tudor, der im Exil in Frankreich lebte, besann sich auf seinen allenfalls entfernten Anspruch, anstelle des untergegangenen Hauses Lancaster den englischen Thron zu fordern.

Heinrich landete in Wales, scharte eine Armee um sich und zog mit 5000 Mann Richtung London. Nahe Leicester traf er zur Schicksalsschlacht auf die Truppen Richards. Dessen Übermacht nützte ihm nichts: Eine Hellebarde oder eine Streitaxt traf Richards Hinterkopf und riss ein faustgroßes Loch in seinen Schädel. Dies war das Ende der Plantagenets – und der Beginn der Tudor-Dynastie.

Shakespeare ließ später kein gutes Haar an Richard III. Er machte ihn zu einem der widerlichsten Bösewichte der Literaturgeschichte – hässlich, bucklig, mit verkümmertem Arm, ein Scheusal innerlich wie äußerlich, das sich ohne jeden Skrupel an die Macht mordet und im Blut watet. Dieses Bild prägt Richards Ruf bis heute.

Aber ist das fair? Seit 1924 kämpfen die Mitglieder der »Richard III.-Gesellschaft« für die Rehabilitation des Königs, den sie für einen modernen und gerechten Reformer halten und für ein Opfer der Tudor-Propaganda. Die neuen Herrscher, so glauben sie, wollten den besiegten Vorgänger als Monstrum diskreditieren, um so davon abzulenken, dass ihr eigener Thronanspruch fragwürdig war. Erst die Gut-gegen-Böse-Legende habe den Tudors zur politischen Legitimation verholfen.

Um Richards Ansehen zu rehabilitieren, finanziert die Gesellschaft heute Ausgrabungen und Studien. Ihre Mitglieder nennen sich »Ricardians«, und angeblich gibt es Tausende von ihnen weltweit. Wie einem Fußballidol hält Richards Fanclub ihm treu die Stange.

Die Königsknochen vom Parkplatz sind für die Ricardians ein Geschenk des Himmels. Welche Genugtuung, als Mediziner belegten, dass der echte Richard keineswegs so bucklig war wie das Geschöpf Shakespeares. Er hatte nur eine durchschnittliche Skoliose, eine verformte Wirbelsäule, die eine Schulter höher stehen ließ als die andere. Noch beglückender war für sie wohl der Moment, als die Ricardians endlich in das Antlitz des verehrten Königs blickten. Forscher hatten es in ihrem Auftrag anhand seines Schädels rekonstruiert. Ihr Richard sieht aus, wie die Fans ihn sich wünschen: warmherzig und nachdenklich.

Der Höhepunkt für viele Richard-Anhänger aber steht noch bevor. Sie können dabei sein, wenn ihr König feierlich neu beigesetzt wird, nur wenige Schritte vom Parkplatz entfernt. Im März 2015 bekam Richard in der Kathedrale von Leicester eine Grabstätte, die eines Monarchen würdig ist.

Um die Frage, wo seine Knochen hingehören, gab es bis zum Schluss bizarren Streit. Eine bis dahin unbekannte Gruppe von Richard-Freunden hatte verlangt, dass er nach York überführt werde, dem Stammsitz seiner Familie. Um ihre Forderung zu legitimieren, hatte die »Plantagenet Alliance« behauptet, sie bestehe aus Blutsverwandten Richards. Aus Pietätsgründen habe sie deshalb unbedingt ein Mitspracherecht. Es bedurfte eines höchstrichterlichen Urteils des High Court in London, um Richards Gebeine in Leicester zu halten.

Die Stadt freut sich. Für vier Millionen Pfund baut die klamme Kommune derzeit ein Besucherzentrum, wo unter anderem das Parkplatz-Grab und eine Nachbildung des royalen Skeletts zu bestaunen sein werden. Der böseschillernde König, so das Kalkül, könnte jedes Jahr mehr als 100 000 Touristen in seinen Bann ziehen.

TEIL II
GLAUBENSKAMPF UND REVOLUTION

Reformer wider Willen

Heinrich VIII. gilt bis heute als der schillerndste aller englischen Monarchen. Der Tudor-König hat sein Land verändert wie kein anderer – getrieben von seiner Leidenschaft.

Von Konstantin von Hammerstein

Später, als der König alt war und in seinem Palast auf einer eigens für ihn angefertigten Karre von Zimmer zu Zimmer geschoben werden musste, die Beine bedeckt von stinkenden Geschwüren, der Körper durch unmäßiges Fressen widernatürlich aufgebläht zu einer gewaltigen, arthritischen Masse, die kalten Schweinsäuglein unter dünnen Brauen heimtückisch blinzelnd; später also, als der König, impotent, ein böses, altes Wrack, von Fieber und Schmerz geschüttelt, dem Tod in die Augen sah, da erinnerte nichts mehr an jenen schönen, jungen Prinzen, der sich vier Jahrzehnte zuvor, im April 1509, unter dem ungeheuren Jubel seiner Untertanen als Heinrich VIII. zum König von England hatte krönen lassen.

»Seine Majestät ist der hübscheste Herrscher, den ich jemals gesehen habe«, schwärmte der venezianische Botschafter über den jungen Monarchen, »sein Teint ist hell und hübsch, sein rotbraunes Haar straff gekämmt und kurz geschnitten nach französischer Art; er hat ein rundes Gesicht, das so schön ist, dass es einer hübschen Frau wohl anstehen würde.«

Bei seiner Thronbesteigung war er nicht einmal 18, der Spross der noch jungen Tudor-Dynastie, aber die Menschen hatten das Gefühl, mit ihm werde endlich ein »Goldenes Zeitalter« anbrechen. Unter den Steuereintreibern seines Vaters, dem geldgierigen und geizigen Heinrich VII., hatten sie gestöhnt. Und so ging ein kollektives Aufatmen durchs Land, als der Alte nach längerer Krankheit schließlich in seinem Palast starb.

Die Hoffnungen richteten sich nun auf den Sohn, der schon als Befreier seines Volkes von der Unterdrückung gefeiert wurde. Alle Erwartungen, Träume und Sehnsüchte verdichteten sich in dem jungen König. »Die Himmel lächeln, die Erde jubelt, alles träuft von Milch, Honig, Nektar!«, jubelte Lord Mountjoy, Heinrichs Tutor in Jugendjahren.

Und war er nicht auch ein stattliches Mannsbild? Ein breitschultriger Riese, dem das Testosteron aus jeder Falte seines edlen Wamses drang. Der bei ritterlichen Turnieren im Sattel genauso gewandt war wie auf dem Tanzboden oder dem Tennisplatz. Der an seinen Fingern dicke Ringe trug, während von seinem langen Hals, dessen Schönheit allgemein gerühmt wurde, ein gewaltiger Diamant von der Größe einer Walnuss baumelte.

Dieser Heinrich strahlte eine unbändige Energie aus, er nahm die Menschen ein mit seinem robusten Charme: ein freundlicher Knuff in die Rippen, ein beherztes Schulterklopfen, ein angedeuteter Schlag in die Magengrube, ein vertrauliches In-den-Arm-Nehmen. Je nachdem, wie die Laune gerade ausfiel, konnte das vieles bedeuten: eine überraschende Beförderung oder die bevorstehende Verhaftung. Heinrichs Stimmung änderte sich so schnell wie der Himmel über London. Plötzlich, von einer Minute zur nächsten, konnte sie sich verdüstern, quälend lang manchmal, und wehe, man begegnete dem König, wenn sich seine üble Laune in grollendem Donner entlud.

Heinrich, der Superstar. Er hatte eigens ein Orchester angeheuert, das ihn auf seinen Reisen begleitete. Dann gab er gern seine eigenen Lieder zum Besten, ein junger Singer-Songwriter der Renaissance. Dass er auch politisch den Ton angeben wollte, machte er schon in den ersten Tagen klar. Die beiden verhasstesten Minister seines Vaters ließ er in den Tower von London werfen, anklagen und später enthaupten. Ein übliches Karriereende für einflussreiche Höflinge. Dann begann Heinrich das Geld, das die beiden im Auftrag des Vaters den Menschen abgepresst hatten, mit vollen Händen auszugeben.

Mit großem Pomp feierte er seine Hochzeit mit der fünf Jahre älteren Katharina von Aragón, einer Tochter des spanischen Königs. Die streng katholische Prinzessin war noch von Heinrichs Vater auserkoren worden, den Stammbaum der Tudor-Parvenüs dynastisch zu veredeln, doch auf dem Projekt lag kein Segen.

Katharina heiratete zunächst Heinrichs älteren Bruder Arthur, der ursprünglich den Thron besteigen sollte. Der starb aber bereits nach wenigen Monaten Ehe, eine familiäre und diplomatische Katastrophe. Der alternde König, auch er inzwischen Witwer, trug sich eine Zeit lang mit dem Gedanken, nun selbst als Gatte einzuspringen, am Ende aber überließ er die Spanierin seinem zweiten Sohn Heinrich. Doch da ihr Vater die Mitgift schuldig blieb, wurde die Hochzeit vom König immer wieder verschoben. Geld war dem Alten mindestens so wichtig, wie sich mit der spanischen Monarchie zu verbünden. Erst sein Tod machte den Weg frei für die Ehe.

Der Mensch neigt dazu, den letzten Eindruck als den bleibenden zu nehmen, und so ist Katharina von Aragón der Nachwelt als verbitterte, frömmelnde Matrone in Erinnerung geblieben, die sie am Ende wohl auch war. Dabei zeigen zeitgenössische Porträts die spanische Prinzessin zum Zeitpunkt ihrer Hochzeit mit Heinrich VIII. als zarte, hoffnungsvolle Schönheit. Dass der junge Ehemann seinem Schwiegervater versicherte, wie verliebt er in seine Frau sei, mag noch nicht als hinreichender Beleg für eine glückliche Ehe gelten. Dass die Königin sechsmal von ihm schwanger wurde, zeigt jedenfalls, dass die Verbindung fruchtbar war.

Den jugendlichen König dürstete es nach ritterlichem Ruhm. Ein übersichtlicher, kleiner Krieg gegen Frankreich schien das probate Mittel dafür zu sein. Zumal er auch seinem Schwiegervater Ferdinand von Spanien in den Kram passte. Der wollte sich bei dieser Gelegenheit das Königreich Navarra unter den Nagel reißen.

1512 sollte der gemeinsame Angriff starten, doch dann wartete die englische Flotte vergebens auf die spanische Armee. Eine Erfahrung, die Heinrich noch häufiger machen sollte. Ein Jahr später der nächste Versuch: Englische Truppen fielen in die Picardie ein, etliche Städtchen wurden dem Erdboden gleichgemacht, und Heinrich hatte einen Riesenspaß, als die stolze französische Kavallerie in der famosen »Sporenschlacht« panisch die Flucht ergriff.

Der König ließ sich für die militärisch eher bedeutungslosen Scharmützel in Frankreich gebührend feiern, dabei hatte seine Frau Katharina, die als Regentin mit allen Vollmachten in der Heimat geblieben war, den politisch wichtigeren Sieg über Schottland errungen.

Heinrichs Schwager Jakob IV., König von Schottland und Ehemann seiner Schwester Margaret, hatte die englische Expedition über den Kanal genutzt, um in Englands Norden einzufallen. Es war keine gute Idee. Jakobs Soldaten wurden von einer deutlich kleineren englischen Armee in Flodden vernichtend geschlagen. Mehr als 10 000 Schotten blieben tot auf dem Schlachtfeld zurück, darunter die Blüte des schottischen Adels und auch der König selbst.

Während sich Heinrich im Schlachtenruhm sonnte, zog im Hintergrund ein Mann die Fäden, der sich mit eisernem Willen und rücksichtsloser Härte von ganz unten nach ganz oben gekämpft hatte. Thomas Wolsey war der Sohn eines Metzgers, und seine Feinde vergaßen nie, darauf hinzuweisen. Der promovierte Theologe sammelte Ämter wie andere Menschen Münzen. Er wollte Macht, und er wollte Reichtum. Als königlicher Kaplan wurde er in den Kronrat berufen, der Papst ernannte ihn zum Kardinal, später zum Legaten, der König machte ihn zum Lordkanzler, und das waren nur die wichtigsten seiner Ämter.

Wolsey war ein Maschinist der Macht, ähnlich wie der Strippenzieher Frank Underwood in der US-Fernsehserie »House of Cards«, der das Parlament manipuliert, immer einen lukrativen Posten im Angebot hat, korrumpiert, droht, schmeichelt und, wenn es sein muss, den Gegner vernichtet. Er war, wie der britische Historiker Simon Schama schreibt, ein politischer Psychologe mit Kardinalshut, der spürte, was die Menschen antrieb: ihre Ängste und ihre Eitelkeit.

Und so wie er in seinem sagenumwobenen Palast in Hampton Court die eigene Macht und seinen unermesslichen Reichtum als »Prinz der Kirche« in Szene setzte, so inszenierte Wolsey auch die Macht und Autorität seines königlichen Herrn in bislang unbekannter Weise.

Im Sommer 1520 lieferte er sein Meisterwerk ab. In die Geschichte eingegangen ist dieses obszöne Hochamt monarchischer Eitelkeit als Treffen auf dem »Güldenen Feld« in Frankreich. Der Anlass war ein hochpolitischer: Heinrich und der junge französische König Franz I. wollten dem neuen Habsburger Kaiser demonstrieren, dass sie notfalls gegen ihn zusammenstehen würden, denn Karl V. dominierte mit seinem gewaltigen Reich, das vom Balkan bis nach Spanien reichte, ganz Europa.

Wolsey schaffte die gesamte englische Elite über den Kanal nach Frankreich, über 5000 Grafen, Bischöfe, Lords, Höflinge mitsamt Pferden und Hausrat. Ein gewaltiger provisorischer Palast aus Holz und Stoff wurde errichtet. Die Räume, mit Goldbrokat ausgekleidet, waren zum Teil größer als die Zimmer in

Heinrichs Residenzen in England. Auf dem Vorplatz sprudelte aus zwei Zierbrunnen roter Wein.

Vier Wochen lang verprassten die beiden Könige Millionen; zehn Jahre brauchten allein die Franzosen, um ihren Part an diesem dekadenten Gipfeltreffen abzuzahlen. Man tafelte, man trank, man sang, man stellte sich dem ritterlichen Zweikampf beim Turnier, und am Ende forderte Heinrich den jungen Kollegen aus Paris bei einem Besuch in dessen prächtigem Pavillon zum Ringkampf auf. Es gelang ihm, einige Punkte zu machen, doch dann warf ihn der Franzose auf den Rücken. Kein Wunder, dass die beiden wenig später wieder Krieg gegeneinander führten.

Gut möglich, dass Heinrich in diesen Tagen zum ersten Mal jener Frau begegnete, die später nicht nur Wolseys politisches Kartenhaus zum Einsturz bringen sollte, sondern, wenn auch unbeabsichtigt, die Macht des Papstes über die englischen Katholiken brechen würde. Auf jeden Fall war die junge Engländerin aus feinem Hause anwesend auf dem »Güldenen Feld«, als Hofdame der französischen Königin.

Ob Heinrich schon damals ein Auge auf sie geworfen hat, auf Anna Boleyn, jenes dunkelhaarige Mädchen mit der auffälligen Nase, wissen wir nicht. Überliefert ist allerdings, dass seine Liebe zu Katharina in diesen Jahren bereits erkaltet war. Ihr erster Sohn Henry starb kurz nach der Geburt, 1516 kam das Mädchen Mary auf die Welt, und der König konnte seine Enttäuschung, dass der ersehnte männliche Thronfolger ausblieb, nur mühsam verbergen. Als seine Geliebte Elizabeth Blount einen Sohn zur Welt brachte, legalisierte ihn der König zum Entsetzen Katharinas und ernannte ihn zum Grafen von Richmond.

Heinrich begann eine Affäre mit Mary Boleyn. Dass Annas Schwester verheiratet war, konnte für einen König kein ernsthaftes Hindernis sein. Wenig später wurde ein Sohn geboren, Henry. Im königlichen Palast sorgte das für aufgeregtes Tuscheln.

Schnell hatte aber auch Mary ihren Reiz verloren, und Heinrich verliebte sich in ihre Schwester, die damals 19-jährige Anne. Niemand, der sie kannte, hielt das junge Mädchen für eine ausgesprochene Schönheit, doch auf Männer wirkte sie offenbar ungewöhnlich anziehend. Dass sie an einer Hand angeblich sechs Finger hatte, scheint sie nicht weniger verführerisch gemacht zu haben.

Vielleicht lag es auch daran, dass sie sich dem König zunächst verweigerte. Sie hatte bei ihrer Schwester erlebt, was es bedeutete, königliche Geliebte zu sein. So sollte es ihr nicht ergehen. Für Heinrich, den leidenschaftlichen Jäger, erhöhte das nur ihren Reiz. Im Sommer 1526 tanzte er mit ihr in Anwesenheit Katharinas. Sie war 20 Jahre jünger als die Königin, lustig statt fromm, geistreich, auf französische Weise neckisch, versprach sexuellen Lustgewinn und eröffnete die Hoffnung auf den ersehnten männlichen Erben. Das vor allem.

Heinrichs Leidenschaft steigerte sich zur Raserei. Er hasste es, Briefe zu schreiben. Doch im vatikanischen Archiv fanden sich später 17 Liebesbriefe, die er mit krakeliger Schrift meist in Französisch an die noch Unerreichbare geschrieben hatte. Da flehte er sie an, ihn doch endlich zu erhören, »da ich seit einem Jahr vom Pfeil der Liebe verwundet bin und nicht weiß, ob ich scheitern oder einen Platz in Eurem Herzen und Eurer Liebe finden werde«.

Der König war inzwischen davon überzeugt, dass er einen Fluch auf sich geladen hatte, als er die Witwe seines Bruders heiratete. Hieß es nicht in der Bibel im 3. Buch Mose: »Wenn jemand die Frau seines Bruders nimmt, so ist das ist eine abscheuliche Tat. Sie sollen ohne Kinder sein, denn er hat damit seinen Bruder geschändet.« Dass seine Ehe mit Katharina alles andere als kinderlos geblieben war, überging er mit monarchischer Nonchalance.

Heinrich wollte die Scheidung, und er war sich sicher, dass sein getreuer Wolsey die Sache schon regeln würde. Nur der Papst musste zustimmen. Ein paar gepflegte Drohungen, ein ordentlicher Batzen Gold, und der Heilige Vater hätte die unbedingte Notwendigkeit einer Scheidung wohl eingesehen. Trug nicht Heinrich wegen seines Kampfes gegen die ketzerischen Thesen Martin Luthers voller Stolz den päpstlichen Titel »Verteidiger des Glaubens«?

Doch der Papst war nicht mehr Herr im eigenen Hause. Kaiser Karl V., der Neffe Katharinas, hatte Rom geplündert und hielt das Oberhaupt der katholischen Kirche in der Engelsburg gefangen. Was auch immer er selbst von der englischen Angelegenheit gehalten haben mag, ein Urteil zugunsten Heinrichs hätte den Kaiser tödlich verärgert. So spielte er auf Zeit, und Wolsey dämmerte, dass er scheitern könnte.

1529 war dieser mächtigste aller Strippenzieher erledigt. Der Scheidungsprozess, den er angestrengt hatte, war ihm entglitten. Katharina hatte ihre Verzweiflung im Gerichtssaal öffentlich gemacht. Versteinert musste Heinrich zusehen, wie seine Frau ihm zu Füßen fiel und tränenüberströmt die Geheimnisse ihres Schlafzimmers ausbreitete. Nie war die Königin populärer, während Anne Boleyn bis ans Ende ihres nur noch kurzen Lebens auf den Straßen und in den Tavernen als »glotzäugige Hure« beschimpft wurde. Der König kochte vor Wut. Wolsey wurde angeklagt, begnadigt, enteignet, wieder angeklagt, verhaftet und starb wenig später, als er nach London in den Tower geschafft werden sollte.

Im Religionsstreit hatte ohnehin längst ein neuer mächtiger Minister die Strippen gezogen: Thomas Cromwell. Der gelernte Kaufmann und Anwalt sorgte nicht nur für die Unterstellung nun aller Lebensbereiche unter die königliche Autorität, er baute, als Architekt der Politik Heinrichs, auch Verwaltung und Finanzwesen um.

Heinrichs Problem aber war nicht gelöst. Irgendwann im Jahre 1530 soll ausgerechnet Anne ihm den Weg aufgezeigt haben. Sie gab ihm ein verbotenes Buch des englischen Reformators und Bibelgelehrten William Tyndale, der nach Deutschland geflohen war und der ketzerische These vertrat, ein christlicher Fürst müsse an der Spitze von beidem stehen: Kirche und Staat. Und er dürfe sich der illegitimen Macht, die sich der »Bischof von Rom« anmaße, nicht beugen.

Das war die Lösung. Heinrich würde faktisch sein eigener Papst sein und sich als Oberhaupt der englischen Kirche selbst die Scheidung genehmigen, selbstverständlich mit Zustimmung des Klerus und des englischen Parlaments. Damit war das Problem auf einer völlig neuen Ebene angelangt. Nun ging es nicht mehr um die dynastischen und persönlichen Schwierigkeiten eines einzelnen Monarchen, jetzt war es eine Sache der großen Politik und der Nation.

Und so geschah es. Nicht geradlinig, denn das passiert selten in der Geschichte, sondern auf Umwegen. Mal ging es zurück, dann zur Seite, aber was als Verirrung eines verliebten Königs begann, endete schließlich mit einer Revolution. 1534 sagte sich England endgültig von der Römischen Kirche los, und ausgerechnet Heinrich, der die Thesen Luthers doch so vehement abgelehnt hatte, wurde nun ungewollt zum Wegbereiter der englischen Reformation.

Die Revolution hatte einen hohen Preis. Denn der Widerstand gegen die Dekrete des Königs war groß. Heinrich reagierte mit brutaler Entschlossenheit. Wer sich ihm entgegenstellte oder auch nur den Eindruck erweckte, wurde aus dem Weg geräumt, angeklagt, gefoltert, verbrannt, geviertelt, geköpft. Um die 70 000 der damals nur zwei Millionen Engländer und Waliser sollen der Rache des Königs zum Opfer gefallen sein. Stimmt die Zahl, hätte sich Heinrich VIII. einen Platz in der Galerie der großen Schlächter der Weltgeschichte erobert. Unter seinen Opfern war auch der Philosoph und Staatsmann Thomas Morus, hingerichtet im Juli 1535.

Der Rest ist schnell erzählt. Heinrich heiratete Anne und ließ sie – hochschwanger – zur Königin krönen. Doch auch sie brachte ein Mädchen zur Welt, die später als Elizabeth I. den englischen Thron besteigen sollte. Bald entfremdeten sich die beiden, und nach einer Fehlgeburt war auch diese Ehe am Ende. Anne wurde des mehrfachen Ehebruchs angeklagt und wenig später zusammen mit ihren angeblichen Liebhabern, zu denen auch ihr Bruder zählen sollte, hingerichtet.

Zwei Wochen später heiratete Heinrich Ehefrau Nummer drei, Jane Seymour. Sie immerhin wurde die Mutter eines Sohnes, des späteren Eduard VI., doch dann starb sie noch im Kindbett. Die anschließende Brautsuche überall in Europa gestaltete sich schwierig. So lehnte die junge Christine von Mailand, die Tochter des dänischen Königs, nach längeren Verhandlungen eine Ehe mit Heinrich ab. Sie verfüge bedauerlicherweise nur über einen Kopf, den sie gern behalten wollte, spottete sie. Hätte sie zwei, stünde einer aber gern dem Tudor zur Verfügung.

Heinrich heiratete die deutsche Herzogin Anna von Kleve, die er bei näherem Hinsehen jedoch so hässlich fand, dass die Ehe schnell annulliert wurde. Königin Nummer fünf, die junge und etwas alberne Katherine Howard, wurde mit einem Liebhaber erwischt, angeklagt – und enthauptet. Blieb noch Königin Nummer sechs, Katherine Parr. Auch sie wäre um ein Haar des Hochverrats angeklagt worden.

Doch sie hatte Glück. Am 28. Januar 1547 starb der König. Im 56. Lebensjahr, böse, krank, aufgeschwemmt und übellaunig. Und wieder ging ein kollektives Aufatmen durchs Land, so wie damals, als 38 Jahre zuvor der Tod seines Vaters verkündet wurde.

Die Macht der Feenkönigin

Die Epoche Elizabeths I. gilt als
»Goldenes Zeitalter«. Durch geschickte Inszenierung
beförderte die Herrscherin ihren Ruhm.

Von Eva-Maria Schnurr

Die Bilder sollen sich in die Netzhaut brennen. Betörend sollen sie sein, überwältigend und unmissverständlich. Sie müssen die Größe demonstrieren der Frau, die sich anschickt, als Elizabeth I. den Thron Englands zu besteigen.

Am Tag vor ihrer Krönung lässt sie sich deshalb durch die Straßen von London tragen, in einer goldverbrämten Sänfte durch eine begeisterte Menschenmenge vom Tower zur Westminster Abbey. Auf ihrem Weg zeigen Schauspieler in kurzen Szenen Elizabeths Regierungsprogramm: Die Tugenden »Weisheit«, »Gerechtigkeit«, »Liebe zu den Untertanen« und »Wahre Religion« trampeln Laster wie Aberglauben und Dummheit nieder. Triumphal wird die junge Königin als die biblische Prophetin Debora dargestellt, die das Volk Israel von der Unterdrückung durch den König von Kanaan befreite – Elizabeth, das ist die Botschaft, wird England endgültig aus der Knechtschaft des Papstes führen.

Noch wenige Jahre zuvor hätte kaum jemand der zweitältesten Tochter Heinrichs VIII. Chancen auf den Thron eingeräumt. Ihr Vater ließ sie von der Thronfolge ausschließen, nachdem ihre Mutter Anne Boleyn hingerichtet worden war. Obwohl er sie als Zehnjährige rehabilitierte, galt sie vielen noch immer als illegitimer Bastard. Noch aussichtsloser wurde ihre Situation unter der Regentschaft ihrer Halbschwester Maria Tudor: Die kerkerte sie in den Tower ein, weil sie sich nicht zum Katholizismus bekehrte, den Maria in England wieder eingeführt hatte. Erst auf dem Sterbebett stimmte die kinderlose »Bloody Mary« Elizabeth als Nachfolgerin zu.

Nun, am Tag vor ihrer Krönung, muss sie ihre Untertanen überzeugen, dass ihre Herrschaft ein Erfolg werden wird. »Ich werde nicht zögern, mein Blut zu vergießen, um für Eure Sicherheit und Ruhe zu garantieren«, verspricht Elizabeth, während ihre Stimme fast untergeht im Jubel der Menschen.

»Man kann die City of London zu dieser Zeit nicht besser beschreiben denn als Bühne, auf der das wundervolle Schauspiel einer großherzigen Prinzessin gegeben wurde, die sich ihrem höchst liebenden Volk zeigt, und die außerordentliche Freude des Volks, solch einen löblichen Souverän zu haben«, heißt es in einem Flugblatt, das neun Tage später veröffentlicht wird und sich rasch verbreitet. Der Auftraggeber ist womöglich die Königin selbst.

Öffentliche Selbstdarstellung gehört zu den Kernkompetenzen eines Herrschers schon in der Frühen Neuzeit. Zwar glauben alle, dass Gott bei der Wahl eines Monarchen seinen Willen walten lässt, doch er muss sich vor den Untertanen auch bewähren: Königsherrschaft ist keine Diktatur, sondern auf Konsens zwischen Herrscher und Beherrschten ausgerichtet – für Gesetze braucht der englische König das Parlament.

Rebellionen, so sieht es die politische Philosophie der Tudor-Zeit, gründen daher weniger im Ungehorsam der Untertanen, sondern in königlicher Torheit: Der Monarch ist selbst schuld, wenn sein Volk sich erhebt. Mit einfachen Botschaften, eingängigen Symbolen gilt es deshalb, den Verstand und die Herzen der Menschen zu gewinnen.

Elizabeth, gekrönt mit 25 Jahren am 15. Januar 1559, perfektioniert die royale PR. Die 45 Jahre ihrer Herrschaft galten auch unter Historikern lange als das »Goldene Zeitalter« der englischen Geschichte. Erst in jüngerer Zeit richtet sich der Blick stärker auf Elizabeths Strategien der Macht und der Inszenierung – und auf die Schattenseiten ihrer Regierung. An Faszination verliert die Königin dabei nicht, im Gegenteil: Erst durch den Mythos hindurch zeigt sich die wahre Staatskunst Elizabeths.

Vor ihrer ersten großen Aufgabe steht sie, seit sie lebt: Sie muss beweisen, dass sie eine rechtmäßige Königin ist – weil sie eine Frau ist. Zwar gilt in England nicht wie auf dem Kontinent das salische Recht, das Frauen von der Erbfolge ausschließt. Doch eine Thronerbin ist nicht erwünscht – Heinrich VIII. tat alles, um endlich einen Sohn zu bekommen. Frauen gelten als das schwache Geschlecht, sie sollen sich dem Mann unterordnen und nicht regieren. Weiberherrschaft verstößt gegen das Naturrecht und damit gegen die göttliche Ordnung, so sehen es die meisten.

Elizabeths ältere Halbschwester Maria kam 1553 an die Macht, nachdem Eduard VI., der einzige legitime Sohn Heinrichs VIII., gestorben war. Sie heiratete den Konventionen gemäß rasch – allerdings den spanischen Thronfolger Philipp und damit in den Augen vieler den Falschen: einen katholischen Fremden, der das Land in einen nutzlosen Krieg mit Frankreich verwickelte. Die Verbindung mit dem Spanier und ihr Versuch, ihre Untertanen gewaltsam zum Katholizismus zurückzuzwingen, machten Maria Tudor extrem unbeliebt.

Das ist ein Startvorteil für ihre Nachfolgerin und ein Auftrag. Protestantische Theologen wie der Genfer Reformator Johannes Calvin entschuldigen Elizabeths Regierung als einen von Gott herbeigeführten Sonderfall: Ihre Herrschaft diene dazu, das protestantische Bekenntnis wieder einzuführen.

Elizabeth selbst zweifelt offenbar nicht an ihrer Regierungstauglichkeit. Seit sie der Vater rehabilitiert hat, ist er ihr großes Vorbild. Durch ihre hervorragende Ausbildung – sie spricht Französisch, Italienisch und Spanisch fließend und hat die Schriften wichtiger lateinischer und griechischer Autoren und Philosophen im Original gelesen – und durch ihre strategische Klugheit kann sie ihren Beratern und Höflingen locker das Wasser reichen.

Ihre ersten Maßnahmen erfüllen die Hoffnungen, die viele in sie gesetzt haben: Sie erneuert 1559 den Act of Supremacy, mit dem sich ihr Vater vom Parlament als Oberhaupt der Kirche von England einsetzen ließ. Nun steht sie und nicht mehr der Papst an der Spitze der Kirche. Das »Book of Common Prayer«, die protestantische Gottesdienstordnung ihres Halbbruders Eduard VI., setzt sie erneut in Kraft – nun ist das Land wieder losgelöst von Rom.

Doch in der Liturgie, bei den Priestergewändern und der Kirchenmusik bewahrt sie einiges an altem Prunk. Mehr als sich viele der strengen calvinistischen Theologen wünschen, die während der katholischen Herrschaft Maria Tudors ins Exil geflohen waren und jetzt nach England zurückgekehrt sind. Ihnen missfällt auch, dass die Königin Katholiken nicht bestraft, solange diese sich gesetzestreu verhalten. Sie wolle »keine Fenster in die Seelen der Menschen machen, noch ihr Gewissen zwingen«, heißt es von ihr.

Elizabeth selbst hält ihr Innerstes verschlossen. Bis heute rätseln Historiker, was denn nun ihre persönliche Glaubensüberzeugung war. Das ist vermutlich so gewollt: Unklarheit ist ein wichtiges Mittel von Elizabeths Politik – und ein Machtinstrument. Sie verschleiert ihre Absichten, wechselt ihre Meinungen scheinbar willkürlich, um nicht durchschaubar und nicht manipulierbar zu sein. »Es gab in ihrer Zeit kaum jemanden, der ihr in den Künsten der Täuschung, Ausflucht und des Lügens gewachsen war«, urteilt der Literaturwissenschaftler Jürgen Klein.

Zwar ist ihre Regierung auf gemeinsame Beschlussfindung mit ihren Beratern ausgelegt. Aber die Königin behält durch ihr »Dissimulieren«, wie es im Jargon der Zeit heißt, die Entscheidungshoheit: »So ließ sie die Hof- und Ratsfraktionen sich immer wieder gegenseitig ausspielen, um auf diese Weise zu dokumentieren, dass sie es war, die das letzte Wort hatte«, beschreibt es der Historiker Günther Lottes. Ihre Berater, allen voran die Männer in ihrem »Privy Council«, dem geheimen Staatsrat, treibt sie damit immer wieder schier in den Wahnsinn.

Ihr engster Mitarbeiter, der Erste Sekretär William Cecil, leidet besonders, weil sich Elizabeth in Heiratsdingen nicht festlegt. Er ist überzeugt, dass ein Gatte an ihre Seite gehört, möglichst schnell. Auch, damit die Thronfolge geklärt ist. Die Königin aber laviert. Schon im ersten Jahr ihrer Regentschaft erklärt sie dem Parlament, dass sie eine Heirat zwar nicht ausschließe, aber lieber als Jungfrau leben und sterben wolle. Hat sie wegen eines Missbrauchs in ihrer Jugend eine Abneigung gegen Männer, wie manche Forscher vermuten? Oder ist sie so verliebt in ihren Jugendfreund und Höfling Robert Dudley, der durch den mysteriösen Tod seiner Ehefrau diskreditiert ist, dass sie keinen anderen will? Vermutlich ist die Ehelosigkeit auch ein Mittel der Machtsicherung, denn einem Mann müsste selbst eine Königin sich ein Stück weit unterordnen.

Eine unverheiratete Frau ist dem Volk jedoch suspekt, zumal eine Königin ohne Erben. Gerüchte über Affären, uneheliche Kinder, mit Dudley und anderen, gehen um, das Parlament bedrängt die Königin, sich endlich zu entscheiden. 1566 verbittet sich die Königin, vom Parlament noch länger mit der Heiratsfrage belästigt zu werden.

Sie nutzt mögliche Eheallianzen auch als Mittel der Außenpolitik. Dabei agiert sie bemerkenswert realpolitisch und nicht nach konfessionellen Gesichtspunkten. Zu Beginn ihrer Regierung steht England im Krieg mit Frankreich. Elizabeth setzt deshalb auf ein gutes Verhältnis zu Spanien und verhandelt mit dessen Regenten Philipp II. und dessen Haus Habsburg über eine Ehe. Im Gegenzug bewirkt der Spanier, dass der Papst die Königin nicht wegen ihres Abfalls von der römischen Kirche exkommuniziert.

Doch seit 1568 verschlechtern sich die Beziehungen, weil Spanien Truppen in die um Unabhängigkeit kämpfenden protestantischen Niederlande entsendet. Nun avanciert Frankreich zum wichtigeren Partner und Männer aus der Königsfamilie der Valois zu potenziellen Heiratskandidaten. Das hat Folgen, denn mit dem Bruch der spanischen Allianz endet auch die Schonzeit beim Papst. Im Mai 1570 befestigt jemand heimlich nachts ein Plakat an der Tür von St. Paul's: Die Bannbulle, mit der Papst Pius V. Elizabeth wegen ihres Abfalls von Rom als »Dienerin des Verbrechens« aus der katholischen Kirche ausschließt, ihr alle Rechte entzieht und alle katholischen Untertanen vom Gehorsam gegenüber ihrer Monarchin entbindet.

Elizabeths Thron ist in Gefahr. Maria Stuart, Königin von Schottland, ist wegen protestantischer Aufstände nach England geflohen. Für die Katholiken dort und in ganz Europa ist sie die rechtmäßige Anwärterin auch auf den englischen Thron – auch sie selbst sieht sich dort. Und nun öffnet die Bulle des Papstes die Schleusen für den katholischen Widerstand. In mehreren Verschwörungen planen spanische Diplomaten und katholische englische Adelige in den Jahren bis 1586 den Staatsstreich oder gar die Ermordung der Königin zugunsten Marias.

Sie werden entdeckt, denn der Höfling Francis Walsingham hat für Elizabeth einen hervorragend vernetzten Geheimdienst aufgebaut, zahlreiche Agenten informieren ihn über die Umtriebe. Er ist auch einer derjenigen, die Elizabeth 1586 schließlich überzeugen, dass nur eine Hinrichtung der Konkurrentin Maria Stuart ihre Herrschaft langfristig sichert.

Gefahr droht allerdings auch aus den eigenen Reihen. Etlichen protestantischen Theologen gehen Elizabeths Kirchen-

Porträt von Elizabeth I., 1586

reformen nicht weit genug. Die »Puritaner«, die Genussverzicht und Arbeitsfleiß propagieren, fordern eine Trennung von Staat und Kirche. Auch sie stellen die Legitimität der Königin infrage. Nun beendet sie schrittweise ihre Toleranzpolitik. Wer den anglikanischen Gottesdienst nicht besucht, wird mit hohen Geldstrafen belegt, der Suprematseid auf die Königin als Oberhaupt der Kirche wird für alle Staatsbeamten sowie für Sherrifs, Schulmeister, Rechtsanwälte und für Mitglieder des Unterhauses verpflichtend, die Konversion zum Katholizismus ist ab 1580 verboten.

Und auch das Gerede im Volk versucht die Königin mit rigiden Methoden zu stoppen. Dem Flugschriftenautor John Stubbes, der in einem Pamphlet gegen die Ehepläne mit dem französischen Herzog von Anjou wettert, lässt sie ebenso wie seinem Verleger auf dem Marktplatz von Westminster die rechte Hand abschlagen.

Ihre Anhänger belohnt die Königin dagegen mit ihrer Gunst und Gnade – und mit Nähe. Jedes Jahr im Sommer reist sie für zwei Monate auf dem Pferd oder in einer offenen Sänfte durch den Südosten Englands, hört sich die Sorgen und Nöte der einfachen Leute an, nimmt Geschenke entgegen, plaudert, scherzt, schmeichelt den Menschen. Wer die Regentin nicht persönlich erleben kann, erfährt durch eigens beauftragte Flugschriften von ihren Reisen, vom Interesse für ihre Untertanen, von ihrer leutseligen Art, mit der sie scheinbar jeden für sich einzunehmen vermag.

»Ihr Wesen war oft wie lauer Westwind an einem schönen Sommermorgen, süß und erfrischend für jedermann. Ihre Rede gewann ihr die Zuneigung aller, und ihre Untertanen versuchten wirklich, aus Liebe zu tun, was sie befahl«, charakterisiert sie der Dichter John Harington, der Sohn einer ihrer Kammerzofen: »Sie sagte: ihr Amt lege ihr die Pflicht auf zu befehlen, aber sie wisse, dass ihr Volk aus Liebe zu seiner Königin willig gehorchen werde. Aber wenn es an Gehorsam fehlte, konnte sie auch so böse werden, dass jeder erkannte, wessen Tochter sie war.«

Auf Konventionen gibt Elizabeth nicht viel, doch Rituale und Zeremoniell setzt sie gekonnt ein, um sich selbst zu überhöhen, zu demonstrieren, dass sie über den normalen Menschen steht und dass ihr Hof das Zentrum der Macht ist. Rund 2500 Menschen gehören zum Hofstaat, viele von ihnen ziehen mit der Monarchin von Schloss zu Schloss, von Greenwich nach Whitehall, wo der Hof Weihnachten feiert, nach Richmond, Hampton Court und Windsor. Die Höflinge sind die politisch aktive Klasse aus den Adelsgruppen der Peers, Gentry und Knights, sie dürfen sich ständig in der Nähe der Königin aufhalten, unter ihnen wählt sie ihre Favoriten, denen sie besondere Vergünstigungen erweist.

Außenstehenden dagegen verdeutlicht ein langer Weg durch eine Flucht von Zimmern, dass sie nun ins Innere der Macht vordringen. Die Leibwache hält Stellung im »Queen's Guardroom«, in der »Presence Chamber« müssen die Höflinge sogar stehen, wenn die Regentin gar nicht anwesend ist, so beschreibt es der französische Gesandte Andre Hurault. Nur wenige führt der Lord Chamberlain in die »Privy Chamber«, die Gemächer der Königin, das Herz des Hofes und des Staates. Hier empfängt die Königin den Diplomaten, der über ihre tief dekolletierte Robe staunt, kunstvoll gefertigt aus Samt und Seide, mit Gold- und Silberfäden durchwirkt, bestickt mit Perlen und Rubinen. »Ihre Brust ist etwas faltig, aber weiter unten ist ihr Fleisch ausgesprochen weiß und zart, soweit man sehen kann«, schwärmt er respektlos.

Auf den meisten Porträts der Königin ist von solchen Altersspuren allerdings wenig zu sehen. Elizabeth wünscht ihre Abbilder fast übermenschlich glamourös und alterslos: Makellos ist ihr Teint darauf, obwohl sie mit 29 Jahren eine Pockenerkrankung nur knapp überlebt hat und sicher gezeichnet bleibt, sie wirkt mädchenhaft mit ihren langen hellroten Haaren und den schmalen, langgliedrigen Fingern.

Es sind Bilder der »Virgin Queen«, der jungfräulichen Herrscherin, wie sie seit den späten 1580er Jahren von ihren Untertanen immer stärker verehrt wird. Nun ist sie über 50 Jahre alt, und es ist klar, dass sie wohl nicht mehr heiraten und keine Kinder mehr haben wird. Sie ist jetzt mit ihrem Land verheiratet, so stellt sie es dar.

Die Königin und England geben ein strahlendes Paar ab, das die Weltmeere erobert. Sir Francis Drake kehrt 1580 von seiner Weltumsegelung zurück, Sir Walter Raleigh wagt 1578 eine Expedition nach Amerika und finanziert auf Roanoke Island die erste Kolonie, »Virginia«.

Der Triumph schlechthin aber ist der Sieg der englischen Marine über die spanische Armada im Jahr 1588. Auch, wenn Glück im Spiel ist, weil ein günstiger Wind die spanischen Schiffe auseinandertreibt: Die Royal Navy hat eine spanische Invasion auf der Insel vereitelt. Elizabeths Prestige steigt ins Unermessliche.

Vor dem Kampf hat sie sich an die Kanalküste nach Tilbury bringen lassen, um die Truppen persönlich in den Kampf zu schicken, in weißem Samt und silbernem Brustharnisch: »Ich habe zwar den Leib eines schwachen kraftlosen Weibes, dafür aber Herz und Mut eines Königs – mehr noch, eines Königs von England. Und ich kann nur darüber lachen, dass Parma oder Spanien oder irgendein Herrscher Europas es wagen sollte, die Grenzen meines Reiches zu überschreiten«, ruft sie ihnen zu. Nach dem Sieg lässt sie Münzen prägen mit der Aufschrift »Flavit Jehova et dissipati sunt«, »Gott blies, und sie wurden zerstreut«.

Ihr Sieg, so erklärt sie es ihrem Volk, ist Teil des göttlichen Heilsplans, so wie ihre ganze Herrschaft. Die Botschaft ist deutlich: Ein Goldenes Zeitalter ist angebrochen, mit ihr an der Spitze. 1590 huldigt ihr der Dichter Edmund Spenser in einem Gedicht als »Fairy Queen«, als märchenhafte Feenkönigin.

Vergessen ist die angebliche weibliche Regierungsschwäche, vergessen ihre illegitime Abkunft. Sogar die meisten katholischen Engländer stehen nun hinter ihrer Königin. Selbst ihr Gegner Papst Sixtus V. ist beeindruckt: »Seht nur, wie gut sie regiert; sie ist nur eine Frau; nur Beherrscherin einer halben Insel, und doch wird sie gefürchtet: von Spanien, von Frankreich, vom Kaiser, von allen.«

Die Königin hat das Land zu wahrer Größe geführt, so sieht man es jetzt. Ihr Image nach dem Sieg über Spanien blendet und funkelt, so sehr, dass es die verbleibenden Jahre zu überstrahlen vermag. Die nämlich geraten eher düster. Der Krieg mit Spanien ist nach dem Sieg über die Armada noch lange nicht vorbei, drei Expeditionen gegen die verfeindete Weltmacht verschlingen Unsummen; die Angst vor einer Invasion steigt wieder, als 1595 spanische Schiffe Fischerdörfer in Cornwall angreifen. Missernten drücken auf die Stimmung im Land, Aufstände in Irland lässt Elizabeth rücksichtslos niederschlagen, die puritanische Kritik an ihrer Religionspolitik versucht sie, mit brutalen Mitteln der Inquisition einzudämmen.

Auch ihr Vertrauen in ihren Hofstaat bröckelt: Wichtige Weggefährten wie William Cecil, Francis Walsingham und Robert Dudley sterben, neue Hofleute erweisen sich als unzuverlässig, wie der Earl of Essex, der nach einer Verschwörung gegen die Königin hingerichtet wird. Und auch mit den Parlamenten – nur 13-mal wird die Versammlung während der 45-jährigen Regierungszeit Elizabeths einberufen – streitet sie zunehmend um Kompetenzen. Die Macht im Land verschiebt sich von den lokalen Adeligen hin zur königlichen Zentralverwaltung, die jetzt auch in den Distrikten des Landes enorm ausgebaut wird.

Die Königin versucht mit aller Härte, die Kontrolle über ihr Bild zu behalten. Ihre Spionage- und Propagandaagenten halten Kritik und Subversion klein und verfolgen jede Diskussion um die Nachfolge als Hochverrat. 1596 ordnet Elizabeth an, alle unziemlichen Porträts – also alle, die ihr reales Alter von inzwischen 63 Jahren zeigen – zu vernichten.

In einer Rede vor dem Parlament, der »Golden Speech«, beschwört sie 1601 noch einmal das enge Band zwischen sich und ihren Untertanen: »Ich versichere Euch, dass es keinen Fürsten gibt, der seine Untertanen mehr liebt oder dessen Liebe unserer gleichkommen kann.«

Die Liebe aber wird nicht mehr recht erwidert, das Murren im Volk über die erstarrte Politik wird lauter. In ihrem 70. Lebensjahr verliert Elizabeth zunehmend die Lust am Regieren, an den höfischen Ränkespielen, der Repräsentation. Als sie im März 1603 ein Fieber befällt, verweigert sie Nahrung und Medizin, benennt angeblich noch den schottischen König Jakob VI. (englisch James) zu ihrem Nachfolger und stirbt am 24. März.

Die glanzvollen Bilder jedoch haben sich im Gedächtnis der Menschen festgesetzt. Schon wenige Jahre später wird man sich der Königin fast wehmütig als einer Herrscherin erinnern, die all das bot, was ihrem Nachfolger Jakob fehlt: eine glückliche Hand in der Kommunikation mit den Menschen und eine makellose Reputation als Identifikationsfigur der englischen Reformation. Elizabeth I. wird zum Symbol der nationalen Einheit und Größe Englands – und bleibt es bis heute. »Nach ein paar Jahren Erfahrung mit dem schottischen Regiment schien die Queen wieder aufzuerstehen«, notiert der anglikanische Bischof Godfrey Goodmann um 1650. Das war der Beginn des Mythos Elizabeth. Die Erinnerung an sie, so Goodmann, wurde »ziemlich verklärt«.

Intrigantin oder Opfer?

Als Königin von Schottland scheiterte
Maria Stuart auf tragische Weise. Ihr Leben
erregt bis heute die Gemüter.

Von Britta Kessing

Der Scharfrichter war unsicher, mehrmals musste er an diesem Morgen des 8. Februar 1587 in Schloss Fotheringhay mit dem Beil nachsetzen. Erst beim dritten Schlag hatte er die Todeskandidatin enthauptet.

So starb Maria Stuart: Mary, Queen of Scots, Schottin, 44 Jahre alt. Dreifache Königin ohne Krone. Mehrmals verwitwet und angebliche Mitverschwörerin im Mordkomplott um ihren zweiten Ehemann. Fast 19 Jahre in englischer Haft. Viel ist geschrieben worden über diese Frau. Schön soll sie gewesen sein mit ihrer zarten weißen Haut, dem wallenden Haar, schlank und groß. »Sie überstrahlte blühend alle Weiber«, schrieb Schiller in seinem Trauerspiel »Maria Stuart«. Scharen von Künstlern und Wissenschaftlern haben sich mit ihr beschäftigt: Mal ist Maria Stuart die willensschwache, charakterlose Naive ohne politisches Geschick, die sich von ihren Emotionen überrollen lässt, in romantischer Verzückung die falschen Männer aussucht und durch Dummheit Krone und Leben verliert. Mal gilt sie als durchtriebenes Luder, als stolze und skrupellose Intrigantin, die selbst den eigenen Mann aus dem Weg räumt und jede königliche Vernunft vergisst. Oder ist sie doch nur ein bedauernswertes Opfer unglücklicher Umstände und tragischer Schicksalsschläge?

Ihr Vater jedenfalls hielt Maria für ein Unglück. Seine beiden Söhne waren gestorben, so erbte sie die Krone. »Mit einem Mädchen hat es begonnen, mit einem Mädchen wird es enden«, kommentierte er vom Sterbebett ihre Geburt. Sechs Tage später, am 14. Dezember 1542, war die kleine Maria Königin von Schottland. Aufwachsen sollte sie jedoch in Frankreich, fern von den Unruhen in ihrer Heimat. Schon als Fünfjährige war sie dem französischen Thronfolger versprochen, mit ihm wurde sie am Hof in Paris erzogen. Mit 15 heiratete sie ihren ein Jahr jüngeren Spielgefährten, an dessen Seite wurde sie 1559 Königin von Frankreich. Doch der junge Monarch starb bald, und so war Maria Stuart kurz vor ihrem 18. Geburtstag bereits Witwe. 1561 reiste sie zurück in ihre fremde Heimat, deren Königin sie ja war.

Schottland wurde zu jener Zeit von rivalisierenden Adelsclans beherrscht, viele von ihnen hatten sich dem sittenstrengen Calvinismus verschrieben. Ein schweres Terrain für die junge katholische Königin. Maria bemühte sich um Toleranz gegenüber den Protestanten, die verfeindeten Adelscliquen zu befrieden oder zumindest gegeneinander auszuspielen gelang ihr jedoch nicht.

Die Wahl ihres zweiten Ehemanns 1565 schürte den Unmut der Lords: Der 19-jährige Henry Stuart, Lord Darnley, war Katholik, halber Engländer und ein ungehobelter Kerl. Kurz vor der Geburt ihres Sohnes Jakob ließ der eifersüchtige Darnley, dem Maria keine Machtbefugnisse zugestanden hatte, ihren einflussreichen Sekretär umbringen. Ein knappes Jahr danach fand man Darnley selbst ermordet. Wenig später, im Mai 1567, heiratete Maria Stuart den mutmaßlichen Mörder ihres Mannes: James Hepburn, Earl of Bothwell. Damit brachte sie die Lords vollends gegen sich auf. Sie wurde inhaftiert, konnte aber fliehen.

Hilfe suchte Maria ausgerechnet bei ihrer Erzrivalin und Tante zweiten Grades Elizabeth I., Königin von England. Maria hielt sich selbst für die rechtmäßige englische Königin, zu der sie 1558 ihr damaliger Schwiegervater Heinrich II. von Frankreich auch proklamiert hatte. Auf den Thron war jedoch Elizabeth gestiegen. Zeitweise war diese sogar bereit, ihr zu helfen, doch Maria weigerte sich, Elizabeth als Königin anzuerkennen. Aus der Haft intrigierte sie zudem gegen Elizabeth. Immer wieder wurden dieser Briefe vorgelegt, die Marias Beteiligung an Komplotten und Attentatsplänen bewiesen. Das Parlament forderte schließlich das Todesurteil gegen Maria, und Elizabeth unterschrieb das Urteil am 1. Februar 1587.

Den Gang zum Schafott trat Maria Stuart angeblich mit scharlachrotem Unterrock und Mieder an, der Farbe der Märtyrer. Den protestantischen Priester brachte sie mit lateinischem Gebet zum Schweigen. Nach der Legende wollte der Henker ihr Haupt hochhalten, bekam aber nur ihre Perücke zu fassen, und der Kopf rollte über den Boden. »In meinem Ende liegt mein Anbeginn«, soll sie einmal in ein Stück Stoff gestickt haben. Tatsächlich war es ihr grausames Ende, das sie berühmt gemacht hat.

Der Komödiant des Hofes

William Shakespeare, ein Genie des Theaters,
spielte für die Tudors und Stuarts – die Botschaft seiner
bis heute gefeierten Stücke bleibt ein Rätsel.

Von Wolfgang Höbel

Als William Shakespeare seine tollsten Triumphe feierte, im Globe Theatre am rechten Ufer der Themse und im Blackfriars Theatre ein bisschen näher an den Stadtmauern Londons, saßen auf Englands Königsthron zwei ziemlich extravagante Gestalten. Die eine, berühmtere, war Elizabeth I., die andere hieß Jakob I., Sohn der Maria Stuart.

Elizabeth I. regierte von 1558 bis 1603 und präsentierte noch im damals hohen Alter von über sechzig Jahren Besuchern schamlos ihre bloßen Brüste, wie ein französischer Gesandter entsetzt festhielt. Von ihr behauptet die Nachwelt, dass ihre Herrschaft eine goldene Ära gewesen sei, das Elisabethanische Zeitalter. Trotz allen höfischen Glamours aber hatte die Königin, die mit 69 Jahren starb, schon früh faulige schwarze Zähne.

Ihr Nachfolger Jakob (James) I. herrschte von 1603 bis 1625. Seiner Mutter Maria Stuart hatte Elizabeth den Kopf abschlagen lassen. Er selbst fiel durch den schwankenden Gang eines Seemanns auf und hegte offenbar eine erotische Vorliebe für hübsche Jungs. Zwar hatte er mit seiner Gattin Anne acht Kinder in die Welt gesetzt. Aber während der Sitzungen mit seinen Ministern soll er gern Jünglinge abgeknutscht haben. Homosexualität war im England jener Zeit zwar verboten, wurde aber im Alltag und erst recht bei Hofe toleriert.

Vor beiden Monarchen ist William Shakespeare aufgetreten. Das weiß man sicher. Aber warum machte er Theater? Was war die Botschaft seiner Stücke? Das ist, wie vieles in seinem Leben, leider ungewiss. Denn der berühmteste Dramatiker Englands hat zwar rund drei Dutzend Theaterstücke, aber keinen einzigen autobiografischen Text hinterlassen.

Es gibt sechs Unterschriften, ein paar Gerichtsakten über Hauskäufe und Geldstreitereien, die Namen seiner Frau und seiner drei Kinder, dazu einige wohl posthum gefertigte Porträts, viel mehr nicht. Fast 400 Jahre nach seinem Tod am 23. April 1616 ist das Theatergenie aus dem Provinzkaff Stratford-upon-Avon noch immer ein Rätsel, ein Phantom.

Verbürgt ist: William Shakespeare, geboren 1564 und wohl 1592 nach London gekommen, während er seine Familie im heimischen Stratford zurückließ, war Mitbesitzer und Mitspieler einer Theatertruppe. Der Schauspielerhaufen feierte in London große Erfolge, nannte sich zunächst The Lord Chamberlain's Men und firmierte ab 1603, nach Jakobs Thronbesteigung, als The King's Men.

Ihre Stücke zeigten die Theaterleute vor Elizabeth I. und vor Jakob I. als Gäste in deren Herrschaftshäusern. Königin Elizabeth sah noch ein paar Tage vor ihrem Tod im März 1603 eine Aufführung der Chamberlain's Men in ihrem Palast in Richmond. Zuvor soll die Königin ihre Shakespeare-Kenntnisse offenbart haben: »Ich bin Richard der Zweite, wisst Ihr das nicht?«

Hinter der Anspielung verbirgt sich eine Affäre, die den Theatermacher Shakespeare seinen Charakterkopf hätte kosten können. Im Februar 1601 erhielten die Chamberlain's Men den Auftrag, in ihrem eigenen Haus, dem Globe Theatre, in dem Platz für 3000 Zuschauer war, »Richard II.« aufzuführen, ein eigentlich abgespieltes Stück, in dem der Titelheld ermordet wird. Finanziert wurde die Aufführung vom Earl of Essex, einem ehemaligen Günstling von Elizabeth, der in Ungnade gefallen war. Der Königsmord auf der Bühne sollte die Bevölkerung Londons aufstacheln gegen die Königin.

Am Nachmittag des 7. Februar zeigten Shakespeare und seine Kollegen im Globe »Richard II.«, am 8. Februar ritt der Earl of Essex mit 300 Getreuen zum königlichen Palast, in der Hoffnung, viele aufrührerisch gestimmte Londoner würden sich ihm anschließen. Das Ziel des Aufstands ist bis heute unklar: Wollte er sich vor der Königin nur wichtig machen oder sie sogar stürzen?

Zur Enttäuschung der Rebellen verbarrikadierten sich die Bewohner Londons jedoch in ihren Häusern. Der Earl ritt durch leere Straßen und kehrte schließlich um. Wenig später wurde er verhaftet. Die königliche Justiz eröffnete ein Verfahren, in dem sich auch die Chamberlain's Men rechtfertigen mussten für ihre Aufführung »vor einer großen Gesellschaft derer, die später an der Aktion beteiligt waren«, wie es in den Gerichtsakten hieß. Zu ihrem Glück wurden die Theaterleute, unter ihnen der 37-jährige und schon berühmte William Shakespeare, freigesprochen. Den Verschwörer Essex aber ließ Elizabeth I. am 25. Februar 1601 enthaupten. Die Chamberlain's Men durften da schon wieder auftreten.

Die Stücke Shakespeares handeln von brutalen Tyrannen und bösen Intriganten, von unglücklichen Verschwörungsopfern und heldenhaften Freiheitskämpfern – aber zielte der Theatermann mit ihnen tatsächlich auf seine Königin und ihren Nachfolger? Die meisten Shakespeare-Biografen sind davon überzeugt, dass Shakespeare ein dichtender Unterstützer der Tudor-Herrschaft war; oder zumindest ein eifriger Opportunist, der alles vermied, was die aktuell Herrschenden gegen ihn aufbringen konnte.

Shakespeare pflegte sicher keinen nahen Umgang mit Königin Elizabeth und König Jakob. Sonst wüssten wir mehr über ihn, zum Beispiel seinen Spitznamen: Elizabeth, die derb fluchte,

Hamlet-Ausgabe, 1611

neckte ihre Höflinge gern mit Namen wie »Hammel«, »Affe« oder »Frosch«. Jakob war offenbar ein leidenschaftlicher Theaterfan – und Shakespeare ein begeisterter Patriot und Royalist.

Der Shakespeare-Fachmann Neil MacGregor, Direktor des British Museum in London, schreibt in seinem klugen Buch »Shakespeares ruhelose Welt« vom »Stammtischnationalismus der Historienstücke«, weil in denen etwa Schotten und Franzosen beleidigt werden. Mit Versen wie: »So du Frankreich willst gewinnen / musst mit Schottland erst beginnen« aus »Heinrich V.«

Tatsächlich machte der Theatermann aus Stratford-upon-Avon zu einer Zeit Karriere, in der die Engländer triftige Anlässe hatten für patriotischen Überschwang. Shakespeare war 16 Jahre alt, als Sir Francis Drake zum Stolz der Krone 1580 von seiner Weltumseglung zurückkehrte. »Schneller als die Monde kreisen, können wir die Erd' umreisen«, sagt Oberon im »Sommernachtstraum«.

Der Dichter war 23, als die vom Papst in Rom mit dem Bannfluch belegte protestantische Königin Elizabeth die Katholikin Maria Stuart als Verschwörerin 1587 hinrichten ließ (»Brich, gnädiger Gott, die Schwerter der Verräter«, sagt Richmond am Ende von »Richard III.«) und damit den katholischen spanischen König gegen sich aufbrachte.

Shakespeare war 24, als Francis Drake im Jahr 1588 die zahlenmäßig überlegene spanische Armada in die Schranken wies, was viele Zeitgenossen als Englands Aufstieg zur Weltmacht auf den Meeren begriffen. »Dies Land der Majestät, der Sitz des Mars« wird in »Richard II.« gepriesen, »dies Bollwerk, das Natur für sich erbaut.«

Wohl auch um die königlichen Zensoren zu umgehen, hat Shakespeare nie über seine aktuelle Gegenwart geschrieben. Keines seiner Stücke spielt im elisabethanischen London. Aber in seinen insgesamt sieben Historiendramen über die Konflikte, die zu den »Rosenkriegen« führten, zu denen »Richard II.« und »Heinrich IV.« gehören, erzählte er davon, wie im 14. und 15. Jahrhundert die Machtgier weiblicher und männlicher Herrscher ein Land in Krieg und Chaos trieb und zugrunde richtete. Zumal das Ende von »Richard III.« sich kaum anders verstehen lässt denn als Rechtfertigung für den Herrschaftsanspruch der Tudor-Dynastie. »England war lange toll und schlug sich Narben«, sagt Richmond, der Urvater der Tudors, am Ende des Stücks und verkündet die Versöhnung zwischen den feindlichen Häusern, indem er wünscht: »Mögen ihre Erben, so Gott es will/Die Zukunft segnen mit heiterem Frieden.«

»Ein Historiendrama hielt einem elisabethanischen Publikum wie ein Spiegel aktuelle Geschehnisse und Dinge vor Augen, die es beschäftigten«, notiert der amerikanische Autor Bill Bryson im Buch »Shakespeare – wie ich ihn sehe«. Die mörderischen Intrigen, die Shakespeare in den Rosenkriegs- und in Römerstücken wie »Julius Cäsar« schilderte, waren auch für die Könige seiner Zeit beunruhigend alltäglich.

So musste Elizabeth I. in den langen Jahren ihrer Herrschaft stets mit Attentaten rechnen. Immer neue Verschwörungen wurden aufgedeckt. Manche von ihnen waren möglicherweise bloße Verleumdungen, so das »Lopes-Komplott« von 1594. Es bestand angeblich darin, dass der Höfling Roderigo Lopes, Sohn eines zwangsgetauften Juden, die Königin zu vergiften versuchte. In Wahrheit hat wohl der verschlagene Earl of Essex (der 1601 so läppisch scheitern sollte mit seinem Theater-Komplott) die Anschuldigungen erfunden – trotzdem wurde Roderigo Lopes hingerichtet.

In London kam es zu einer Welle antijüdischer Hetze. Und Shakespeare schrieb bald, vermutlich 1596, sein bis heute umstrittenstes Drama »Der Kaufmann von Venedig«, in dem der Jude Shylock nach dem einen »Pfund Fleisch« aus der Brust seines

Schuldners Antonio trachtet. Auch das ein Kollateralschaden der Lopes-Affäre.

Der aus Schottland angereiste neue König Jakob I. wurde in London gleichfalls Ziel eines Mordkomplotts. Jakob, der sich selbst als »intellektuellen König« betrachtete, wie der britische Shakespeare-Forscher Jonathan Bate glaubt, wurde 1605 beinahe mit dem ganzen Parlament in die Luft gejagt.

Für den Gunpowder Plot, die Schießpulver-Verschwörung, hatte eine Terrorgruppe von Katholiken unter Führung von Robert Catesby und Guy Fawkes, dem Idol der heutigen Anonymous-Aktivisten, im Keller der Houses of Parliament große Mengen Schießpulver deponiert. Damit wollte sie am 5. November 1605 den König töten, mitsamt der Familie, der Regierung und der Mitglieder von Ober- und Unterhaus, die sich zur Parlamentseröffnung versammelt hatten. Doch ein vorgewarnter katholischer Parlamentarier verriet den Anschlag, der Big Bang fiel aus.

Es herrschte also Terrorangst in Shakespeares London. Die Theaterzuschauer erkannten in den Finsterlingen der Stücke absolut aktuelle Typen. Sie »sahen in jedem Bolingbroke, in jedem Brutus nicht nur eine historische Gestalt«, glaubt Neil MacGregor, »sondern einen Rebellen und Mörder der Art, die jederzeit die eigene Welt umstürzen könnte«.

Der größere Teil der Bevölkerung Englands war in Glaubensfragen ähnlich leidenschaftslos wie Shakespeare selbst, der von katholischen Eltern erzogen worden war und seine Kinder Susanna, Judith und Hamnet (der elfjährig starb) von anglikanischen Geistlichen taufen ließ. Man hatte andere, existenzielle Sorgen. Immer neue Pest-Epidemien entvölkerten England. In London wurden die Theater wiederholt zugesperrt wegen der Seuche, 1592 für ein ganzes Jahr, 1603 für ein halbes. Im »Othello« ist von einem Raben die Rede, der um ein »verpestet Haus«

flattert. Die »böse Seuche« kommt in Shakespeares »Romeo und Julia« mehrmals vor, berühmt ist Mercutios Fluch gegen die Familien der beiden Liebenden: »Die Pest über eure beiden Häuser.«

Über die größte politische Sorge des elisabethanischen Zeitalters durfte öffentlich nicht gesprochen und schon gar nicht auf Theaterbühnen diskutiert werden: Über die Frage, wer der Königin auf dem Thron folgen sollte. Die Theater wurden streng zensiert. »Master of the Revels« hieß die Zensurbehörde, die Stücke genehmigen, gegen eine relativ hohe Gebühr von sieben Shilling, und die Aufführungen auf die Einhaltung von Zucht und Ordnung hin überwachen musste. Sittenstrenge Londoner Bürger hassten die Theater ohnehin als Ort, in denen die Besucher mitunter ausgeraubt wurden und oft ungehemmt ihren sexuellen Neigungen nachgingen, wobei auf der Bühne ausschließlich Männer auftraten.

Theaterdichter wurden tatsächlich verhaftet, wenn sie den Unmut der Zensoren erregten. Als Shakespeares Rivale Ben Jonson im Jahr 1605 in einem Stück Jakob I. verspottete, warf man ihn ins Gefängnis und drohte, ihm Nase und Ohren abzuschneiden, bevor man ihn wieder freiließ. William Shakespeare stellte sich raffinierter an. Der Literaturwissenschaftler Frank Kermode hat ermittelt, dass ein Viertel aller Shakespeare-Stücke von Fragen der königlichen Erbfolge handeln. Das klingt vermutlich erstaunlicher, als es ist: Königsdramen sind immer Schlachten um die Macht, in denen sich Verwandte an die Gurgel gehen.

Shakespeare hatte »eine pädagogische Absicht«, glaubt der US-amerikanische Politologe Allan Bloom, der das wohl berühmteste Buch über die Politik in Shakespeares Dramen herausgegeben hat. So finster seine politische Weltsicht zum Beispiel im »König Lear« wirke, im Kern verkünde der Dichter den Glauben an die Beherrschbarkeit einer humanen Welt: »Seine größten Helden sind Herrscher, die eine Art Macht ausüben, die nur in einer zivilen Gesellschaft ausgeübt werden kann.«

Man weiß, dass der Vielschreiber Shakespeare seine wohl 38 Stücke gnadenlos zusammengeklaut hat. Dass er ganze Dialogpassagen abschrieb aus den Standardpredigten, die auf königliches Geheiß in den Kirchen verlesen wurden; dass er sich freizügig bediente aus Geschichtsbüchern, aus Mittelalter-Romanzen, aus antiken Werken wie Ovids »Metamorphosen«, aus den Stücken lebender und toter englischer Konkurrenzautoren. Man weiß, dass er Fehler machte; zum Beispiel geografische, als er Schiffe in Verona und Mailand in See stechen ließ, in Städten, die weit vom Meer entfernt liegen. Auch mit historischen Daten hatte er es nicht so. Im Römerdrama »Coriolanus« lässt er Lartius von Cato reden, der drei Jahrhunderte später lebte; in »Heinrich VI.« lässt er den Lord Talbot 22 Jahre vor dessen tatsächlichem Tod sterben.

Manchmal produzierte er auch einfach königlichen Kitsch. »Ihr habt Zauberkraft in Euren Lippen, Käthchen«, sagt der Titelheld in »Heinrich V.«, als er Catherine de Valois küsst, die Ahnfrau von Elizabeth I.; das Publikum applaudierte gerade bei dieser Szene im fünften Akt noch Jahrzehnte nach Elizabeths und Shakespeares Tod, bis die Puritaner in England 1642 alle Theater verboten.

In der Kleinstadt Stratford-upon-Avon, dem Sehnsuchtsort und Schlumpfhausen aller Shakespeare-Fans, trotten alljährlich Hunderttausende Touristen durch die stickigen, niedrigen Räume von Shakespeares Geburtshaus und picknicken vor der Holy Trinity Kirche mit seinem Grab. Am 26. April 1564 hat man seine Taufe ins Register genau dieser Kirche eingetragen, am 23. April 1616 seinen Tod.

Vielleicht war Shakespeare, der die scheußlichsten, blutigsten Stücke weit und breit, nämlich den »Titus Andronicus« und den »Macbeth« verfasst hat, am Ende seines 52 Jahre kurzen

Lebens sogar ein Friedensträumer. In einem späten Stück, dem »Cymbeline« aus dem Jahr 1610, erzählt der Autor von einem erfundenen Sieg der Briten über die Römer – und einer finalen Großversöhnung. »Nie hatte ein Krieg / noch ehe die Hände / vom Blut sich wuschen«, heißt es da, während sich Freund und Feind um den Hals fallen, »ein schöneres Ende.«

Manche Interpreten glauben, der Autor wollte mit dieser Friedensvision seinen König Jakob I. erfreuen, schließlich heißt das Stück im Untertitel »König von Britannien«. Vielleicht wollte der Dichter den König, der sich als Friedensfürst inszenierte und dabei herbe Rückschläge ertragen musste, aber auch nur ein wenig auf den Arm nehmen.

Das Tollste, Modernste an Shakespeares Kunst ist die Vermeidung aller Eindeutigkeiten. »Es gibt nichts Dümmeres, als Shakespeare so aufzuführen, dass er klar ist«, befand Bertolt Brecht. »Er ist von Natur unklar. Er ist absoluter Stoff.«

Ohne Kopf und Krone

1649 ließ das Parlament Karl I. zum Tode verurteilen. Der spektakuläre Prozess markiert den Tiefpunkt der englischen Monarchie.

Von Peter Wende

Der Wintertag war kalt und grau, als der König von England zum Schafott geführt wurde. Der Monarch hatte sich zwei Hemden übergezogen, damit es nicht später hieß, er habe aus Angst vor dem Tod gezittert. Er bat den Henker darum, ihn nicht unnötig zu quälen und erst auf sein Zeichen hin das Beil zu senken. »Wie Eure Majestät belieben«, antwortete dieser. Mit einem Streich trennte er schließlich den Kopf vom Körper und hielt ihn der Menge hin: »Seht her, das Haupt eines Verräters!«

Mit der Hinrichtung Karls I. am 30. Januar 1649 endete der spektakulärste Prozess der englischen Geschichte und wohl der gesamten europäischen Neuzeit bis hin zur Französischen Revolution. Eine Nation verurteilte ihren König und ließ ihn öffentlich enthaupten.

Das Ende des Königs, der im Englischen Charles I. hieß, markiert zugleich den Höhepunkt der großen Krise, in der sich die englische Monarchie im 17. Jahrhundert befand. Es war das kurze Jahrhundert der Stuarts: Es begann 1603 mit der reibungslosen Thronfolge Jakobs I., König von Schottland und nächster erbberechtigter Blutsverwandter der kinderlosen Elizabeth I., und endete 1688 mit der Flucht dessen Enkels, Jakobs II., nach Frankreich.

Der Prozess gegen Karl war kurz – er dauerte von der Verlesung der Anklageschrift bis zum Urteil gerade mal sieben Tage. Aber er hatte eine lange Vorgeschichte. Diese setzte am Anfang des Jahrhunderts mit einer wachsenden Strukturkrise des englischen politischen Systems ein, das auf dem Zusammenwirken von Monarchie und politischer Nation beruhte. Spannungen, wie sie bereits unter Elizabeth I. latent vorhanden waren, mündeten unter den ersten Stuart-Herrschern in eine Konfliktspirale, an deren Ende Monarch und Parlament sich in einem unüberbrückbaren Gegensatz befanden. Bürgerkrieg und Revolution waren die Folge.

Vordergründig ging es um Geld, das den wachsenden Finanzbedarf der Krone decken sollte, etwa um Steuern, die nach überliefertem Recht vom Parlament zu bewilligen waren. Doch dahinter traten schon bald tief greifende religiöse Spannungen zutage. Denn viele strenggläubige Calvinisten, die als »Puritaner« eine konsequente Vollendung der protestantischen Reformation und damit eine endgültige und radikale Trennung von der katholischen Kirche und deren Ritus anstrebten, verfolgten die Politik des Königs mit Misstrauen.

Statt einheimische Katholiken als Staatsfeinde zu verfolgen, wie es das Gesetz forderte, ehelichte Karl eine französische katholische Prinzessin. Als Oberhaupt der anglikanischen Kirche förderte er mit dem »Arminianismus« eine Glaubensrichtung, die sich in Doktrin und Liturgie wieder dem Katholizismus annäherte. Zudem bestand er auf der überlieferten Bischofsverfassung.

PETER WENDE
Der Historiker war von 1994 bis 2000 Direktor des Deutschen Historischen Instituts in London.

Kritiker sahen daher ihren König im Bunde mit einer groß angelegten Offensive der Gegenreformation, die zudem in den meisten europäischen Staaten mit dem Ausbau der monarchischen Gewalt und dem Abbau ständischer Rechte einherging und nun auch England als die »letzte Bastion« protestantischer Freiheit bedrohte. Vor diesem Hintergrund wird verständlich, warum das Parlament es vorzog, über die Garantie überlieferter Freiheitsrechte zu debattieren, statt dem König ausreichende Mittel für eine kriegerische Außenpolitik auf dem Kontinent zur Verfügung zu stellen.

Der sich hier abzeichnende Grundsatzkonflikt fand 1628 seinen Niederschlag in der berühmten Petition of Right, einem der großen Fundamentalgesetze der ungeschriebenen englischen Verfassung, das die Ausübung der königlichen Gewalt an das Recht beziehungsweise an den Konsens der politischen Nation – das im Parlament vertretene gehobene Bürgertum und den Adel – band.

Karl hatte zwar dieses Dokument unterzeichnet, doch mit dem stillschweigenden Vorbehalt, daran nur nach eigenem Ermessen gebunden zu sein. Als von Gott eingesetzter Herrscher war er nur diesem verantwortlich, so seine unverrückbare Überzeugung, und damit in seinen politischen Entscheidungen und Handlungen frei. Und so entschied er ein Jahr später, fortan ohne die Mitwirkung von Parlamenten zu regieren.

All jene, die zuvor bereits der Politik des Königs mit Misstrauen begegnet waren, sahen sich nun in ihren Befürchtungen bestätigt. Als dann elf Jahre später wegen eines Aufstands, mit dem die Schotten gegen die Einführung der anglikanischen Kirchenverfassung protestierten, dann doch wieder ein Parlament einberufen werden musste, übte es nun zielgerichtet konsequenten Widerstand. Der König wollte von den Abgeordneten ein Heer finanziert sehen, doch die drangen auf verfassungsrechtliche Garantien für den

Fortbestand des Parlaments. Als das Parlament sogar die Kontrolle über die militärische Macht des Staates beanspruchte und damit die Gretchenfrage nach der Verortung staatlicher Souveränität stellte, war der Weg in die Revolution beschritten. Der Konflikt mündete in die bewaffnete Auseinandersetzung.

Es folgten Jahre des Bürgerkriegs, der phasenweise auch ein Krieg der Schotten und Iren gegen die Engländer war. Am Ende stand der Sieg der Armee des Parlaments unter der Führung Oliver Cromwells, ohne dass damit die Verfassungskrise gelöst war. Auch als Gefangener seiner Gegner blieb der König ein politischer Faktor ersten Ranges, weil diese Gegner Gefangene ihrer eigenen begrenzten politischen Zielsetzungen blieben: Sie waren nicht gegen die Monarchie, sondern gegen die Politik und damit gegen die Person dieses Königs zu Felde gezogen. Ihr Ziel war keine neue Verfassung, sondern es ging ihnen darum, die Position des Parlaments im Rahmen der überlieferten Verfassung zu sichern und zu festigen. Dies implizierte notwendig, dass ohne die Kooperation des Monarchen der Fortbestand dieser Monarchie nicht zu realisieren war.

Doch Karl, wie eh und je starrer Prinzipienpolitiker, verweigerte jeglichen Kompromiss und löste damit auf der anderen Seite einen nachhaltigen Radikalisierungsschub aus: Die Armee riss die Macht an sich. Ein nunmehr von Cromwell und seinen Gefolgsleuten kontrolliertes Rumpfparlament beschloss, den König wegen Hochverrats vor ein außerordentliches Gericht zu stellen. Weil mit diesem König eine – modern gesprochen – parlamentarische Monarchie nicht zu etablieren war, beschloss man die Vernichtung des Königs; und weil zu ihm keine aussichtsreiche personelle Alternative existierte, machte man zugleich der Monarchie den Prozess.

Erst hier und jetzt wurde der Bürgerkrieg zur Revolution, zum Umsturz der alten Ordnung mit dem Ziel, eine neue zu errichten. »Wir werden ihm den Kopf mit der Krone drauf abschlagen«, soll Cromwell verkündet haben. Unter solchen Voraussetzungen war bereits vor Prozessbeginn das Todesurteil beschlossene Sache. Der Prozess war ein politisches Tribunal, das nicht der Rechtsfindung diente, sondern dem Ziel, die Vernichtung der Person des Königs und der Institution der Monarchie öffentlich zu rechtfertigen. Er war demnach als Schauprozess, als öffentliches Spektakel organisiert.

Bereits zuvor hatten englische Könige ein gewaltsames Ende gefunden: Eduard II. (1327), Richard II. (1400), Heinrich VI. (1471) – sie alle waren im Auftrag ihrer Rivalen, die sie zuvor der Krone beraubt hatten, heimlich im Kerker umgebracht worden. Hier nun sollte das eigene Volk dem König den Prozess machen. Und so wurde »Charles Stuart, King of England«, wie noch das Todesurteil formulierte, in aller Öffentlichkeit angeklagt und hingerichtet; im Zentrum des Staates, in Westminster Hall, tagte das Gericht – auf der Straße vor dem königlichen Palast war die Richtstätte.

Der Prozess ohne Beispiel verlangte ein außerordentliches Gericht. Um zu demonstrieren, dass hier das Volk über den König zu Gericht sitze, benannte ein Parlamentsbeschluss 135 Personen zu Mitgliedern dieses Gremiums, die als Repräsentanten der Nation fungieren sollten. Dazu gehörten viele Militärs sowie glühende Republikaner – eine soziale Zusammensetzung, die dem hehren Anspruch, hier urteile die Nation, sicher nicht gerecht wurde.

Der Anklage zufolge sollten sie darüber befinden, ob und inwieweit Karl das Ziel verfolgt habe, eine persönliche Gewaltherrschaft einzurichten und somit »der Verursacher, Urheber und Betreiber all dieser widernatürlichen, grausamen und blutigen Kämpfe war«. De facto jedoch war der Prozess, in dem Kläger und Angeklagter diametral entgegengesetzte Positionen vertraten,

Prozess gegen König Karl I. im Westminster Palace, Kupferstich, 18. Jhd.

von Anbeginn auf die Demonstration des Prinzipienkonflikts reduziert.

»Weil ich Euer König bin, könnt Ihr mir nicht den Prozess machen, weil ich König bin, kann keine irdische Gewalt mich zur Rechenschaft ziehen«, argumentierte Karl. Schließlich sei er Herrscher von Gottes Gnaden und das gesamte englische Recht basiere auf dem Satz: »The King can do no wrong« – wie könne sonst in dessen Namen Recht gesprochen werden?

Mit einem »strengen, ernsten Blick auf das Gericht und auf das Volk auf den Galerien zu beiden Seiten«, so ein anwesender Zeitzeuge, hatte er sich gesetzt, »ohne seinen Hut abzunehmen oder auf irgendeine Weise Respekt zu erweisen«. Statt das Tribunal anzuerkennen, gipfelte die effektvolle Verteidigung des Königs darin, seinerseits das Gericht anzuklagen, seine Richter als Schergen einer rechtlosen Gewaltherrschaft anzuprangern.

Doch diese setzten dem überlieferten Recht und der Doktrin des Gottesgnadentums das Prinzip der Volkssouveränität entgegen. Hatten doch bereits vor der Eröffnung des Verfahrens die Mitglieder des Rumpfparlaments verkündet, »dass unter Gottes Herrschaft alle Gewalt vom Volk ausgeht«. Mithin sei es das gute Recht der Völker, notfalls ihre Könige zur Rechenschaft zu ziehen.

Die radikale Position entsprach keineswegs dem allgemeinen Bewusstsein der Zeit. Nur eine kleine Minderheit vertrat sie und war sich zudem bewusst, keineswegs im Interesse des englischen Volkes zu handeln. Tatsächlich war die Öffentlichkeit sorgfältig kontrolliert worden. Sowohl im Gerichtssaal wie später auf dem Schafott platzierte man den König so, dass seine Worte den Zuhörern und Schaulustigen unverständlich bleiben mussten. Stets trennten Wachmannschaften den Angeklagten vom Publikum. Der Vorsitzende Richter trug zum Schutz vor Attentätern eine gepanzerte Biberkappe. Und am Ende hatten nur 59 der 135 Mitglieder des Gerichts das Todesurteil unterzeichnet.

Denn der König war während seiner gesamten Regierungszeit nie so populär gewesen wie während dieses Prozesses, in dem er überzeugend die Rolle des Märtyrers verkörperte. »In dem Augenblick, als der Streich fiel« – so schildert der Chronist die Hinrichtung – »stieg ein allgemeines grausliches Stöhnen aus der Menge auf.«

Als er sein Leben verlor, hatte Karl I. den Prozess gewonnen. Denn schon bald wurde deutlich, dass die Monarchie diesen Prozess überlebt hatte, ja zunächst gestärkt aus den Wirren der Revolutionszeit hervorgehen sollte – zu fest war sie im allgemeinen Bewusstsein der Epoche als die natürliche und gottgewollte und damit beste Staatsform verankert.

Kunst des Schmeichelns

Ein Deutscher diente Heinrich VIII.
als Hofmaler: Hans Holbein schuf einzigartige
Porträts – bis er in Ungnade fiel.

Von Joachim Kronsbein

Die Fürsprache kam von unangreifbarer Stelle. Erasmus von Rotterdam, der Philosoph, pries den Maler Hans Holbein, der sich auf den Weg nach England machen wollte, als »insignis artifex«, einen außergewöhnlichen Künstler. Und das Lob, mit dem er Holbein einem einflussreichen Freund empfahl, war nicht übertrieben.

Holbein der Jüngere, 1497 oder ein Jahr später in Augsburg als Sohn eines berühmten Malers geboren, hatte sich mit innigen Madonnen- und Heiligenbildern einen international beachteten Namen gemacht. Seit Jahren lebte er in der prosperierenden Kulturstadt Basel und konnte sich über mangelnde Wertschätzung nicht beklagen. Doch die Reformation hatte das Klima verändert, die Schweiz war für Künstler zu einem unwirtlichen Land geworden. Die Anhänger der strengen Reformatoren Calvin und Zwingli, die bildnerischen Schmuck in Kirchen verdammten, hatten für den katholischen Maler keine Verwendung.

»Hier frieren die Künste«, umriss Erasmus, der ebenfalls in Basel lebte, in seinem Empfehlungsschreiben Holbeins Lage, »er will nach England gehen, um dort einige englische Goldmünzen zusammenzukratzen.« Holbein ging, und sein Aufstieg war stupend. Binnen weniger Jahre malte er sich nach ganz oben. Zuerst porträtierte er wohlhabende Kaufleute und Staatsmänner wie den Philosophen Thomas Morus. Ein paar Jahre später schon machte ihn Heinrich VIII. zu seinem Hofmaler.

Der fettleibige König wirkte auf Holbeins Bildern nicht übergewichtig, sondern imposant. Holbein schmeichelte seinem Auftraggeber, ohne offen zu lügen. Der König wusste, dass er einen großen Künstler beschäftigte. Als sich ein Lord einmal über ihn bei Heinrich beschwerte, soll dieser entgegnet haben: »Wisset, dass ich aus sieben Bauern in einer Minute sieben Lords, wie Ihr es seid, machen kann, dass ich aber aus sieben Lords von Eurem Schlage nicht einen einzigen Holbein machen kann.«

Ihm gelang es, mit höchster Kunstfertigkeit realistische Porträts zu malen, die charakteristische Merkmale nicht aussparten, aber auch den Rang, die Würde und den Machtanspruch der Dargestellten dokumentierten. Holbein war, in diesem Sinne, ein humanistischer Künstler, ein Maler, der, so sieht es die Kunstgeschichte heute, die britische Maltradition erst begründete.

Aber im Königreich ging es ihm, bei allem Erfolg, bald ähnlich wie in der Schweiz. Als der Katholik Heinrich VIII. seine Ehe mit Katharina von Aragón annullieren lassen wollte und der Papst ihm dies schließlich verweigerte, sagte sich der Monarch 1531 von Rom los und gründete seine eigene anglikanische Staatskirche. Klöster wurden geschlossen, katholisches Kirchenvermögen konfisziert. Einige bedeutende Kunden Holbeins verloren im erbitterten Kirchenkampf Hab und Gut, Morus sogar sein Leben.

Heinrich, der sich nun frei fühlte, nach Gutdünken zu heiraten, beauftragte Holbein, Kandidatinnen zur Ansicht zu porträtieren. Christina von Dänemark zeigte er als Ganzkörperporträt mit leicht mokantem Blick. Einfach, so die Bildaussage, wird es mit der Dame nicht. Die erst 16-Jährige, frisch verwitwete Prinzessin fühlte sich von den Avancen auch keineswegs geschmeichelt. Sie würde, so soll sie kundgetan haben, Heinrich nur heiraten, wenn sie zwei Köpfe hätte. Eine Anspielung auf Heinrichs Neigung, unliebsame Gattinnen dem Scharfrichter zu überantworten.

Noch weniger Erfolg hatte Holbein mit einem Bildnis der Anna von Kleve. Sie geriet ihm weitaus attraktiver, als sie in Wirklichkeit war. Der König unterschrieb entflammt den Heiratsvertrag, ohne seine Braut je gesehen zu haben, und war bei der ersten Begegnung maßlos enttäuscht. Die Ehe wurde für ungültig erklärt, da sie nie vollzogen war. Immerhin behielt Anna, die erste deutsche Königin Englands, ihr Leben.

Für Holbein führte die Blamage zum Bruch mit dem König: Zwar blieb er offiziell Hofmaler, durfte aber fortan keine Mitglieder der königlichen Familie mehr porträtieren. Er sollte London nie mehr verlassen: Hans Holbein der Jüngere, neben Raffael und Tizian einer der größten Maler der Renaissance, starb 1543 dort an der Pest. Er wurde 45 Jahre alt, nach damaligem Empfinden ein normales Todesalter.

KÖNIGREICH GOTTES

Der Puritaner Oliver Cromwell führte
das Land in den blutigen Bürgerkrieg – und wurde
zu Englands einzigem ungekröntem Herrscher.

Von Jan Fleischhauer

Als sich der Mann ans Sterben machte, der sich von Gott auserkoren sah, England zu retten, zog über ihm ein himmlisches Gericht mit Blitz und Donner auf. Am 3. September 1658 suchte ein so heftiges Unwetter das Königreich heim, dass sich nicht einmal die Alten erinnern konnten, Vergleichbares erlebt zu haben. Stunden später war Oliver Cromwell, Lordprotektor von England, Schottland und Irland, seinen Fieberkrämpfen erlegen. Wer an Omen glaubte, also so ziemlich jedermann im England des 17. Jahrhunderts, deutete den Sturm als Hinweis von ganz oben.

Denn dass die Vorsehung an seinem Aufstieg einen entscheidenden Anteil gehabt hatte, davon war nicht nur Cromwell überzeugt, sondern auch das Volk, das er mit eiserner Faust regierte, nachdem er den Thron vom Geschlecht der Stuarts hatte säubern lassen. Uneinig waren sich die Zeitgenossen nur, wie sie das Wetterleuchten zu deuten hatten: als Zeichen des Allmächtigen oder als Fanfare des Teufels.

Kein Herrscher hat die Briten so gespalten wie der Mann, der das britische Königreich durch die blutigste Periode seiner Geschichte führte. Den einen galt er schon zu Lebzeiten als Freiheitsheld, der mutig den Anschlag des Königs auf Recht und Verfassung abwehrte und so dafür sorgte, dass England nicht in eine Tyrannei abglitt – die anderen verfluchen ihn als hartherzigen Royalistenschlächter und Diktator.

Bis heute scheiden sich an Cromwell die Geister. Als die BBC vor ein paar Jahren nach den 100 größten Briten aller Zeiten fragte, wählten ihn die Engländer auf Platz zehn – die einzigen Politiker, die es sonst noch unter die Top Ten schafften, waren Winston Churchill und Elizabeth I. Andererseits ist der ungekrönte Herrscher des britischen Archipels vielen seiner Bewohner auch ein wenig peinlich: Mit Cromwell nimmt, 150 Jahre vor der Französischen Revolution, nicht nur die Idee eines republikanischen Staatswesens Gestalt an – mit seinem Namen verbinden sich auch Königsmord und Bürgerkrieg.

Der englische Bürgerkrieg ist eine der größten Katastrophen, die Großbritannien zu verkraften hatte. Als er ausgefochten ist und Cromwell Irland und Schottland in Strafzügen unterworfen hat, sind 450 000 Menschen tot. Gemessen an der Zahl der Einwohner, damals fünf Millionen, verlief danach kein Konflikt mehr für die Briten so verlustreich, nicht einmal der Erste Weltkrieg, in dem eine ganze Generation junger Männer in den Gräben Flanderns geopfert wurde.

Auch ohne Cromwell wäre es zum Krieg gekommen, aber nur seinem militärischen Genie ist es zu verdanken, dass am Ende die Königsgegner über die Königstreuen triumphieren. So trägt der Sieg seinen Namen, aber auch das Opfer an Menschen, das er gekostet hat.

Die Anfänge des Lordprotektors sind bescheiden. In der Welt, in die Cromwell am 25. April 1599 geboren wird, ist Herkunft noch alles, das Leben folgt dem Lauf der Jahreszeiten. Die Cromwells zählen zum Landadel, was vornehmer klingt, als es ist. In der Ahnenreihe gibt es einen Großvater, dem sein aufwendiger Lebensstil den Beinamen »der goldene Ritter« eintrug, doch das Vermögen ist zerronnen. Was vom Erbe übrig blieb, reicht gerade, um den Jungen aufs College zu schicken. Der Familienbesitz in Huntingdon, knapp hundert Kilometer nördlich von London, wirft 300 Pfund im Jahr ab, das ist am unteren Ende dessen, was man als Adliger gemeinhin zur Verfügung hat.

Bei den großen Cäsaren ist von klein auf ein brennender Ehrgeiz zu spüren, in der Geschichte eine Spur zu hinterlassen. Biografen haben sich später alle Mühe gegeben, im Leben von Cromwell Begebenheiten zu finden, die ihn frühzeitig als Schicksalsfigur erkennen lassen. In Wahrheit deutet bis zum 40. Lebensjahr nichts darauf hin, dass sich in der englischen Provinz zwischen Kohlköpfen und Rindvieh ein Genie verbirgt, das einmal die Geschicke des Landes in die Hand nehmen könnte. Das Einzige, was man von Cromwell sicher sagen kann, ist, dass er ein ehrlicher, hart arbeitender Mann ist, der fest daran glaubt, dass der Herr über ihn und die Seinen wacht, und dessen Schwächen eine große Sturköpfigkeit und ein leicht erregbares Gemüt sind.

Seinen ersten öffentlichen Auftritt hat Cromwell 1628, aber der verläuft unspektakulär. Seit Anfang des Jahres vertritt der junge Landadlige den Bezirk Huntingdon als Abgeordneter im Unterhaus, wo die nicht ganz so vornehme Nobilität sitzt. Seine erste Rede, in der er den Bischof von Winchester angeblicher Sympathien für die römische Kirche bezichtigt, registrieren ältere Kollegen mit Stirnrunzeln. Es soll dann auch die einzige Rede des jungen Parlamentariers bleiben, die in den Analen des Unterhauses verzeichnet ist.

Im Nachhinein fragt man sich, warum die Dinge schon bald darauf so außer Kontrolle geraten, dass sich die Leute gegenseitig die Köpfe einschlagen. Dreimal hat das Königreich in den zurückliegenden 100 Jahren seine Konfession gewechselt, ohne dass dies zu größeren Aufständen geführt hat. Zur »Englishness« gehört eine gewisse Zurückhaltung, auch im politischen Geschäft.

GLAUBENSKAMPF UND REVOLUTION

Wer nach einem Grund für die Radikalisierung sucht, bekommt oft zur Antwort, dass sich das Parlament die absolutistischen Bestrebungen nicht länger habe gefallen lassen wollen. Doch republikanische Aufwallungen sind den Briten fremd. Die politische Klasse ist sich darin einig, dass ein König von Gottes Gnaden an der Spitze des Staates stehen soll, freundlich beraten von einem Parlament der Vernunft. Die Mehrheit der Abgeordneten sind ehrwürdige Herren, die behaglich von den Erträgen ihren Ländereien leben und denen nichts ferner liegt, als die Ordnung infrage zu stellen, die seit Hunderten von Jahren die Quelle ihres Wohlstands bildet.

In Wahrheit fällt das Land nicht in den Konflikt, es rutscht hinein. Manchmal bilden sich Leidenschaften zu einer so mächtigen Stimmung, dass ein vergleichsweise kleiner Anlass genügt, um sie zu entzünden. Wenn das dann geschieht, ist plötzlich das ganze Volk entflammt – so wird es beim Ausbruch des Ersten Weltkriegs sein, so ist es auch beim englischen Bürgerkrieg.

Am Anfang steht, wie so oft, der Ärger ums Geld. Die englischen Könige sind keine sparsamen Menschen, darin gleichen sie den Monarchen auf dem Festland. Immer gibt es einen Grund, die Staatskasse zu plündern. Wenn gerade kein Krieg zu finanzieren ist, dann muss irgendwo ein neues Schloss gebaut oder eine Mätresse abgefunden werden.

Die Kosten für die Unterhaltung des Hofstaats wachsen allen Königen über den Kopf, das gilt selbst für die umsichtige Elizabeth I., aber kaum jemand hat es in der Geschichte des englischen Königshauses so toll getrieben wie der Bruder Leichtfuß, mit dem die Dynastie der Stuarts beginnt. Weil Elizabeth keinen direkten Nachkommen hinterlassen hat, regiert seit 1603 ein Verwandter aus Schottland, der lebensfrohe Jakob I.

Von den Partys, die der neue König veranstaltet, erzählt man sich in Londons Upper Class noch Monate später. Zu den aufregendsten Neuerungen zählt das »ante supper«, bei dem man den Gästen eine riesige Tafel mit Delikatessen vorführt, um ihnen den Mund wässrig zu machen. Wenn sie alles ausgiebig bestaunt haben, wird das Essen abgetragen und weggeworfen, nur um dann die gleichen Speisen aus der Küche ein zweites Mal frisch heranzukarren. Unnötig zu sagen, dass solche Verschwendung den Herren, bei denen der gute Jakob am Ende das Geld für die Extravaganzen einsammelt, sauer aufstoßen. Dass der König aus seiner Vorliebe für junge Männer keinen Hehl macht und seine Günstlinge mit Ländereien und Juwelen überhäuft, trägt nicht dazu bei, sein Ansehen zu verbessern. Die Beziehung zwischen Krone und Parlament ist also schon angespannt, als Jakob mit 58 Jahren seinem Lebenswandel erliegt und Sohn Karl den Thron besteigt.

Karl I., wie er sich nun nennt, ist für das Parlament von Anfang an ein schwieriges Oberhaupt: Im Gegensatz zu seinem Vater ist er ein sehr ernsthafter Mensch, ein wenig gehemmt vielleicht, weshalb man selten mehr als fünf Sätze aus ihm herausbringt, aber getrieben von guten Vorsätzen. Ironischerweise ist es genau diese Rechtschaffenheit, die ihn ins Verderben führen soll.

Anders als Jakob, der sich für das Regierungshandwerk nur am Rande interessierte, will der Sohn die Dinge in die Hand nehmen. Was die Macht des Königs sei und wo sie ende, ist eine Frage, die er ein für alle Mal zu entscheiden gedenkt. Möglicherweise fehlt ihm einfach die dynastische Selbstgewissheit der Tudors. Vielleicht hat er seine Nase auch zu lange in Bücher gesteckt. Während sich sein Vater vergnügte, hat Karl sich bei Seneca und den Stoikern satt gelesen.

Mit Karl hat England nun einen König, der, wie er es sieht, nur einem verantwortlich ist, nämlich Gott. Von diesem ist er eingesetzt, und nur diesem schuldet er Rechenschaft. Diese Auslegung der Verfassung muss auf die vornehmen Lords, zu deren Selbstverständnis es gehört, dem ersten Mann im Staate bei seinen Amtsgeschäften beizustehen, wie ein Fußtritt wirken. Gekränkte Eitelkeit ist ein starkes Motiv, wie man aus der Geschichte der Leidenschaften weiß, das gilt auch für Institutionen.

So spitzen sich die Dinge zu. Niemand kann Karl zwingen, das Parlament zu konsultieren, aber das Parlament kann ihn dafür piesacken, dass er nicht hören will. Statt der Krone das Recht, Hafenzölle zu erheben, auf Lebenszeit zu gewähren, genehmigen die Abgeordneten den Zugriff auf die wichtigste Einnahmequelle des Hofes nur für ein Jahr. Die Bewilligung von Steuern ist das Privileg des Parlaments, nun ist es eine Waffe.

Was tut ein Herrscher, wenn man ihm die Gefolgschaft verweigert? Er entledigt sich der Plagegeister. Also lässt der König den Abgeordneten mitteilen, dass er ihrer Dienste nicht mehr bedürfe, und überträgt das Regierungsgeschäft einem kleinen Kreis von Vertrauten. Auch das ist, für sich genommen, noch kein Grund, einen Krieg vom Zaun zu brechen. In den 22 Jahren, die Jakob regierte, hatte die Standesvertretung insgesamt 36 Monate getagt, also im Durchschnitt sieben Wochen pro Jahr.

Mal ist das Parlament aufgelöst, dann beruft es Karl wieder ein, wenn die Haushaltssorgen übermächtig werden. Bei einem König, der keine Steuern erheben kann, ist der Glanz schnell weg. Zwischenzeitlich ist der Monarch so klamm, dass er den Bediensteten über Monate den Lohn schuldig bleibt. Wenn Besuch aus dem Ausland ansteht, werden die königlichen Gemächer zugehängt, damit den Gästen nicht auffällt, in welch desolatem Zustand der Hof ist.

In seiner Not verfällt Karl auf die Idee, bei einer Reihe von Haushaltsprodukten den freien Handel zu untersagen, um die Vertriebsrechte an den Meistbietenden zu versteigern. Den Anfang macht der König mit einem Seifenmonopol, worauf die Qualität der Seife binnen Kurzem so sehr sinkt, dass selbst die nicht besonders geruchsempfindlichen Bewohner des barocken Englands über den Gestank klagen.

Weil Schießpulver immer knapp war, lässt die Regierung zum Zwecke der Landesverteidigung eine nationale Salpeter-Reserve anlegen. Abgesandte des Königs werden übers Land geschickt, um menschlichen und tierischen Urin sicherzustellen, aus dem sich die wichtige Grundsubstanz gewinnen lässt. Das mag im Sinne der Nachhaltigkeit löblich klingen: Den Briten fehlt das Verständnis, wenn der königliche Salpeter-Eintreiber Scheunen und Latrinen durchsucht, um an die begehrte Ressource zu gelangen.

Auch die Tudors verfuhren nach Gutdünken, doch sie waren klug genug, selbst beim ärgsten Machtmissbrauch den Schein des Rechts zu wahren. Das ist das Problem mit Rechthabern wie Karl: Sie können die Dinge nicht in der Schwebe lassen, sondern müssen sie klären, ein für alle Mal. Englands großes Unglück ist es, dass auf der anderen Seite Leute in die erste Reihe rücken, die genau so denken.

Die Puritaner, zu denen Cromwell gehört, sind als Minderheit eigentlich nicht besonders beliebt. Der Glaubenseifer, mit dem sie für einen irdischen Gottesstaat kämpfen, stößt im breiten Volk auf Befremden. Wo sie die lokale Macht übernehmen, stellen sie das Fluchen unter Strafe, schließen Theater und andere Vergnügungsstätten und verhängen ein striktes Alkoholverbot. Aber das Läuterungsprogramm bleibt auf wenige Ortschaften beschränkt. Das Leben im 17. Jahrhundert ist viel zu hart, als dass es gelingen könnte, eine Mehrheit dazu zu bewegen, dauerhaft der Trinkerei und dem Glücksspiel zu entsagen. Tatsächlich plagen viele puritanische Glaubensbrüder erhebliche Zweifel, ob England der geeignete Ort ist, das neue Jerusalem zu begründen. Die besonders Eifrigen packen deshalb ihre Sachen und machen sich auf, um auf der andern Seite des Atlantik das »Königreich des Himmels« zu gründen.

In der anstehenden politischen Auseinandersetzung verfügen die Puritaner allerdings über einen großen Vorteil: Mit der Glaubensstärke geht ein Überzeugungseifer einher, der sie gegen alle Einschüchterungen unempfindlich macht. Wer Gott auf seiner Seite weiß, lässt sich nicht so leicht von seinem Weg abbringen. Folter und Kerker sind Prüfungen, die der Herr einem auferlegt hat; wer den Anfechtungen tapfer die Stirn bietet, wird tausendfach belohnt.

Als einem der puritanischen Wortführer, dem Rechtsanwalt William Prynne, wegen einer Kritik an der für ihn anstößigen Theaterpraxis auf Geheiß des Königs beide Ohren vom Kopf gesäbelt werden, schreibt er eben ohrenlos weiter – die Entstellung erhöht nur den Märtyrerstatus und damit das Interesse des Publikums. Die angebliche Beleidigung waren übrigens vier Worte in seinem Buch, die sich als Anspielung auf Königin Henrietta Maria verstehen ließen: »Schauspielerinnen sind gewohnheitsmäßige Huren«. Die Königin hatte kurz nach Erscheinen der Schrift eine Rolle in einer dramatischen Darstellung am Hof übernommen, ein dummer Zufall, wie man so schön sagt.

Wenn man den Umkehrpunkt bestimmen sollte, von dem an ein Krieg unvermeidlich scheint, dann ist es der untaugliche Versuch Karls, sich der Opposition durch die Verhaftung ihrer Anführer zu entledigen. Am 4. Januar 1642 erscheint der König vor der Tür des Unterhauses, im Gefolge 300 Soldaten. Noch nie zuvor hat ein Monarch versucht, das Parlament mit Gewalt in die Schranken zu weisen. Auch wenn kein Schuss fällt und die Schwerter in der Scheide bleiben: Es ist der erste Waffengang des Bürgerkriegs.

Die Aktion endet für Karl, wie so oft, mit einer Demütigung. Eine Hofdame der Königin hat die Pläne weitergetratscht; die fünf Abgeordneten, die des Hochverrats bezichtigt werden, haben sich rechtzeitig in Sicherheit gebracht. Als der König im

Parlament erscheint, um ihre Überstellung zu verlangen, sind ihre Plätze leer. »Ich sehe, die Vögel sind davongeflogen«, sagt er, bevor er unverrichteter Dinge den Rückzug antritt. Noch schlimmer als ein Despot ist ein stümperhafter Despot.

Erst jetzt schlägt Cromwells Stunde. Revolutionen bringen es mit sich, dass Gruppen, die eben noch am Rande standen, zu treibenden Kräften werden. Die Puritaner sind die Herren des Augenblicks: Dass ihr Widerstand gegen den König vor allem aus Argwohn gegen seine katholische Frau erwächst, die sie in Verdacht haben, das Land wieder zum Papismus bekehren zu wollen, ist jetzt nebensächlich. Was zählt, ist die Tatsache, dass die puritanischen Vertreter im Parlament immer schon zu den lautstärksten Kritikern zählten.

Cromwell selbst ist ein überzeugter, aber kein fanatischer Anhänger dieser erzprotestantischen Gruppe. Schon als Kind hat er zu der aus dem Calvinismus importierten Glaubensrichtung gefunden, aber im Gegensatz zu den Beseelten, die nur das nahende Himmelreich sehen, hat er sich immer einen Sinn für die Wirklichkeit bewahrt. »Das Wesen des Mannes setzte sich gar eigentümlich zusammen aus feuriger Schwärmerei für den Glauben, die ihn zum Handeln treibt, und aus kalter Berechnung des Verstandes, die ihn bei seinen Handlungen leitet« – so hat es der Historiker Moritz Brosch in seinem gelehrten Werk über die puritanische Revolution treffend beschrieben.

Dass Cromwell in kürzester Zeit zum führenden Mann der Königsgegner aufsteigt, verdankt er allerdings weniger seiner schwärmerischen Begabung als vielmehr seinen militärischen Fähigkeiten. Obwohl er zuvor nie eine Einheit kommandiert hat, besitzt er das seltene Talent, Schlachten lesen zu können: Er erkennt sofort, wo sich eine Chance zu einem überraschenden Angriff bietet und wo man den Rückzug antreten muss, um vom Feind nicht überrollt zu werden.

Die Ausgangslage der puritanischen Truppen ist eher düster. Karl verfügt zunächst nicht nur über die größeren Einheiten, sondern auch über die kampferprobteren Kommandeure. Gegen die Erfahrung des Feindes setzt Cromwell die Moral. Der frisch bestallte General hat erkannt, dass Soldaten, die ein gemeinsames Anliegen verbindet, ihrem Gegner an Kampfkraft überlegen sind. Die Ideologie ersetzt nun die ritterliche Tradition. »Wir müssen Männer mit Gesinnung finden, sonst werden wir verlieren«, schärft Cromwell seinen Truppenführern ein.

Für die Royalisten ist die New Model Army des Gegners zunächst ein Witz. Vor dem Gefecht wird gebetet; Plündern ist streng verboten, Trinken, Fluchen und Hurerei wird bei den »Rundköpfen«, wie die Truppen des Parlaments wegen ihrer merkwürdigen Topffrisur heißen, durch das gemeinsame Lesen des »Katechismus des Soldaten« ersetzt. Im Gefecht gegen die disziplinierten Truppen vergeht den Königstreuen allerdings das Lachen. Keine einzige Schlacht geht Cromwell verloren. Es sind seine Siege, die aus Cromwell, dem Parlamentarier, Cromwell, die Legende, machen.

Der Bürgerkrieg reißt das Königreich auseinander. Der Riss geht nicht nur durch Regionen und Ortschaften, er geht quer durch Familien. Auf den Schlachtfeldern stehen sich Brüder gegenüber, Söhne kämpfen gegen ihre Väter. Und der Konflikt erfasst das ganze Land, nach Wales, Cornwall und dem Nordwesten auch Schottland und Irland. Die Brutalität, die der Krieg freisetzt, ist selbst für diese an Gewalt gewöhnte Zeit unerhört. Nach dem Fall von Aberdeen müssen sich die wohlhabenden Bürger nackt ausziehen, bevor man sie zu Tode hackt, damit das Blut die Kleidung nicht besudelt, die man als Beute davonträgt.

Als der Krieg entschieden ist, erstirbt auch der Fiebertaumel, der das Land ergriffen hatte. Statt in den revolutionären Terror zu verfallen, der in der Französischen Revolution die Umwälzung befeuern wird, sinkt das Königreich in den alten Rhythmus der Vorkriegszeit zurück. Als der Royalist John Evelyn nach längerer Zeit in Paris, wo die königliche Familie Zuflucht genommen hat, 1652 nach England zurückkehrt, findet er eine Gesellschaft vor, die sich wieder ganz ihren Geschäften widmet, wie er in seinem Tagebuch beschreibt, wo die Landeigentümer »Verschönerungen« ihrer Häuser und Gärten planen und die Farmen satte Ernten abwerfen.

Mit der Rückkehr zum Frieden zerschlagen sich allerdings auch alle Hoffnungen auf entschiedene Reformen. Was sich in England abspielt, wird sich in den nächsten Jahrhunderten dutzendfach wiederholen: Am Anfang einer Erhebung steht der hochherzige Wunsch nach mehr Mitsprache, am Ende bleibt die Militärdiktatur. Wenn man den Generälen einmal die Macht in die Hand gibt, ist es wahnsinnig schwer, sie ihnen wieder abzunehmen.

Das Parlament verlangt die Kontrolle zurück. Der König ist tot, auf Cromwells Geheiß auf das Schafott geführt, nun könnte er seine Soldaten entlassen und in das ruhige Leben zurückkehren, das er angeblich so vermisst. Aber der berühmte Heerführer sträubt sich. Als die Abgeordneten ihm zu unbotmäßig werden, macht er es wie Karl und entledigt sich ihrer.

Diesmal bleiben die Musketiere nicht vor der Tür stehen, diesmal stürmen sie das hohe Haus, um den Abgeordneten von den Sitzen zu »helfen«. Ein »coup d'etat« wie aus dem Lehrbuch. Cromwell führt zu Ende, was die Armee fünf Jahre zuvor, im Dezember 1648, begonnen hatte, als sie über die Hälfte der 460 Parlamentarierer aus dem Unterhaus gewaltsam ausschloss.

Die Puritaner mögen von einem Königreich Gottes auf Erden träumen, in dem die Frommen das Sagen haben, aber dieses ist immer noch England und nicht das zweite Zion. Es gibt eine lange Liste von Vergnügungen, die nun verboten sind: Hühnerkämpfe, Pferderennen und Wettrennen natürlich, dazu am Sonntag auch jede Form von Tanz, Feier oder Spiel. Das »Gesetz gegen Fluchen und Schimpfen« sieht für alle, die erwischt werden, strenge Strafen vor; bei Unzucht drohen drei Monate im Gefängnis, auf Ehebruch steht die Todesstrafe.

In der Praxis ist der moralische Kreuzzug allerdings ein großer Fehlschlag. Wer die Dokumente der Zeit durchsieht, findet bittere Klagen: »Überall triumphiert das Laster, und die Gemeinderäte sehen einfach weg«, heißt es in einem Schreiben an Cromwells Staatsrat.

Als 1653 ein neues, von Cromwell handverlesenes Parlament zusammentritt, sind zwei Drittel der Mitglieder Landbesitzer, die von der puritanischen Eiferei nichts halten. »Näher kam Britannien nie einer Theokratie, in der christliche Mullahs regieren«, schreibt Simon Schama in seiner wunderbaren »History of Britain«, »und es war nicht besonders nah, wie man sieht.« Nach einem halben Jahr ist auch dieser Spuk vorbei, die Versammlung wird aufgelöst und Cromwell macht sich zum Lordprotektor.

Ihm wohlgesinnte Biografen haben später darauf verwiesen, dass es dem neuen Herrscher nie darum gegangen sei, Macht um der Macht willen für sich zu reklamieren. Tatsächlich gibt sich der Alleinherrscher nach außen bescheiden. Auf den zeitgenössischen Porträts sieht man alle Warzen und Pusteln: Cromwell hat an die Maler Weisung gegeben, nichts zu schönen, da ist er ganz Puritaner. Die Krone, die ihm das Parlament schließlich sogar anbietet, lehnt er ab. Dass er sich durchaus ein Geschlecht der Cromwells im Palast in Whitehall vorstellen kann, zeigt indes die Überlegung, seinen Sohn Richard als Erben zu benennen. Das ist dynastisch, nicht republikanisch gedacht.

Die Strafe für Diktatur und Königsmord ereilt Cromwell posthum. Nicht einmal zwei Jahre nach seinem Ableben sitzt wieder ein Stuart auf dem Thron. Wenn es eine Antithese zu den

Puritanern gibt, dann wohl Karl II., dieser Inbegriff der Wollust, von dem Lady Anne Murray zu berichten wusste, er habe Frauen zur Begrüßung die Hand auf den Busen gelegt.

Cromwells sterbliche Überreste waren bereits im Januar 1661 exhumiert und auf der Richtstatt in Tyburn an den Galgen geknüpft worden. Den Kopf steckte man auf einen Spieß und stellte ihn auf dem Dach von Westminister Hall zur Schau. Dass heute nahe der Stelle, wo Cromwells Haupt 25 Jahre vor sich hin rottete, ein Denkmal steht, darf man als Akt der Versöhnung mit diesem ungekrönten Imperator des englischen Königreichs verstehen.

Sieg des Parlaments

Die Restauration der Monarchie unter Karl II. und Jakob II. wurde zur großen Enttäuschung. Der Frust entlud sich in der Glorious Revolution.

Von Dagmar Freist

Die Ankunft des neuen Königs in London »nach einem langen und traurigen Exil und schrecklichem Leid für Monarchie und Kirche«, so berichteten Augenzeugen bewegt, wurde mit großer Pracht gefeiert: »Es war auch der Geburtstag des Königs«, so notierte der Universalgelehrte John Evelyn in sein Tagebuch, »ein Triumphzug mit mehr als 20 000 Pferden und Fußsoldaten, die ihre Schwerter schwangen und jubelten: Die Wege waren mit Blumen übersät, die Glocken läuteten, die Straßen waren mit Wandteppichen gesäumt, aus den Brunnen floss Wein.«

Die traditionsreichen Londoner Zünfte und Handelskompanien, Bürgermeister, Räte, Stadtältesten und der neue Hofstaat schritten in prachtvollen, mit Gold und Silber geschmückten Gewändern vom Tower of London nach Westminster Abbey, begleitet von Musik und einer schier endlosen Menschenmenge. Die denkwürdige Prozession Karls II. am 29. Mai 1660 durch London markierte den Beginn der Restauration der englischen Krone nach blutigen Bürgerkriegen und der diktatorischen Herrschaft Oliver Cromwells.

Sieben Stunden dauerte der Einzug des Königs. Der Royalist Evelyn war sich des historischen Momentes bewusst: »Ein Wunder, eine solche Restauration hat die Geschichte noch nicht gesehen, weder in der Antike noch in unserer Zeit, seit der Babylonischen Gefangenschaft, ... dieses Ereignis ist nicht von Menschenhand gemacht.«

Die politischen Ereignisse bis zur Restauration hatten sich nach dem Tod Cromwells überschlagen; über allem lastete die Frage: Wer sollte das Land regieren und vor allem wie? In ganz England wurden Stimmen für ein starkes Parlament laut, eine Bewegung, die Karl schon vom Exil aus mithilfe seiner Vertrauten in England auf ein »Parlament-mit-König« zu lenken versucht hatte. Dieses Ziel unterstützte auch General George Monck, der von Schottland aus im Januar 1660 mit Truppen in England einmarschierte und forderte, abgesetzte Parlamentarier wieder einzusetzen.

Eine begeisterte Öffentlichkeit zelebrierte »betrunken vor Freude« die erwartete Rückkehr des Parlaments, entzündete Freudenfeuer und grillte Rindsrümpfe als Symbol des verhassten Rumpfparlaments, das übergangsweise die Herrschaft auszuüben versuchte.

Die weitere Entwicklung hatte das Format eines Polit-Krimis: Das wieder installierte »Lange Parlament« bestand größtenteils aus den Abgeordneten, die Krieg gegen Karl I. geführt und 1649 seiner Hinrichtung zugestimmt hatten. Angesichts der angespannten Lage stimmte das Parlament Neuwahlen zu und löste sich dann selbst auf. Da ein neues Parlament nur von der Krone einberufen werden konnte, versammelten sich die Parlamentarier bis zu den Wahlen zunächst in einer »Convention«, in der

DAGMAR FREIST
Die Historikerin lehrt Geschichte der Frühen Neuzeit an der Universität Oldenburg.

die verschiedenen Bürgerkriegsparteien über die Geschicke des Landes entscheiden sollten.

In der Sorge vor einer weiteren Destabilisierung und politisch-religiösen Radikalisierung konnten sich erstmals wieder Royalisten Gehör verschaffen. Der bekannte Londoner Tagebuchschreiber Samuel Pepys vermerkte am 6. März 1660: »Alle stoßen jetzt auf die Gesundheit des Königs an«, und royalistische Flugschriften verbreiteten sich in Windeseile in der Öffentlichkeit.

Nur der König, so die Botschaft, konnte die Sicherheit im Land garantieren. Karl erkannte die Gunst der Stunde, er schätzte die Ängste und die tiefen Gräben in der Gesellschaft richtig ein. Schon früh hatte er schließlich das Konfliktpotenzial religiöser und politischer Radikalisierung kennengelernt; seine Kindheit und Jugend war überschattet vom Bürgerkrieg. Er selbst entkam wie durch ein Wunder dem Tod: verborgen in der Krone einer Eiche inmitten einer Schlacht, dann verkleidet als Landarbeiter auf der Flucht nach Frankreich.

Seine französische Mutter Henrietta Maria hatte sich in England als Katholikin unverhohlen für die Rechte der öffentlich verfemten katholischen Minderheit eingesetzt. Sie war immer eine Fremde geblieben und wurde schließlich von radikalen Protestanten für den Bürgerkrieg und katholische Verschwörungen im Land verantwortlich gemacht, bis sie mit ihren Kindern nach Frankreich floh. Nach der Hinrichtung seines Vaters im Januar 1649 erlebte Karl die unsägliche Trauer seiner Mutter, die ihren Mann bis zum Schluss im Krieg gegen das Parlament mit Geld und Waffen unterstützt hatte und seinen Tod nie verschmerzen sollte.

Auf Drängen des Papstes hatte das konfessionsverschiedene englische Königspaar in einem geheimen Ehevertrag der katholischen Erziehung ihrer Kinder im protestantischen England zustimmen müssen, von der die Öffentlichkeit zunächst nichts erfuhr. Sein Bruder Jakob konvertierte 1672 offiziell zur Religion seiner Mutter, Karl nahm auf dem Totenbett 1685 den katholischen Glauben an.

Er war ein ungewöhnlich groß gewachsener Mann, nicht besonders gut aussehend, wie selbst seine Mutter in Briefen anmerkte, aber mutig und intelligent, liebte das Leben und war verstrickt in unzählige Liebschaften, die weit über das anerkannte Maß von Mätressen am Hofe hinausgingen und später die Verachtung der Öffentlichkeit hervorriefen. Vor allem aber verstand er es, im Machtvakuum nach dem Tod Cromwells politisch geschickt zu agieren.

Für dieses Land ohne Herrscher bereitete Karl II. in seinem Exil in den Niederlanden die Restauration der Monarchie vor; in der »Deklaration von Breda« am 4. April 1660 garantierte er, dass er die »gerechten, althergebrachten und fundamentalen Rechte« ebenso wie die Privilegien der Krone achten, allen Bürgerkriegsparteien eine Amnestie gewähren und sich für Religionsfreiheit einsetzen werde. Er verpflichtete sich, alle politischen Entscheidungen dem Parlament vorab zur Zustimmung vorzulegen.

Nach einer weiteren missglückten republikanischen Revolte entschied das »Convention Parlament« im April 1660, die Führung des Landes wieder in die Hände des »House of Lords«, des »House of Commons« und des Monarchen an der Spitze von Staat und Kirche zu legen. Karl II. war der rechtmäßige Thronfolger, nach der Hinrichtung seines Vaters hatten ihn Royalisten 1649 zum König ausgerufen. Jetzt kehrte er aus dem Exil zurück und trat das Erbe der Stuarts an.

Karls Politik nach seiner Thronbesteigung zielte auf Mäßigung und Ausgleich. Er bemühte sich um eine Befriedung des Landes und berücksichtigte, seinen Beratern folgend, bei der Besetzung von Ämtern weitgehend die unterschiedlichen, ehemals verfeindeten religiösen und politischen Lager.

Welche politischen Erblasten Karl II. übernahm, zeigte sich besonders in der Frage, wie man mit denen umgehen sollte, die die Hinrichtung seines Vaters zu verantworten hatten. Auf Druck des »Convention Parlaments« erließ der König eine Amnestie für alle – mit Ausnahme der Richter, die das Todesurteil gefällt hatten: Sie wurden sofort öffentlich hingerichtet.

Eine zweite Hinterlassenschaft waren die schwierigen Besitzverhältnisse. Im Bürgerkrieg und Interregnum waren viele Ländereien konfisziert worden und hatten den Besitzer gewechselt, um so Anhänger des Parlaments zu belohnen, wohlhabende Kaufleute politisch zu binden und die Kriegskosten zu bezahlen. Diese Ländereien sollten nun zurückgegeben werden, doch die neuen Besitzer pochten auf Entschädigung. Zudem fielen viele Pfarrstellen, die inzwischen von Puritanern und Presbyterianern besetzt waren, wieder zurück an strenge Anglikaner. Das führte zu religionspolitischen Konflikten in den Gemeinden.

Zu unversöhnlich waren die verschiedenen protestantischen Richtungen innerhalb der anglikanischen Kirche, zu kompliziert das Verhältnis zum überwiegend calvinistisch geprägten Schottland und zum konfessionell gespaltenen Irland – beide hatten zudem ihre eigenen Parlamente. Zu stark war die Furcht vor katholischen Verschwörungen.

Die Ängste der Bevölkerung und vieler Parlamentarier vor einer zu großen Machtstellung des Königs, einer Beschneidung des Parlaments und einer Einschränkung der Religionsfreiheit sollten mit einer Reihe von Erlassen ausgeräumt werden. Karl II. erkannte die Rechte an, die sich das Parlament 1640 bis 1642 erkämpft hatte, und präsentierte sich als »König-im-Parlament«.

Doch eine wieder erstarkende, royalistische Fraktion setzte mit Rückhalt im »House of Lords« und anglikanischer Bischöfe rigide Gesetze gegen sogenannte religiöse »Dissenters«, Puritaner, Presbyterianer, Quäker, Baptisten, und für eine starke anglikanische Kirche durch; Hunderte von Amtsinhabern in Staat und Kirche wurden ausgewechselt, erste Ansätze einer tolerierten religiösen Vielfalt im Keim erstickt. Die öffentliche Ausübung des katholischen Glaubens blieb weiter unter Strafe verboten.

Zugleich versuchten Ratgeber des Königs, das Parlament systematisch zu umgehen und die Macht der Krone zu stärken. Die politische und familiäre Nähe Karls II. zu Frankreich nährte die Sorge, in England solle schleichend der Absolutismus nach Vorbild des katholischen Nachbarstaats eingeführt werden.

Ab den 1670er Jahren zeigten sich erstmals die Konturen politischer Parteien, der späteren Whigs, die sich für ein starkes Parlament und weitgehende religiöse Freiheit einsetzten, und der Tories, die einen starken Monarchen, religiösen Konformismus und eine straff organisierte anglikanische Kirche favorisierten. Die Öffentlichkeit war über Flugschriften und erste Zeitungen, politische Versammlungen, Protestmärsche bis hin zu Umsturzversuchen intensiv an den politischen Kontroversen beteiligt.

Tatsächlich wurde die Politik zunehmend auf der Straße gemacht. Mit dem Schreckgespenst religiöser Radikalisierung und katholischer Verschwörungen versuchten die verfeindeten Parteien, die Bürger auf ihre Seite zu ziehen. Über Kleinhändler und ein bereits gut erschlossenes Postkutschensystem gelangten Nachrichtenblätter bis in die entferntesten Landesteile. Sie übertrafen sich in ihrer Polemik gegen Krone, Bischöfe oder Parlament, unliebsame Gesetze wurden öffentlich verbrannt. Die neuen Kaffeehäuser wurden zu Orten hitziger politischer Debatten.

Einen ersten Höhepunkt erreichte die Radikalisierung der politisierten Öffentlichkeit während der sogenannten Restoration Crisis 1678 bis 1683, ausgelöst von »Enthüllungen« eines abtrünnigen anglikanischen Geistlichen, Titus Oates, über eine angeblich groß angelegte katholische Verschwörung: 20 000

Papisten würden sich erheben, um den König umzubringen, London in Schutt und Asche zu legen und 100 000 Protestanten zu ermorden. Wie ein Lauffeuer verbreitete sich das Gerücht im ganzen Land und wurde in Balladen und Holzschnitten nacherzählt, während die Whigs daraus propagandistisch Kapital zu schlagen suchten.

Die alten katholischen Verschwörungstheorien lebten gewaltvoll wieder auf: Katholiken wurden verfolgt, die Truppen um London in Alarmbereitschaft gesetzt. Bestand nicht doch die Gefahr, dass Karls katholischer Bruder Jakob, verheiratet mit einer Katholikin, die Thronfolge antreten könnte? Drohte da nicht die erneute Rekatholisierung des Landes wie unter Maria Tudor mit furchtbaren Folgen für die Protestanten? Standen die katholischen Mächte Europas nicht längst bereit, den Umsturz herbeizuführen?

Auch Karl II., kinderlos verheiratet mit der katholischen Katharina von Braganza, aber Vater zahlreicher unehelicher Kinder, schien sich plötzlich auf dünnem Eis zu bewegen. Ihm wurde vorgeworfen, sich mit katholischen Mätressen zu umgeben, Katholiken als Berater zu haben und sich zeitweise mit dem katholischen Frankreich in Handelskriegen gegen die protestantischen Niederlande verbündet zu haben.

Die Bilder von Scheiterhaufen und verbrannten protestantischen Märtyrern, wie sie im kollektiven Gedächtnis des protestantischen Englands seit der Verfolgung unter der »blutigen« Maria Tudor gespeichert waren, drohten, so die Propaganda, wieder Realität zu werden. Der Versuch des »House of Commons«, Jakob als Katholiken per Gesetz von der Thronfolge auszuschließen, wurde begleitet von antikatholischen Prozessionen und einer spektakulär inszenierten Verbrennung von Papstpuppen. Nur aufgrund der Wachsamkeit des Parlaments, so der öffentliche Tenor, wurde das Volk von den katholischen Umsturzversuchen verschont.

Der König versuchte der Lage Herr zu werden, indem er mehrmals das Parlament auflöste, Neuwahlen abhalten ließ, die Einberufung des neuen Parlaments monatelang verzögerte, schließlich, fern von der aufgebrachten Londoner Bevölkerung und der gut organisierten Presse, in Oxford tagen ließ und von da an bis zu seinem Tod 1685 ohne Parlament regierte.

Als nach Karls Tod 1685 sein Bruder Jakob den Thron bestieg, schienen sich die schlimmsten Albträume vieler Parlamentarier und Protestanten tatsächlich zu bestätigen: Jakob II. setzte sich öffentlich für die Rechte von Katholiken ein und verhalf ihnen zu hohen Ämtern, er lockerte die Religionsgesetze zugunsten religiöser Randgruppen. Gegner seiner Politik ließ er inhaftieren, zugleich baute er ein stehendes Heer auf. Diese Politik löste innere Revolten aus und destabilisierte das Verhältnis von Krone und Parlament weiter. Die späte Geburt seines ersten Sohnes schließlich, der den Vorrang in der Thronfolge gegenüber seiner protestantischen Tochter Maria, der Ehefrau Wilhelms von Oranien, hatte, legte die Grundlage für eine katholische Stuart-Dynastie – und war zugleich der letzte Auslöser eines Umsturzes, der in die englische Historiografie als Glorious Revolution eingehen sollte.

Um Maria als rechtmäßige Thronerbin auszurufen und damit eine katholische Thronfolge zu verhindern, wandten sich sieben englische Adlige, die als die »Immortal Seven« in die Geschichte eingehen sollten, in einem Brief an Wilhelm und sicherten ihm ihre militärische Unterstützung bei einem Einmarsch zu.

In einer beispiellosen militärischen Leistung landete Jakobs Schwiegersohn, Wilhelm von Oranien, im Herbst 1688 an der Südküste Englands mit einer riesigen Flotte. Zuvor hatte er sich die Unterstützung des niederländischen Parlaments, der Provinz Holland und der protestantischen Reichsfürsten gesichert. Das gemeinsame Motiv war, die als existenziell empfundene Bedrohung des protestantischen europäischen Gemeinwesens durch ein katholisches englisches Herrscherhaus und die Expansionsgelüste des katholischen Frankreichs unter Ludwig XIV. abzuwehren. Die Invasion löste in England eine Revolte gegen den katholischen Herrscher aus und provozierte Angriffe auf Katholiken, ihre Häuser und Kirchen wurden zerstört. Die Königsfamilie floh im Dezember 1688 nach Frankreich. England war erneut ein Land ohne Herrscher.

Hatte sich die Monarchie selbst abgeschafft? In dem eilig einberufenen »Convention Parlament« entbrannte eine heftige Kontroverse zwischen Tories und Whigs, dem »House of Commons« und dem »House of Lords«, ob Jakob II. mit seiner Flucht das Recht auf die englische Krone verloren hatte. War der Weg erneut frei für ein republikanisches Gemeinwesen ohne Monarchen an der Spitze? Oder war Maria, Tochter Jakobs II., die rechtmäßige Thronerbin – und die Monarchie lebte somit fort?

Wilhelm von Oranien weigerte sich, der alleinigen Krönung seiner Frau Maria zuzustimmen und drohte mit Truppenabzug, wenn ihm nicht selbst die englische Krone angeboten würde. Unter diesem Druck einigten sich die beiden Häuser darauf, dass die Flucht Jakobs II. seine Absetzung als König rechtfertigte und das Parlament legitimierte, einen Nachfolger zu bestimmen.

In einer Doppelkrönungszeremonie wurden schließlich Wilhelm III. von Oranien und Maria Stuart II. am 13. Februar 1689 in Whitehall gemeinsam zu Monarchen Englands proklamiert. Als ihnen das Parlament dann die »Declaration of Rights« vorlegte mit weitreichenden Rechten des Parlaments gegenüber der Krone, nahm das Königspaar an.

Damit war eine der ersten Grundlagen der westlichen parlamentarischen Demokratien gelegt – in einem noch immer aristokratisch-monarchischen Staatswesen.

Das Recht der Menschen

Ein Beamtensohn aus Somerset stellte im
17. Jahrhundert die Monarchie infrage: John Locke
war der Erfinder des modernen Staates.

Von Thomas Darnstädt

Der hagere Mann mit der großen Nase wirkte vollkommen harmlos. Und doch verfolgten ihn die Spitzel des Königs. Viel heraus fanden sie allerdings nicht: »Niemand weiß, wohin er geht oder wann er zurückkommt. Sicherlich steckt eine Intrige dahinter, aber von ihm selbst hört man kein Wort und nichts über die gegenwärtigen Ereignisse, als ob er mit ihnen überhaupt nichts zu tun hätte.« So steht es in einem Aktenvermerk, vertraulich, aus dem März 1682.

Locke hieß der Mann, John Locke. Was der Gelehrte aus Oxford in seiner Londoner Wohnung im Schreibtisch verschlossen hielt, machte der Krone allergrößte Sorgen. Denn so viel war klar: Der spitzfindige Wissenschaftler stellte die göttliche Macht der Monarchie infrage. Das war sogar noch britisch untertrieben: In Wahrheit war der Text, an dem er Tag für Tag feilte, geeignet, nicht nur das englische Königshaus, sondern die ganze Welt aus den Angeln zu heben.

John Locke gilt bis heute als der Vordenker des liberalen demokratischen Verfassungsstaates. Fast alles, was in der amerikanischen Unabhängigkeitserklärung, in den europäischen Verfassungen, ja, auch im Grundgesetz über Menschenwürde, Freiheit, Rechtsstaat und Demokratie steht, steht bereits im Kern in diesem Manifest aus der Feder John Locke's, das zunächst nur anonym kursierte: Die »Zwei Abhandlungen über die Regierung«.

Darin holt der Mann mit der markanten Nase die Macht vom Himmel auf die Erde und legt sie in die Hand der Menschen: Nicht Gottes Gnade, sondern der Mehrheitswille der Gesellschaft, so argumentierte er, legitimiere Macht. Darum sei es auch keineswegs so, dass die Krone Eigentümer von allem sei und das Recht an den Feldern und ihren Früchten den Untertanen nur verleihe. Auch Eigentum kommt fortan von unten. Es entsteht, schrieb Locke, vor allem durch Arbeit.

Das war eine Revolution. Selbst das Wissen, lehrte Locke, sinkt nicht als Erleuchtung vom Himmel, der Mensch erreicht es durch gewissenhafte Beobachtung der Schöpfung Gottes und durch scharfes Nachdenken: Empirie und Vernunft statt Glauben und Beten.

Die Welt einmal vom Kopf auf die Füße gestellt: Nicht nur liberale Demokraten, Menschenrechtler und Staatsdenker berufen sich bis heute auf den Mann, Revolutionäre begeistern sich für seine Ideen über das Eigentum, Wissenschaftler für seine Theorien über das Denken. Den »Erfinder des Rechtsstaates« nennt ihn der Frankfurter Staatsrechtler Erhard Denninger; den »Begründer der modernen Erkenntnistheorie« der emeritierte Marburger Philosophieprofessor Reinhard Brandt.

Doch nicht Mister Locke hat die Geschichte gemacht, die Geschichte hat ihn gemacht. Mit einem Stipendium kam der junge Überflieger aus puritanischem Hause, Sohn eines Gerichtsbeamten, gerade in der Zeit nach Oxford, als da die Welt neu erfunden wurde. In den Labors und Bibliotheken der Universität wurden in der Mitte des 17. Jahrhunderts die Grundlagen für eine neue, empirische Wissenschaft ausgekocht. In den Diskussionsrunden befreiten sich die Naturwissenschaftler vom Würgegriff der christlichen Kirche und vom Aberglauben der Alchemie.

Nach ein paar Jahren wissenschaftlichen Studiums in Oxford machte der junge Locke eine Entdeckung, die später das Denken der Aufklärer von Hume über Voltaire bis zu Rousseau prägen sollte: Souverän ist, wer seinen eigenen Kopf beherrscht. Die Konstituierung des Individuums als experimentierendes, forschendes, argumentierendes, schlussfolgerndes Wesen hatte einen ihrer Ausgangspunkte im Oxforder Christ Church College, genau in der Zeit, als dort Locke einen Job als Dozent annahm. Locke forschte mit, studierte Medizin, beschloss, sich als Arzt zu versuchen.

Genau so einer kam Anthony Ashley-Cooper gerade recht. Der Earl von Shaftesbury war von unbändigem Ehrgeiz für die Politik getrieben. Er lud den jungen Locke in sein Haus in London ein. Und alsbald diente der dem Grafen als Sekretär, Berater, Einflüsterer, Leibarzt. Shaftesbury war ein radikaler Katholikenfresser, der eine Staatskrise angezettelt hatte, um die Stuarts mit ihrem Hang zum französischen Sonnenkönigtum ein für alle Mal von der Macht zu vertreiben. Der Earl war 1679 Initiator der »Exclusion Bill«, eines Gesetzentwurfs, mit dem das Parlament verbieten sollte, dass Jakob, der zum Katholizismus konvertierte Sohn des Königs Karl I., seinem Bruder Karl II. auf den Thron folgen durfte.

Dem Parlament die letzte Entscheidung über die Thronfolge geben? Um das Exklusions-Gesetz entwickelte sich eine Propagandaschlacht zwischen Shaftesburys Partei, den später sogenannten Whigs, und den Königstreuen, den Tories. Es war die Zeit der Pamphlete und Bedrohungen. Die einen hatten Gott auf ihrer Seite. Die anderen die besseren Argumente. Es ging um alles: die Zukunft der englischen Krone. War sie von Gottes Gnaden – oder von Gnaden des Parlaments?

Die Tories fuhren ein starkes Geschütz auf: die Thesen des frömmelnden Stuart-Vasallen Robert Filmer. Der kleine Landadlige war schon ein paar Jahre tot, aber der posthum erschienene

Text »Patriarcha« schlug ein: Das Gottesgnadentum der Könige, so schrieb Filmer, folge zwingend aus der Bibel. Denn Gott habe seinem Geschöpf Adam den Rest der Schöpfung geschenkt, und seitdem vererbe Adam durch die Zeugung von Nachkommen die absolute Macht weiter.

Weil diese von Gott stamme, so Filmer weiter, stehe sie über jedem menschlichen Gesetz und natürlich auch über den Menschen-Parlamenten. Die Macht der absoluten Herrscher erstrecke sich auf alle Entscheidungen über Leben und Tod, über Krieg und Frieden, ebenso über Freiheit und Eigentum von Weib und Kindern, Kindeskindern und Untertanen.

Das war einleuchtend, weil einfach. Doch Shaftesbury hatte gegen den religiösen Rollback eine Geheimwaffe: den talentierten Mister Locke. Die »Abhandlungen über die Regierung« schrieb der Sekretär im Auftrag Shaftesburys – und wurde damit so etwas wie der Chefideologe der Whigs. Mag ja sein, schreibt Locke, dass Adam nicht gezeugt, sondern von Gott geschaffen sei – doch folgt daraus, dass Adams erstgeborene Erben mächtiger sind als andere, ihnen aller Besitz eigen ist? Doch sicher nicht. Und selbst wenn Macht unter den Menschen vererblich wäre – woher wissen wir dann, dass sie unter allen Menschen ausgerechnet bei den Stuarts angekommen ist?

Auf den Trümmern des Gottesgnadentums errichtet Locke dann seinen demokratischen Staat. Seine Basis ist ein Vertrag der Individuen des Volkes, ihre natürlichen Rechte auf Leben, Freiheit und Eigentum gemeinsam und kontrolliert durch Regeln auszuüben. Weil das in großen Gesellschaften etwas schwieriger zu organisieren ist, beauftragen sie damit einen Machtapparat, den Staat. Dessen Zweck ist einzig und allein, das gute Leben aller – das Gemeinwohl – zu sichern. Diesen Auftrag der Gesellschaft könne auch ein König ausführen – aber nur, wenn das gewählte Parlament die Regeln vorgibt, die Gesetze.

Das Werk blieb Jahre unter Verschluss, Shaftesbury wurde verhaftet, Locke geriet in den Verdacht, an einer Verschwörung gegen den König beteiligt zu sein und musste ins Exil. Erst nach der erfolgreichen Revolution, als der letzte absolute Herrscher Jakob II. aus der Stadt geflohen war und sein Großes Siegel in die Themse geworfen hatte, wagte es Locke, seine Abhandlungen zu veröffentlichen – unter Pseudonym.

Geschichte machte er erst nach seinem Tod 1704. Bis Ende des 18. Jahrhunderts wurden die »Abhandlungen über die Regierung« im englischen Königreich 23-mal neu aufgelegt – bald unter seinem richtigen Namen. Die Ideen des erstaunlichen Mister Locke verbreiteten sich im Jahrhundert der Aufklärung schnell in der ganzen Welt.

Fast. In einem politisch besonders rückständigen Land in der Mitte Europas wurde der welterschütternde Text des Engländers über 200 Jahre lang ignoriert. Erst als 1918 der letzte deutsche Gottesgnadenkaiser Wilhelm II. vor seinem verlorenen Krieg nach Holland floh, war die neue Weltordnung auch in Deutschland angekommen. In Deutschland wurde der welterschütternde Text lange ignoriert.

TEIL III
WELTREICH UND PARLAMENTARISMUS

KÖNIGE AUS HANNOVER

Die ersten drei Herrscher
aus Deutschland waren alles andere als Genies.
Dennoch entwickelte sich Großbritannien
unter ihrem Regiment zur Weltmacht.

Von Johannes Saltzwedel

Ein Reich im Chaos: Die Hauptstadt London brodelt vor Schmutz und Krankheit, Gewalt und Korruption. Jeder bereichert sich nach Kräften, Hunger und Plackerei treiben verarmte Bürger zu Aufständen, Politiker kaufen hemmungslos Stimmen und kungeln um Posten, während der König lieber für sein deutsches Kurfürstentum sorgt und sich mit Mätressen vergnügt. So sieht es im Großbritannien des frühen 18. Jahrhunderts tatsächlich vielfach aus – Zeitungsschreiber, Satiriker und Karikaturisten überbieten einander, den turbulenten Inselstaat und die Verkommenheit seiner Führungsschicht zu geißeln.

Doch zugleich ist dieses Reich im Aufbruch: Erfindungen wie der mechanische Webstuhl oder die Dampfmaschine lassen Industrien entstehen, Standardmaße beschleunigen das Gewerbe, London wird Finanzzentrum, Im- und Export verdreifachen sich. Im Seehandel übertrumpfen die Briten Zug um Zug ihre holländischen, spanischen oder französischen Rivalen, fassen selbst in Indien Fuß und sichern sich wichtige Monopole. Klubs und Zeitungen beflügeln die öffentliche Diskussion, Forscher erkunden ohne Angst vor kirchlichen Einsprüchen die Gesetze der Natur, Literaten wagen pfiffige erzählerische Experimente, Philosophen entwerfen freiheitliche Gesellschaftsregeln. So formiert sich eine stolze, moderne, prosperierende Nation.

Elendsquartier oder Pionierstaat? Wer wissen will, wie das England dieser Epoche tatsächlich aussah, muss schärfer hinsehen – selbst wenn anfangs kaum etwas zu erkennen ist.

Stockfinster war und blieb es um die königliche Equipage an jenem 30. September 1714, als Britanniens neuer Souverän von Greenwich aus nach London fuhr. Nicht einmal sein Gesicht bekamen die Massen zu sehen, die stundenlang auf ihn gewartet hatten. »Der edle und mächtige Herrscher Georg, Kurfürst von Braunschweig-Lüneburg«, von den vereinigten Lords zum neuen Landesfürsten ausgerufen, erwies sich als scheuer, an öffentlichen Auftritten kaum interessierter Mann.

Der 54 Jahre alte, untersetzte Deutsche mit den familientypischen hellblauen Glotzaugen, rosigem Teint und vorspringender Nase wusste sehr wohl, dass viele seiner mindestens sieben Millionen neuen Untertanen ihn als Exoten betrachteten. Nur infolge des »Act of Settlement«, in dem das englische Parlament 1701 verfügt hatte, dass ausschließlich Protestanten auf den Thron kommen dürften, war das Haus Hannover zum Kandidaten für das Erbe von Königin Anne aufgerückt, die alle ihre Kinder überlebt hatte. Nur weil keine zwei Monate vor der Queen auch Sophie von der Pfalz, Georgs vom Stuart-König Jakob I. abstammende Mutter, gestorben war, fiel die Wahl auf ihn selbst.

Zwar ließ Georg das obligate Spektakel in Westminster Abbey huldvoll über sich ergehen, aber die Krone drückte ihn so, dass er umgehend eine neue, leichtere in Auftrag gab. Das royale Pensum schränkte er gleichfalls ein: Erst gegen Mittag pflegte er aus den Privatgemächern aufzutauchen, über die seine türkischen Leibdiener Mehmet und Mustafa wachten. Vom sonstigen Leben mit seiner Mätresse Melusina von der Schulenburg und den gemeinsamen Töchtern – Georgs geschiedene Gattin Sophie Dorothea war seit einer glücklosen Affäre auf Schloss Ahlden bei Celle interniert – erfuhren die Untertanen wenig. Immerhin sickerte durch, dass der neue König keinen großen Aufwand trieb: Beispielsweise schnitt er gern Figuren aus Papier aus oder ließ sich von seinem aus Hannover importierten Hofzwerg amüsieren; Kartenspiele oder Jagden zählten schon zu den spannenderen Freizeitvergnügungen.

Anfangs kaum des Englischen mächtig, verlangte der sture, scheue, detailversessene Monarch Staatspapiere für Kabinettssitzungen im vertrauten Französisch. Als bewährter Militärführer wusste er allerdings: Vertrauensleute sind wichtiger als jedes Dokument. Seine Berater werde er nicht danach aussuchen, ob sie zu den eher reformerischen Whigs oder zur bislang führenden konservativen Tory-Fraktion zählten, sondern nach ihrem Eigenwert, verkündete er.

In der Praxis war das nicht einfach. Mehrere Ministerriegen wurden verschlissen, bis sich unter dem erfahrenen Whig-Führer James Stanhope etwas Kontinuität einstellte. Georg, als konstitutioneller Monarch am radikalen Durchgreifen gehindert, musste dulden, dass die lange unterdrückten Whigs ihre neue Vormacht durch Seilschaften und Vetternwirtschaft festigten. So manchem brillanten Kopf blieb nur die Opposition; Viscount Bolingbroke, zuvor ein hoher Minister, musste sogar für neun Jahre ins Exil nach Paris flüchten.

Als er 1723 zurückkehren durfte, hatte Georg schon eine Reihe schwieriger Aufgaben bewältigt. Die Regierungsgegner, zunächst von geradezu anarchistischer Verve, führten sich mittlerweile etwas zahmer auf. Komplexe Friedenspläne zur Neugliederung Europas im Nachgang zum Spanischen Erbfolgekrieg, von Georgs Ministern ausgearbeitet, hatten beachtlichen Erfolg gehabt und Englands Prestige im Konzert der Mächte gestärkt. Auch eine schwere Finanzkrise war überstanden: die sogenannte

South Sea Bubble, ein Skandal um überhöhte Kurse aus der erst 1711 gegründeten Südsee-Gesellschaft mit massiver Vernichtung von Vermögen und entsprechender Untergangsstimmung am Kapitalmarkt.

Einen allerdings hatte das Platzen der Spekulationsblase sogar sein Leben gekostet: Regierungschef Stanhope war 1721 inmitten der parlamentarischen Tumulte an einem Schlaganfall gestorben. Als Oberhaupt des Schatzamtes und damit das, was künftig Premierminister heißen sollte, folgte ihm schließlich sein Vertrauter Robert Walpole – und dieser geborene Machtpolitiker wurde bald zur bestimmenden Figur neben dem konfliktscheuen König.

Systematisch, häufig mit Gewinnversprechungen oder sogar Bestechungen, zog Walpole im Oberhaus die mächtigen Grundbesitzer auf seine Seite. Rücksichtslos bauten er und seine Vertrauten die erdrückende Whig-Mehrheit im Parlament weiter aus. Und als er 1722 durch rasche Festnahmen und Hochverratsprozesse einen sorgfältig geplanten Putsch vereitelte, mit dem hohe Tories um Francis Atterbury, den Dean von Westminster, die Stuarts zurück auf den englischen Thron hatten hieven wollen, war sein Triumph vollkommen.

Walpole, ein kleiner, fülliger Mann, der mit klaren Worten gewaltige Überzeugungskraft ausübte, kaute in Parlamentsdebatten an roten Äpfelchen aus seiner Heimat Norfolk herum und pflegte auch sonst ein Image rustikaler Bodenständigkeit. Mit raffiniertem Kalkül lehnte er es 1723 ab, sich adeln zu lassen, was seine Popularität noch steigerte. Seinen Getreuen verschaffte er lukrative Posten und mehr, ließ sich aber auch selbst wenig entgehen: Seinen Landsitz Houghton Hall baute er in 14 Jahren mit Marmor, Samt und Goldgefunkel zu einem protzigen Palästchen aus und versammelte dort eine Gemäldegalerie, deren beste Stücke heute in der Petersburger Eremitage zu bewundern sind.

So emsig seine Feinde ihn zum »Satan« und »Erzkorrumpierer« stempelten: Walpoles politisches Hauptziel friedlicher Prosperität bescherte König Georg und seinem Reich lange Jahre fast ungehinderten Aufschwungs. Großbritannien entwickelte sich zur Drehscheibe des Welthandels, wozu neben Zucker oder Tabak auch das einträgliche Geschäft mit afrikanischen Sklaven zählte, zu einem Hort erfinderischer Geister und stetig wachsenden Manufakturfleißes. Verglichen mit dem europäischen Festland herrschte hier publizistisch Toleranz. Nicht umsonst widmete der Erzspötter Voltaire, 1726 vor seinen Feinden und der französischen Zensur nach London ausgewichen, dem britischen Monarchen die Neuausgabe seiner »Henriade«, eines Lobgedichts auf Frankreichs König Heinrich IV. (1553 bis 1610).

Als Walpole im Juni 1727 dem Prinzen von Wales die Nachricht vom Tod seines königlichen Vaters überbrachte, muss es ein schwerer Gang für ihn gewesen sein. Seit Jahren lebte Georg August in erklärter Feindschaft zum Hof; von öffentlichen Auftritten der Herrscherfamilie war er ausgeschlossen. Im Gegenzug hatte er seinen Wohnsitz Leicester House zum Treffpunkt der Oppositionellen gemacht.

Doch der gewiefte Premier hatte auch diesmal vorgesorgt: Er stand sich bestens mit Caroline von Ansbach, der Ehefrau des Prinzen. Anders als ihr dickschädliger, geistig anspruchsloser Gemahl war sie hochgebildet, korrespondierte mit dem Universalgelehrten Leibniz und anderen europäischen Geistesgrößen. Diese Dame machte ihrem nun zum König avancierten Ehepartner über Nacht klar, dass eine Entlassung des Premiers weder ihm, Georg, noch dem Reich nützen würde.

So blieb der mächtige Minister im Amt, wenn auch unter nicht mehr ganz so triumphalen Vorzeichen. Denn kaum war der Sohn Georgs II., der 1707 geborene Friedrich Ludwig, als neuer Prince of Wales aus Hannover nach London gekommen, da begann sich das Familienschicksal zu wiederholen: Fortgesetzte Zänkereien mit seinem Vater machten den jungen Herrn zum bitteren Widersacher des Hofes. Nach einigen desaströsen Auftritten soll Königin Caroline verkündet haben, wenn ihr Sohn zur Hölle fahre, würde sie für ihn so wenig Mitgefühl aufbringen wie für jeden anderen Übeltäter; ihr Gatte fand das zu milde und nannte seinen Sprössling »ein Scheusal, den größten Schurken, der je geboren wurde«.

Dummerweise wurde »Frederick Lewis«, der obendrein wie einst sein Vater in Leicester House residierte, rasch zum Publikumsliebling. Schon 1735 galt er als inoffizielles Oberhaupt der jungen Oppositionellen, deren harten Kern Walpole selbst die »patriot boys« nannte und unter denen ein Name herausragt: William Pitt. Als Königin Caroline im November 1737 nach qualvoller Krankheit gestorben war – ihr Sohn hatte sie nicht einmal auf dem Totenbett wiedersehen dürfen – war der alternde Walpole seiner Hauptstütze bei Hof beraubt.

Während sich Georg II. nach bewährtem familiärem Muster mit einer Gräfin Wallmoden aus Hannover als Mätresse tröstete, sah sich sein bislang so allmächtiger Kabinettschef immer schärferer Kritik ausgesetzt. Vor allem Walpoles Unwille, auf die wachsenden Spannungen im Verhältnis zu Spanien militärisch zu reagieren, kostete ihn auch im eigenen Lager viele Sympathien. Im Februar 1742 musste er das Feld räumen; doch sein System des gesteuerten Parlamentarismus war so stabil, dass die Nachfolger wenig daran änderten. Allerdings wuchs nun rapide der Nationalstolz samt der Unterstützung für Krieg und koloniale Eroberungen.

Britische Truppen waren bald weltweit auf dem Vormarsch, von der Vernichtung der letzten Stuart-Anhänger im schottischen Culloden 1746 über den Sieg Robert Clives im bengalischen Palashi 1757 bis zur Eroberung des französischen Forts Duquesne, das später nach Britanniens Staatslenker in Pittsburgh umgetauft wurde, und dem Sieg über die Franzosen bei Minden 1759. Zur See galt ohnehin »Rule, Britannia! Britannia rule the waves« – die bis heute unverwüstliche nationale Hymne war im Auftrag des Prinzen Friedrich Ludwig entstanden.

Der allerdings lebte seit 1751 nicht mehr. Als 1760 auch sein Vater Georg II. starb, bizarrerweise auf der Toilette, sahen viele eine Chance, das seltsame Doppelregiment zu beenden. Hatte nicht der eben 22-jährige Thronfolger, Friedrich Ludwigs Sohn Georg, von einem Anhängsel getönt, das britische Ressourcen aufsauge – ganz im Sinne des mächtigen Premierministers Pitt, der gar vom »schrecklichen Kurfürstentum« sprach?

Georg III. hatte die Äußerung sehr ernst gemeint. Vieles wollte er ändern, Energie besaß er reichlich. Um die königlichen Pflichten zu bewältigen, suchte der scheue, pedantische »junge Herr, der nie jung hatte sein dürfen und dem es nicht gelungen war, erwachsen zu werden« (so der Historiker Lewis Namier), allerdings nach Anlehnung. Nur einem vertraute er unbesehen: seinem Erzieher und Ratgeber John Stuart, dem Earl of Bute.

Doch Lord Bute als Premier war kein visionärer Gestalter. In den ersten Jahrzehnten Georgs III. häuften sich Pannen und Konflikte: Wortgewaltige Opposition stemmte sich gegen die während des Siebenjährigen Krieges projektierte Friedenspolitik, neue Steuern erzürnten das Volk, ein Populist namens Wilkes machte jahrelang Stimmung gegen Regierung und Krone. Zwischendrin witzelte die Presse genüsslich über die Pflichtheirat des geistig schlichten Monarchen mit einer weder hübschen noch gebildeten Prinzessin aus Mecklenburg-Strelitz, die ihm immerhin rekordverdächtige 15 Kinder gebären sollte. Zu allem Ungemach erlitt der König 1765 einen veritablen Wahnsinnsanfall.

Dauerreden und Wahrnehmungsstörungen – heute vermuten Experten dahinter die Stoffwechselkrankheit Porphyrie – legten sich zwar wieder. Doch Georg III. war angezählt. Während der

Regierung von Lord North sagten sich dann auch noch die nordamerikanischen Kolonien nach schweren Protesten von London los und setzten ihre Unabhängigkeit kriegerisch durch. Das Vertrauen der Briten fiel auf einen neuen Tiefpunkt.

Das Parlament
VOM BERATER ZUM SOUVERÄN

Ohne das Parlament ist die englisch-britische Monarchie nicht denkbar. Beide entwickelten im ständigen Mit- und Gegeneinander ihre heutigen Rollen. Der Begriff »Parlament« stammt aus dem Jahr 1236, doch schon lange vorher hatten sich die englischen Könige Earls, Barone, Bischöfe und Äbte zum Rat versammelt. Im Hochmittelalter hatte das Parlament die Aufgabe, dem König die Erhebung von Steuern zu gewähren. Dazu berief der König die Parlamentsmitglieder nach Bedarf ein. Neben Vertretern von Hochadel (»Peers«) und Kirche – gemeinsam die »Lords« – entsandten ab 1265 auch die Städte und Landkreise Vertreter, die »Commons«.

Die Commons erkämpften sich bis zur Mitte des 15. Jahrhunderts den gleichen Rang wie die Lords. Auch sie mussten zu Steuern gefragt werden, und sie nahmen bei der Gesetzgebung eine wichtige Rolle ein: Sie konnten nun ebenfalls Gesetzentwürfe (»Bills«) einbringen und ihre Zustimmung war, wie die der Lords, notwendig, damit ein Gesetz (»Act«) verabschiedet werden konnte.

Zwar wurden die Vertreter der Commons gewählt, doch wahlberechtigt waren nur wenige, und die Lords beeinflussten die Wahlen, sodass bald Landbesitzer unter den Vertretern der Commons das Sagen hatten.

KÖNIGE AUS HANNOVER

»Die Mehrzahl der Leute hasst den König von ganzem Herzen, mit ausgemachtem Hass«, notierte der Prediger John Wesley. Georg war verzweifelt; sogar abdanken wollte er. Die Wende kam erst 1783 mit der Bestellung eines gerade 24 Jahre alten

---

Im 16. und 17. Jahrhundert rangen König und Parlament um Einfluss: Könige der Tudor- und Stuart-Zeit versuchten, weitgehend ohne Parlament zu regieren, in den Bürgerkriegen erkämpfte sich das Parlament seine Macht zurück. Die Glorious Revolution etablierte endgültig das Prinzip der Parlamentssouveränität mit dem »King in Parliament« und machte England zu einer parlamentarischen Monarchie mit drei Säulen: Gesetze mussten nun vom König sowie beiden Häusern des Parlaments – Oberhaus (House of Lords) und Unterhaus (House of Commons) – verabschiedet werden, der »Erste Minister« (Premierminister, ab 1721) brauchte sowohl das Vertrauen des Königs als auch der Abgeordneten.

Es bildeten sich zwei Parlamentsfraktionen heraus: Die Whigs und die Tories, die im Laufe des 19. Jahrhunderts auch Wahlkreiskandidaten für das Unterhaus aufstellten. Immer mehr Männer wurden wahlberechtigt, das allgemeine, gleiche Wahlrecht auch für Frauen wurde aber erst 1928 eingeführt. Heute hat das Unterhaus 650 Sitze.

Im 20. Jahrhundert wurden die Rechte des House of Lords bei der Gesetzgebung eingeschränkt. Seit 1999 gibt es keine erblichen Sitze mehr, 662 der 776 Lords sind heute Adelige auf Lebenszeit, 26 sind anglikanische Bischöfe und 88 ausgewählte Vertreter des Hochadels.

neuen Premiers: William Pitt junior. Der brillante Whig-Politiker begann sogleich, den außenpolitischen Kurs zu ordnen, bündelte die nationalen Kräfte und machte so das Staatsschiff wieder flott. Auch die Stimmung gegenüber König Georg wendete sich nun, am stärksten ausgerechnet 1788, als ein Rückfall seiner Krankheit ihn monatelang weitgehend amtsunfähig machte. Wahnvorstellungen mit Schaum vor dem Mund und Gewaltausbrüche nahmen so überhand, dass die Ärzte ihren Monarchen in eine Zwangsjacke stecken ließen. Mitleid kam auf. Kneipenbesucher, Parlamentarier, Lords, alle diskutierten die Gesundheit des Königs.

Nach dem Ausbruch der Französischen Revolution 1789 besannen sich die zuvor so spottlustigen Briten zudem auf ihre nationalen Stärken – die dann im Kampf gegen Napoleon militärisch und politisch ihre Überlegenheit beweisen mussten. Premier Pitt steuerte seither einen konservativ-obrigkeitlicheren Kurs. Das öffentliche Interesse hielten Feldzüge und Kriegshelden in Atem, allen voran Admiral Horatio Nelson, der von Ägypten bis Kopenhagen triumphierte und schließlich 1805 seinen glänzenden Seesieg bei Trafalgar mit dem Tod durch eine feindliche Kugel bezahlen musste.

Der kranke König, trotz klarer Momente weitgehend abgeschirmt von den Regierungsgeschäften, fungierte im kolossalen Schlachtengemälde als harmloser, bedauernswerter Statist. Die Feier am Beginn des 50. Thronjahres von »Farmer George«, wie seine Untertanen ihn liebevoll-spöttisch nannten, geriet im Oktober 1809 zur nationalen Einheitsdemonstration, aber politisch wurde Großbritannien längst von Parlament und Regierung gesteuert. Georg war, wie es der englische Historiker J. H. Plumb bewegend geschildert hat, inzwischen nur noch »eine traurige Figur in seinem purpurnen Hausmantel, mit wildem weißem Bart und Haarschopf, erblindet, ertaubt, für sich auf seinem Cembalo spielend und dabei unentwegt redend von Männern und Frauen, die längst tot waren«.

Als sich Anfang 1811 die Wutanfälle und schweren Absencen des mittlerweile 72-Jährigen so verschlimmerten, dass keinerlei Hoffnung mehr zu erkennen war, übernahm der bislang vorwiegend durch Bauwut, Ehe-Querelen und Verschwenderei aufgefallene Kronprinz Georg IV. mit einem feierlichen Amtseid die Regentschaft; ein Jahr später wurden ihm auf Dauer alle königlichen Aufgaben übertragen. Sein Vater lebte fortan auf Schloss Windsor wie ein Eremit, immer tiefer in Wahn und Isolation versunken. Erst 1820 erlöste der Tod den inzwischen völlig hilflosen, dementen Greis von seinen Qualen.

Sein Reich indessen war zum Empire avanciert. Mit Wellingtons epochalem Sieg über Napoleon bei Waterloo 1815 hatte Großbritannien die alte Rivalität mit Frankreich endgültig für sich entschieden; der einst so lukrative Sklavenhandel war seit einer wegweisenden Rede Pitts schrittweise verboten worden. Die Gründung der USA hatte der Wirtschaftsmacht auf Dauer nicht geschadet, sondern den transatlantischen Austausch noch in Schwung gebracht; ein großes Kolonialreich rund um den Globus, mit Stützpunkten von der Insel Ceylon bis zum Kap der Guten Hoffnung, lieferte das Kapital, das London zur fortschrittlichsten Metropole Europas machte.

Und noch etwas hatte das lange, streckenweise mehr als bizarre Jahrhundert im Zeichen der Könige aus Hannover bewiesen: Die spezifisch englische Variante der konstitutionellen Monarchie scheint gerade dann besonders gut zu funktionieren, wenn sich der Herrscher möglichst wenig ins politische Tagesgeschäft einmischt. Zumindest an diesem Rezept hat sich bis heute kaum etwas geändert.

Der Akkordarbeiter

Über 40 Jahre lebte und komponierte Georg Friedrich Händel in London. Für die Könige schrieb er unter anderem die »Wasser-« und »Feuerwerksmusik«. Seine Stilkünste prägen das englische Musikleben bis heute.

Von Johannes Saltzwedel

Majestätisch gleiten große Barken in der Abendsonne auf der Themse dahin. Wenn der wenig reiselustige König Georg I. schon einen Ausflug nach Chelsea zu Lady Catherine Jones macht, der musikbegeisterten Tochter des legendären Earl of Ranelagh, dann soll es stilvoll zugehen. So umgibt den Hofstaat an diesem 17. Juli 1717 eine edle Klangkulisse: Vom Nachbarkahn aus intonieren 50 Mann eigens für den Anlass komponierte Musik.

Der König ist entzückt. Er lässt die Suite nach der Ankunft an Land wiederholen und will sie bei der Rückfahrt nochmals hören; ein Triumph für den Dirigenten und Komponisten Georg Friedrich Händel. Einmal mehr hat der umtriebige Deutsche mit dieser »Wassermusik« gezeigt, was in ihm steckt.

König Georg hatte es nicht anders erwartet – war der virtuose Cembalokönner Händel doch schon 1710 in dessen ursprünglicher Residenz, dem kurfürstlichen Hannover, zum Hofkapellmeister ernannt worden. Über den noblen Sold hinaus durfte er Reisen machen, was er sogleich zu einer längeren Visite in London genutzt hatte. Im Queen's Theatre am Haymarket war seine Oper »Rinaldo« mit Applaus bedacht worden.

DER AKKORDARBEITER

Die Türen der großen Welt schienen sich ihm wie selbstverständlich zu öffnen. Der Deutsche war eben ein Tastenwunder, zudem erfahren wie wenige. Gerade 18-jährig, hatte er eine sichere Organistenstelle in seiner Vaterstadt Halle an der Saale ausgeschlagen, um in Hamburg sein Glück zu versuchen. Prompt war er dort neben Opernchef Reinhard Keiser mit seinem ersten Bühnenwerk »Almira« als Junggenie aufgefallen.

Einmal hatte Händel gar Hamburgs musikalischem Multitalent Johann Mattheson frech das Dirigentenpult streitig gemacht, sodass es vor dem Theater ein Duell gegeben hatte. Später erzählte Mattheson: Nur weil sein Degen von einem »breiten, metallnen Rockknopf des Gegners« aufgehalten wurde, sei der junge Wagehals mit dem Leben davongekommen. Beide Herren hatten sogar ihre bisherige Kollegenfreundschaft erneuert.

Schon 1706 allerdings war Händel dann, vermutlich eingeladen von einem Abkömmling der Familie Medici, nach Italien abgereist. Zielstrebig hatte er Kontakte in Rom, Neapel und Venedig geknüpft, hatte vom Kirchengesang zur weltlichen »Serenata«, vom Cembalostück zur Oper die musikalischen Formen durchprobiert – bis er 1710 an den Welfenhof und bald darauf nach England gegangen war.

In der Gunst Georgs I. – und erst recht seines Nachfolgers Georg II., dessen Töchter er unterrichtete und dem er 1727 die Krönungsmusik lieferte – hätte Händel sich für den Rest seiner Tage sonnen können. Stattdessen war er anfangs mehr für reiche Gönner tätig und bewies so Eigenständigkeit. Fleiß und Klangfantasie machten ihn zum Star; fast jede Saison gab es neue Attraktionen mit Bühnenshow und brillanter Kehlenkunst.

Nach dem finanziellen Ausbluten der Haymarket-Oper engagierte er 1719 auf einer Reise bis Dresden flugs ein Ensemble von Spitzensängern, sodass schon bald mit allerhöchstem Segen eine »Royal Academy of Music« eröffnet wer-

*Komponist Händel,
Porträt von Philip Mercier, um 1730*

den konnte. Als auch sie 1728 wegen Überschuldung schließen musste, holte der unermüdliche Komponist nochmals exquisite Gesangsstars heran und reüssierte mit dieser Truppe erneut am Haymarket.

Immer etwas polternd, bisweilen in mehreren Sprachen fluchend, aber bald wieder versöhnt und gutmütig, entfaltete der in späteren Jahren unübersehbar korpulente Tonkünstler mit dem leicht wiegenden Gang schier übermenschliche Aktivität. Opern bestanden meist aus etwa 30 Arien mit zugehörigen Rezitativen, alles den Sängern auf den Leib geschrieben. Die Stoffe aus Sage und Geschichte, fast immer verwickelte höfische Liebesintrigen, mussten unterhaltsam, die Story herzergreifend sein. Mitunter montierte Händel eigene und auch fremde Musik frisch betextet zu einem neuen Opus.

Publikumslieblinge wie der umjubelte Kastrat Senesino verlangten hohe Gagen und konnten auch zickig werden. Einige Jahre lang gab es obendrein echte Konkurrenz: Friedrich Ludwig, Sohn Georgs II. und erklärter Feind der väterlichen Politik, gründete eine »Adels-Oper« unter Leitung des fähigen Italieners Nicola Porpora. Doch Händel, mittlerweile auf dem besten Weg zur musikalischen Institution, nahm die Rivalität sportlich.

Aus seinen italienischen Jahren wusste er, wie sich musikalische Großerzählungen auch ohne kostspielige Draperie bewerkstelligen ließen: als Oratorium. Schon 1718 hatte er diese Gattung, dank englischer Texte unmittelbar verständlich und mit markigen Chören durchsetzt, in England ausprobiert; 1732 baute er seine vorhandene biblische »Esther« zum abendfüllenden Gesangsdrama aus – mit solchem Erfolg, dass über 20 weitere Oratorien hinzukamen. Die Verknüpfung italienischer, englischer, deutscher und französischer Formelemente, laut dem Musikhistoriker Claus Bockmaier eine »geniale Synthese«, wurde Händels neues Markenzeichen.

Finanziell in Sicherheit wiegen konnte er sich indessen weiterhin nicht. Fiel ein Stück durch, stand kein Mäzenatsverein bereit, schon gar nicht der Staat. Zum Glück wurde Händels vulkanische Produktivität durch den Erfolgsdruck noch angestachelt. Allein von September bis Oktober 1739 schrieb er beispielsweise zwölf Concerti grossi, vier- bis sechssätzige Orchesterstücke, deren Ausdrucksfülle und Durcharbeitung einen Gipfel barocker Klangkunst markiert.

Auch der »Messias«, mit seinem »Halleluja«-Chor heute wohl sein bekanntestes Werk, entstand 1741 in nur drei Wochen. Uraufgeführt im folgenden Jahr während einer längeren Gastspielreise nach Irland, wurde die aus Bibelstellen zusammengefügte Andacht rasch so nachhaltig populär, dass sangesfreudige Angelsachsen bis heute in die meisten Melodien spontan einstimmen. Ebenso beliebt ist die 1748/49 entstandene blechlastige Musik für ein königliches Feuerwerk zur Feier des Aachener Friedens – die von Georg II. abgelehnten Streicherstimmen fügte Händel später wieder hinzu.

Inzwischen hatten Akkordarbeit und organisatorischer Dauerstress ihre Spuren hinterlassen. Schon 1737 war Händel wegen einer Lähmung der Schreibhand zur Kur nach Aachen gefahren; 1743 traten die Symptome verschlimmert auf, bis hin zu Sprachstörungen. Doch nicht einmal das Schwinden seines Augenlichts, das ihn von 1751 an zwang, neue Werke zu diktieren, dämpfte seine urwüchsige Energie.

Ergriffen lauschten Zuhörer noch 1753, wie der völlig erblindete Großmeister seine Orgelkonzerte spielte. Als Händel nach kurzem Leiden am Karsamstag 1759 starb, kamen zum Begräbnis in Westminster Abbey 3000 Menschen – würdige Abschiedskulisse für einen Nationalhelden, der das aufstrebende Großbritannien zur festen Größe auch auf der musikalischen Weltkarte gemacht hatte.

Mittelpunkt der Welt

Knapp eine Million Menschen lebten
Ende des 18. Jahrhunderts in London – es war die
größte, quirligste, brutalste Metropole Europas.

Von Sebastian Borger

Der 6. Oktober 1774, ein Donnerstag, sollte ein klarer Herbsttag werden. Im Morgengrauen machte sich ein deutscher Reisender von seinem Quartier auf den Weg zur Londoner St. Paul's Cathedral. Dass es dem Frühaufsteher nicht ums Morgengebet ging, verriet die Schnapsflasche in seinem Mantel.

Der bucklige Professor aus Göttingen wollte den Ausblick auf die Weltmetropole genießen und den Freunden in der Heimat zuprosten. Gegen sieben Uhr war es so weit: In Begleitung eines früheren Studenten stand Georg Christoph Lichtenberg, damals 32, »350 Fuß über die höchsten Häuser des unermesslichen London erhaben« auf der Zinne des gewaltigen Gotteshauses.

An einen Freund schrieb der Experimentalphysiker und Autor der »Sudelbücher« überwältigt: »Die Themse unter uns mit drey Brücken, eine unübersehbare Reihe von Schiffen, einige Hundert Kirchen und wie viel Häußer, Menschen und Kutschen? Ich habe gewiß sehr offt weniger Sandkörner in meiner Sandbüchse gehabt.«

Lichtenbergs Begeisterung fügt sich ein in das Kaleidoskop von Beobachtungen über London, die aus dem 18. Jahrhundert von Einheimischen wie von kontinentaleuropäischen Touristen überliefert sind. Sie schildern eine pulsierende, vitale, brutale, harte Stadt, in der neue Einwanderer jene ersetzten, die wie die Fliegen an ansteckenden Krankheiten und Alkoholsucht starben. Ein Zentrum innovativer Forschung und ungebremster Fleischeslust, regiert von einer korrupten Oligarchie, angeregt durch die Polemik einer weitgehend zensurfreien Presse. Ein Moloch mit unvorstellbaren sozialen und ökologischen Problemen, in dem schreckliche Armut und sensationeller Reichtum nebeneinander existierten, eine faszinierende, unaufhaltsam wachsende Metropolis.

Dass Lichtenberg seinen Rundblick von der Kirchenkuppel aus warf, hatte einen rein praktischen Grund: Die St. Paul's Cathedral war das bei Weitem höchste Gebäude der Stadt. Gleichzeitig stellte sie schon damals weit mehr dar, nämlich ein Symbol für Überlebenskraft und Gestaltungswillen der Londoner. Britische Historiker der Epoche sprechen gern vom »langen 18. Jahrhundert«. Manche setzen seinen Beginn schon mit der Wiederherstellung der Monarchie durch Karl II. 1660 an. Andere meinen die Glorious Revolution, die 1689 Maria und Wilhelm III. von Oranien auf den Thron brachte, womit die Vorherrschaft des Parlaments gegenüber dem Königtum gefestigt war.

Für London begann dieses lange Jahrhundert im September 1666. Vier Tage lang tobte das »Große Feuer«, 87 Kirchen, 52 Gildehallen und etwa 13 200 Häuser brannten ab – ein kaum vorstellbarer Verlust an Bausubstanz. Zwar blieb die Zahl der Toten einstellig; doch mehr als 100 000 Menschen wurden obdachlos, 80 Prozent des mittelalterlichen Stadtkerns lag in Asche. Dazu gehörte St. Paul's. Bei einem Rundgang in den Ruinen registrierte Samuel Pepys die geborstenen Gräber; in seinem Tagebuch schilderte der Schriftsteller später den Anblick mumifizierter, jahrhundertealter Leichen.

Die Londoner mussten jetzt ihren Überlebenswillen unter Beweis stellen – und eine Entscheidung darüber treffen, wie es mit ihrer Stadt weitergehen sollte. Entscheidende Impulse gab der damals 33-jährige Christopher Wren, ein genialer Mathematiker, Astronom und Architekt. Schon vier Tage nach Verlöschen des letzten Brandes präsentierte der Workaholic dem König seinen Masterplan: eine barocke Triumphstadt mit breiten Boulevards und riesigen Plätzen, Symbol für die Macht eines dominanten Monarchen.

Das Vorhaben scheiterte daran, dass es den dafür passenden absolutistischen Herrscher nicht gab. Dafür aber viele ungelöste Fragen: Wo würden die Obdachlosen untergebracht? Wer würde die ruinierten Hausbesitzer entschädigen? Und vor allem: Wer sollte das gigantische Bauvorhaben eigentlich finanzieren? Statt Wrens hochfliegende Ideen umzusetzen, siegte der englische Pragmatismus. Die Stadtstruktur blieb weitgehend erhalten, doch galten neue Bauvorschriften: Statt aus Holz würden die Häuser künftig aus soliden Steinen und Ziegeln errichtet.

Der frustrierte Chefplaner Wren konzentrierte seine ungeheure Energie deshalb nun auf eine Reihe eindrucksvoller Sakralbauten, darunter, als wichtigsten: den Neubau der St. Paul's Cathedral, in der schon 1697 wieder Gottesdienste gefeiert werden konnten, wenn auch die offizielle Eröffnung bis Weihnachten 1711 auf sich warten ließ. Am Ende stand ein Monument sakraler Baukunst, das innerhalb der klassischen Kreuzform alle Schönheiten des Barock in sich vereinte. Entstanden war dadurch, in bewusstem Wettbewerb mit dem Petersdom in Rom, die Vorzeige-Kathedrale des Anglikanismus, den britische Missionare im Gefolge von Kaufleuten und Soldaten in aller Welt verbreiten sollten.

Dem ungeheuren kommerziellen Aufschwung des Landes diente eine andere Institution, die 1694 etwas weiter östlich von St. Paul's ins Leben gerufen wurde: Die Bank of England war eine Aktiengesellschaft, keine Staatsbank, beruhte aber auf dem damals revolutionären Konzept einer »Staatsschuld«, mit der sich Geschäfte machen ließen. Ein Vorgriff auf den fruchtbaren Austausch von Ideen und Gütern, der wenige Jahre später aus der Vereinigung der Königreiche England und Schottland entstehen sollte. Als entscheidender Urheber gilt ein Schotte, der Kaufmann und Abenteurer William Paterson. Die Anleihe bei rund 1500 Privatleuten enthob die Krone der anhaltenden Sorgen, wie sich die zahlreichen Kriege gegen Frankreich finanzieren ließen. Die Regierung gewährte gegen den für damalige Verhältnisse geringen Kreditzins von acht Prozent dem privaten Finanzhaus das Recht, in Höhe des Darlehens Banknoten auszugeben. Mit dieser staatlich untermauerten Sicherheit ließen sich neue wirtschaftliche Vorhaben anpacken.

Der damit befeuerte Gründer-Boom nahm während der folgenden Jahrzehnte kein Ende, begünstigt von äußeren Faktoren. Aus den Kohleflözen Nordenglands schafften Küstenschiffer zuverlässig preiswerten Nachschub für die Energieversorgung heran. Zu dem alten Vorteil eines geschlossenen englischen Wirtschaftsgebiets kam 1707 durch die Union mit Schottland die – unblutige – Erweiterung zur Freihandelszone. Die Siege im Spanischen Erbfolgekrieg machten den Status des nun Vereinigten Königreichs als europäische Großmacht deutlich, der Friede von Utrecht brachte 1713 die Herrschaft über den strategisch wichtigen Handels- und Kriegshafen von Gibraltar. Längst waren Engländer und Schotten auf allen Weltmeeren unterwegs und legten die Grundlage für das britische Empire.

Politisch günstig wirkte seit 1714 die Stabilität der Monarchie. Da bestieg, gemäß dem Wunsch des Parlaments, als Nachfolgerin der erbenlosen Königin Anne ein Provinzfürst als Georg I. den britischen Thron. Der bereits 54-jährige Kurfürst von Braunschweig-Lüneburg machte sich nicht mehr die Mühe, Englisch zu lernen oder größeres Interesse an seinem neuen Reich zu entwickeln. Impulse für Großbritannien gingen von der Dynastie kaum aus.

Aber immerhin: Es gab immer neue Georgs. Brav erfüllten die Hannoveraner ihre dynastischen Pflichten, 116 Jahre lang folgte ein Georg dem anderen. In dieser Zeit, während sich London unaufhaltsam zur Metropole eines Weltreiches mauserte, schwand der politische Einfluss des Königshauses immer weiter. Die alte City war an der Schwelle zum 18. Jahrhundert längst über ihre Stadtmauern hinausgewachsen. Jetzt begann ein Bauboom ohnegleichen. Im Osten, dem »East End«, entstanden entlang der Themse die Elendsquartiere für die Fabrik- und Hafenarbeiter und deren Familien. Nach Westen zu vereinigte sich die Stadt entlang der Achse Fleet Street und Strand mit dem flussaufwärts gelegenen Westminster, um dessen alten Königspalast sich ein eigenes Städtchen gebildet hatte. »Täglich neu entstehende Plätze und Straßen stellen ein solches Wunder an Bautätigkeit dar, wie es nirgends sonst auf der Welt sein Gleiches hat, höchstens im alten Rom des Kaisers Trajan«, begeisterte sich um 1720 der Schriftsteller Daniel Defoe. Der Schöpfer des »Robinson Crusoe« war nur der Erste in einer langen Reihe wortgewaltiger Londoner, die der Begeisterung über ihre Stadt Ausdruck verliehen.

Dafür stand ihnen eine schier unüberschaubare Vielfalt von Zeitungen und Büchern zur Verfügung. Rund 21 000 Publikationen erschienen schon 1720, am Ende des Jahrhunderts war die Zahl landesweit auf rund 56 000 hochgeschnellt. Die größte Mediendichte fand sich in London, und zwar knapp außerhalb der Jurisdiktion des alten Stadtkerns: Fleet Street geriet später zum Synonym für die vierte Gewalt im Staat.

So weit war es im 18. Jahrhundert noch nicht, die Medien fungierten höchstens als Beiwerk. Defoe erlebte mit, wie Spekulanten das »West End« bis zum geschützten Hyde Park erschlossen.

Das dort bald angrenzende Viertel Mayfair (wörtlich: die Mai-Messe) entwickelte sich zum begehrten Wohnort reicher Kaufleute, denen die City zu eng und schmutzig geworden war. Bis heute gilt das Viertel als Chiffre für Vornehmheit und Reichtum. Aus städteplanerischer Sicht steht Mayfair vor allem als Symbol für Londons weitgehend ungeplantes Wachstum. Das West End war kein Ausdruck absolutistischen Herrschaftsanspruchs wie die neuen Innenstädte von St. Petersburg oder Dresden. Es gab auch, anders als in Wrens Vision vorgesehen, keine mit imperialem Anspruch geplanten Achsen wie später in Berlin, Washington und Paris.

Ob Landstraßen, Krankenhäuser oder städtische Müllabfuhr – staatliches Handeln goss meist nur in Gesetzesform, was Privatinitiative längst angepackt hatte. London wuchs über sich und aus sich heraus – Folge des Kapitalismus, in dem reiche Adelige geschickt ihren Großgrundbesitz einsetzten und um Profit und Prestige wetteiferten. Mayfair entstand als Ansammlung separat geplanter Plätze. Sie tragen die Namen ihrer adeligen Besitzer: Grosvenor, Curzon, Berkeley. Die Stadtentwicklung wurde diktiert von den Interessen der Baulöwen und Spekulanten – nicht zuletzt, weil die City of London eifersüchtig ihre Interessen gegenüber dem flussaufwärts in Westminster ansässigen Hof verteidigte.

Damit standen die Kaufleute und Bankiers zwischenzeitlich dem Fortschritt auch im Weg. Zäh behinderten sie jahrelang den geplanten Bau einer zweiten Themse-Brücke. Als die Westminster Bridge im November 1750 doch endlich stand, war das Monopol der alten London Bridge gebrochen. Dort wurden rund zehn Jahre später die alten Gebäude entfernt, das Bauwerk dem enorm angewachsenen Verkehr angepasst. Zusätzlich machten die Herren der City der Brücke von Westminster ihrerseits Konkurrenz: Ab 1769 konnten die Londoner auch mittels der Blackfriars Bridge die Themse überqueren. Das ermöglichte die rasante Erschließung des Hinterlandes südlich der Themse.

London wuchs und wuchs. Die größten deutschen Städte Berlin und Hamburg brachten es am Ende des 18. Jahrhunderts gerade mal auf 170 000 und 130 000 Einwohner, Paris stagnierte bei gut 600 000, da erreichte die englische Metropole bereits fast die Millionengrenze. Zwischen 1720 und 1800 verdreifachte sich das Handelsvolumen.

Das lag vor allem am Hafen, dem wichtigsten Umschlagplatz für Güter und Menschen. 7000 Schiffe jährlich begehrten zu Beginn des 18. Jahrhunderts einen der Ankerplätze zwischen London Bridge und dem Tower, eine lächerlich kurze Strecke von 432 Metern am Nordufer der Themse. Auch die eilends installierten Landestellen am gegenüberliegenden Ufer waren alsbald überfüllt. Unter- und oberhalb der mittelalterlichen Brücke war der tückische Gezeiten-Fluss so von Booten bevölkert, dass man kaum noch das Wasser sah.

Im Lauf des Jahrhunderts verdoppelte sich die Zahl der jährlich ankommenden Schiffe, sie brachten mehr als dreimal so viel Güter. Eine Ausdehnung des Hafens schien dringend geboten. Freilich dauerte es lange, bis das Parlament die Interessen mächtiger Kaufleute in der City beiseiteschob und 1799 die Anlegung neuer Hafenbecken beschloss.

Da war Londons einzigartiger Ruf als Weltmetropole längst zementiert, das berühmteste Zitat über die Stadt schon tausendfach zitiert: »Wenn jemand Londons überdrüssig ist, ist er des Lebens überdrüssig«, befand Samuel Johnson 1771 knapp. Der Intellektuelle hatte freilich leicht reden. Für ihn gab es stets einen Ausweg in das Landhaus von Freunden und Bewunderern. Die große Mehrheit der Londoner aber kam nicht heraus aus dem dichtbesiedelten, engen Stadtzentrum, das sich dann im 19. Jahrhundert den verächtlichen Beinamen »The big stink« verdiente.

Gerbereien, Brauereien, Schlachthäuser, Seifensieder – viele energieintensive, stinkende Abgase erzeugende Betriebe siedelten sich entlang der Themse an, um nahe am Abwasserkanal und bei ihren Konsumenten zu sein. Diese litten unter schlimmsten hygienischen Verhältnissen und der starken Umweltverschmutzung. Über London hing, zumal bei Windstille, eine tödliche Smogwolke aus Schwefel, Ruß und Kohlenstaub. Hinzu kamen in den 1720er Jahren Epidemien ansteckender Krankheiten wie Windpocken und Grippe, die Zehntausende von Londonern dahinrafften.

Die Bevölkerungsstatistik jener Jahre, gewiss nicht zu 100 Prozent verlässlich, zeigt die Stagnation: 1731 lebten rund 5,2 Millionen Menschen in ganz Großbritannien, einschließlich Schottland – 80 Jahre zuvor waren es in England und Wales schon genauso viele gewesen. In London starb jedes zweite Kind vor dem zehnten Lebensjahr, die Sterberate der Gesamtbevölkerung übertraf die Geburten um das Doppelte – so zahlreich waren die Londoner seit der Regierungszeit Heinrichs VIII. 1509 bis 1547 nicht mehr gestorben.

Dazu trug ein Getränk bei, dessen Hauptbestandteil billiger Alkohol war. Gin hieß der süßliche Schnaps, statt mit Wacholder wie heute wurde er oftmals mit Terpentin versetzt. In der riesigen Stadt war sauberes Wasser rar und Bier teuer. So avancierte der Schnaps zum Getränk, mit dem sich weite Teile des Londoner Prekariats aus ihrer Misere flüchteten. Schätzungen sprechen von 17000 Gin-Häusern, also Kellern oder Erdgeschosszimmern, in denen das Gesöff zu Billigstpreisen zu haben war. Für manche freilich nicht billig genug: In einem berühmten Fall erwürgte eine junge Frau ihre zweijährige Tochter, um deren Kleider für Gin zu verhökern. Einer Erhebung von 1740 zufolge wurden in London rund 50 Millionen Liter pro Jahr destilliert, 63 Liter pro erwachsenem Einwohner der Hauptstadt. Erste Versuche behördlicher Kontrolle waren jämmerlich fehlgeschlagen. Ein Gin-Gesetz von 1743 führte zu gewaltigen Protesten, die alkoholisierten Londoner skandierten »No Gin, no King«; der solcherart düpierte König Georg II. mied erst einmal die Öffentlichkeit. Erst Jahre später flaute der Wahnsinn ab, der den Maler William Hogarth 1751 zu seinem berühmten Druck inspirierte: »Gin Lane« zeigt, wie der Künstler selbst sagte, »die schreckliche Wirkung von Gin: nichts als Armut, Elend und Ruin«. Noch am Ende des 18. Jahrhunderts starb jeder achte Londoner über zwanzig an den Folgen des Alkohols.

Um die Schnapstoten zu begraben und den Boom aufrechtzuerhalten, brauchte die Stadt stets neue Zuwanderer. Schon 1690 kamen 73 Prozent der neuen Bürger von außerhalb der Stadt. Historiker schätzen, dass in der ersten Hälfte des 18. Jahrhunderts etwa 10 000 Menschen pro Jahr zuwanderten. Gegen Ende des Jahrhunderts lässt sich der Bevölkerungsmix anhand der Patientenliste einer Krankenanstalt detailliert rekonstruieren: Lediglich ein Viertel war in London geboren, die Übrigen kamen aus dem restlichen England (58 Prozent), Irland (9), Schottland (6) und anderen Ländern. Als die Metropole nach 1800 die Millionenhürde übersprang, gehörten 15 000 bis 20 000 Juden ebenso zur Bevölkerung wie 5000 bis 10 000 Schwarze und Asiaten.

Viele ausländische Besucher Londons sprachen bewundernd von der sozialen Durchlässigkeit der englischen Gesellschaft. Gewiss thronte über allem der Hof, amüsierte sich der reiche Adel mit allerlei Nichtstuerei, erlitten die Armen schreiendes Unrecht. Manche Regeln und Gesetze galten jedoch für jedermann. Der Franzose Pierre-Jean Grosley wunderte sich darüber, dass an den Wegegeldstationen in die englische Provinz alle Reisenden gleichermaßen zur Kasse gebeten wurden, ohne Rücksicht auf ihren sozialen Stand. Auch sei »niemand, egal, wie hochstehend und würdig, vor Beleidigungen sicher«.

Die Justiz verfolgte Adlige wie Arbeiter. 1760 hatte ein Graf Ferrers wegen Geldstreitigkeiten seinen Verwalter erschossen. Obwohl der Lord im Oberhaus saß, wurde er am Galgen von Tyburn hingerichtet – als letztes Mitglied der oberen Parlamentskammer, das dieses Schicksal erlitt. Sein einziges Privileg war es, zur Exekution im eigenen Wagen zu fahren, auch soll die Schlinge aus Seide gewesen sein.

Öffentliche Hinrichtungen waren zu jener Zeit ein häufiges Spektakel. In der ersten Jahrhunderthälfte wuchs die Zahl der Straftaten, auf die die Todesstrafe stand, von 80 auf mehr als 350. Hunderte endeten am Galgen von Tyburn, später wurden Tausende Verurteilte in die australischen Strafkolonien deportiert. Die abschreckende Wirkung war begrenzt. Zeitquellen sprechen von »Schwärmen von Taschendieben«. Nach einer Kriminalitätsstatistik von 1796 war etwa ein Siebtel der damaligen Bevölkerung straffällig. Aus Angst vor Räubern wagten sich Intellektuelle wie Horace Walpole »nach dem Abendessen nur noch bewaffnet« auf die Straße.

Doch Besuchern vom Kontinent fiel noch etwas anderes auf: Die Londoner Arbeiterschicht wirkte vergleichsweise unabhängig und redegewandt. »Die Erniedrigung und die Hungersnot, die das Leben der städtischen Armen bedrohte, schien doch erheblich besser zu sein als die Bedingungen für die Landbevölkerung Frankreichs oder Deutschlands«, schrieb der Oxforder Historiker Paul Langford.

Von fließenden Standesgrenzen zeugte auch das Konzept des »Gentleman«. Dazu musste man nicht geboren sein. Wer sich entsprechend kleidete und benahm, wurde als Gentleman wahrgenommen – Langfords spöttischer Beobachtung zufolge »das zuverlässige Merkmal einer Gesellschaft, in der alle Werte, Unterschiede und Traditionen vor der Macht des Geldes verschwinden«.

Doch hier, im Mittelpunkt der Welt, wo internationale Handelsströme zusammenflossen, Spielball merkantiler Interessen, entwickelte sich auch eine einträgliche Bühne für berühmte Musiker, von Georg Friedrich Händel über den jungen Mozart bis zu Joseph Haydn. Der Schauplatz zunehmend freier öffentlicher Debatten wurde in diesem Jahrhundert Zufluchts- und Wallfahrtsort für all jene, denen das Korsett ihrer eigenen Regime auf dem Kontinent zu eng geworden war.

Voltaire floh vor der Willkür des französischen Absolutismus, Lichtenberg blieb bis zu seinem Tod ein glühender Bewunderer des Landes und seiner Hauptstadt. »Der Mensch«, lobte er die Metropole, die er an jenem Oktobertag im Morgengrauen von der Spitze der St. Paul's Cathedral bestaunt hatte, »wird nirgends so gewürdigt wie in diesem Land, und alles wird da mit Geist und Leib genossen, wovon man unter den Soldatenregierungen nur träumt.«

Delikate Ermittlungen

Schon im 18. Jahrhundert entstand in England eine einflussreiche politische Öffentlichkeit. König Georg IV. bekam die Kritik von Untertanen und Presse besonders hart zu spüren.

Von Felix Bohr

Im Märchen heiratet ein Prinz seine Prinzessin meist trunken vor Liebe. Als der spätere britische König Georg IV. am 8. April 1795 seiner Cousine Karoline von Braunschweig das Jawort gibt, ist er stockbesoffen. Vor dem Traualtar kann er sich kaum auf den Beinen halten. Wäre der Thronfolger nüchtern gewesen, vielleicht hätte er sich den Irrtum seines Lebens erspart.

Was auf die vernebelte Vermählung dann folgte, war eine jahrzehntelange Schlammschlacht zwischen den Eheleuten; ein royaler Rosenkrieg, der die Popularität der britischen Monarchie auf ein nie unterbotenes Niveau absenken sollte.

Die englische Öffentlichkeit nahm regen Anteil an dem Ehestreit – und schlug sich mehrheitlich auf die Seite von Karoline. Den König überzog die Presse mit Hohn und Spott; fast täglich erschienen provokative Gedichte und Karikaturen. Britische Journalisten bezeichneten den dickleibigen Monarchen sogar als »zügellosen Fettsack«. Und die Schriftstellerin Jane Austen (»Stolz und Vorurteil«) schrieb 1813, sie werde Karoline von Braunschweig unterstützen so lange es geht: »Weil ich ihren Ehemann hasse.«

Kritik an den Regierenden gehört schon lange zur politischen Kultur Westeuropas, auch das Privatleben von Staatsoberhäuptern wird gern öffentlich diskutiert. Aber damals? Mussten britische Untertanen nicht um ihr Leben fürchten, wenn sie ihren König derart beschimpften?

Sie mussten es nicht. Anders als auf dem europäischen Festland, wo autoritäre Monarchen noch ohne jede Einschränkung herrschten, hatte die Glorious Revolution in England schon 1689 den Einfluss des Parlaments gestärkt und die absolute Macht der Krone eingeschränkt. Die »Bill of Rights«, eine Art Grundrechts-Charta, stellte das Königtum teilweise unter die Kontrolle der parlamentarischen Abgeordneten.

Auch dem Volk brachte die Revolution größere Freiheit. Politische Gruppierungen und Agitatoren veröffentlichten nun zunehmend Petitionen, in denen sie auf soziales Elend aufmerksam machten oder konkrete Forderungen stellten. Die tausendfach gedruckten Pamphlete fanden große Verbreitung und erreichten weite Teile der englischen Bevölkerung.

Die Abgeordneten der eher liberalen »Whigs« und der konservativen »Tories« ließen sich bei ihren Abstimmungen im Parlament immer häufiger von Volkes Stimme leiten. Der Druck von außen beeinflusste schließlich auch die Politik der Regierung. Dadurch gewann die englische Öffentlichkeit im Laufe des 18. Jahrhunderts eine Bedeutung wie in keinem anderen europäischen Staat – und die öffentliche Meinung wurde zu einem wichtigen politischen Faktor.

Das Aufblühen der Pressefreiheit machte den Journalismus zu einem festen Bestandteil der politischen Kultur Englands. Zeitungen wie »The Tatler« oder »The Spectator« trugen Nachrichten und gesellschaftlich relevante Themen in die Kaffeehäuser und Klubs des Landes. Im Jahr 1800 erschienen auf der Insel bereits mehr als 260 Zeitungen.

Das neue Selbstverständnis einer kritischen Öffentlichkeit zeigte sich auch in der Kunst: Der Maler William Hogarth bildete im 18. Jahrhundert erstmals die Lebenswelt der Briten ab und kritisierte gesellschaftliche Missstände in satirischen Stichen. Daraus entstand schon bald eine neue Kunstform: die Karikatur. In »Printshops« konnte sich das Publikum allerorten die verzerrten Bilder der Obrigkeit ansehen.

Die beißende Kritik aufmüpfiger Untertanen traf nicht nur Parlamentarier, Premierminister und Kirchenfürsten, sondern zunehmend auch das englische Königshaus. Denn Ende des 18. Jahrhunderts schlitterte Großbritannien in eine Krise. Das Land war wegen seiner Expansionspolitik hoch verschuldet. Auch der Verlust der amerikanischen Kolonien schärfte das politische Bewusstsein der Öffentlichkeit.

Die britische Krone geriet immer mehr ins öffentliche Kreuzfeuer. Einen Höhepunkt erreichte die Kritik zu Beginn des 19. Jahrhunderts. Schuld daran war eben jener König Georg IV., der zum verpöntesten Regenten in der englischen Geschichte werden sollte. Der 1762 geborene Monarch aus dem deutschen Haus Hannover hatte sich schon früh zur Zielscheibe öffentlicher Anfeindungen gemacht. Bereits als Jugendlicher begann der Prinz von Wales zügellos zu trinken und hatte zahlreiche Liebschaften.

Der erste öffentliche Skandal Georgs ließ nicht lange auf sich warten. 1779 begann er eine Affäre mit der verheirateten Schauspielerin und frühen Feministin Mary Robinson. Als diese später drohte, seine Liebesbriefe zu veröffentlichen, zahlte ihr das Königshaus ein hohes Schweigegeld. Weil die Affäre der britischen Presse nicht verborgen blieb, galt »Prinny«, das »Prinzchen«, wie ihn das englische Volk respektlos nannte, nun landauf, landab als Tunichtgut. Georg störte das wenig. Er residierte im palastähnlichen Carlton House am St. James's Park, gab ausschweifende Partys.

Doch die unbekümmerten Jahre des Playboys waren bald vorbei. Die Französische Revolution löste im britischen Königshaus ab 1789 große Zukunftsängste aus. Die Forderungen nach einem legitimen Stammhalter wurden immer lauter.

Es waren auch seine hohen Schulden, die Georg nun zu einer Hochzeit zwangen. Bis 1795 waren seine Rückstände auf 630 000 Pfund (rund 40 Millionen Euro) angewachsen. Das britische Parlament hatte ihm finanzielle Unterstützung in Aussicht gestellt, sollte er endlich heiraten. Und so kam es, dass »Prinny« am 8. April 1795 komatös alkoholisiert vor dem Traualtar in der königlichen Kapelle des St. James's Palace in London stand, um Karoline von Braunschweig zu heiraten. Ihm sei es völlig gleich, welche »verdammte deutsche Frau« er eheliche, hatte er vorher verkündet.

Georgs Gleichgültigkeit sollte sich rächen. Als neun Monate später die gemeinsame Tochter Prinzessin Charlotte geboren wurde, sprachen die Eheleute schon nicht mehr miteinander; der Party-Prinz schlief längst wieder bei seinen Mätressen. Im Herbst 1796 verließ Karoline Carlton House und residierte fortan in Blackheath südöstlich von London.

Georg begann nach Wegen zu suchen, seine ungeliebte Frau wieder loszuwerden. Als 1806 in London Gerüchte waberten, Karoline habe einen Liebhaber und ein uneheliches Kind, ließ der Prinz von Wales eigens eine staatliche Untersuchungskommission einsetzen. Ihr Auftrag: eine geheime »Delicate Investigation«. Die Mitglieder der Kommission, darunter der britische Premierminister, sprachen Karoline jedoch kurz darauf von den meisten Vorwürfen frei. Das Ergebnis sickerte an die Presse durch.

Ein als Schwerenöter bekannter Kronprinz bezichtigt seine verschmähte Gattin des Ehebruchs? Die »Delicate Investigation« wurde zu einem öffentlichen Fiasko für den Prinzen. Karoline war fortan ein strahlendes Symbol seiner politischen Gegner, eine scheinbar makellose Heldin jenes Teils der englischen Öffentlichkeit, der Georg hasste.

Als Georgs Vater, König Georg III., fünf Jahre nach den peinlichen Untersuchungen dem Wahnsinn verfiel, wurde »Prinny« am 5. Februar 1811 die Herrschaft übertragen. Zwar war er noch nicht offiziell König, übte aber de facto die Regierungsgewalt aus. Für Politik interessierte er sich nach wie vor nicht, für Partys aber umso mehr: Aus Anlass seiner Machtübernahme feierte er ein aufsehenerregendes Fest mit 2000 Gästen und edlem Champagner. Dabei passte Georgs extravaganter Lebensstil längst nicht mehr in die Zeit. Missernten und Wirtschaftskrisen hatten das Königreich heimgesucht; viele Briten litten Hunger; die beginnende Industrialisierung ließ Tausende Handarbeiter verarmen; in den Fabriken des Nordens mussten unzählige Kinder schuften.

Ein Teil der britischen Bevölkerung begann, sich zu radikalisieren. Arbeiter und Handwerker, etwa die Weber von Norwich, forderten öffentlich das allgemeine Wahlrecht für erwachsene Männer. Nach der Machtübernahme Georgs erwartete die englische Öffentlichkeit einen politischen Kurswechsel, eine Stärkung der fortschrittlichen Kräfte der Whigs. Und was machte Georg? Nichts. Er ignorierte die innenpolitischen Entwicklungen und vergnügte sich lieber mit älteren Frauen. Weil er sehr dick war, nannten ihn Journalisten boshaft »Prince of Whales«.

Nicht nur innenpolitisch verkannte der Regent die Zeichen der Zeit. Auch in der Außenpolitik sank sein Einfluss. Während britische Militärs auf dem europäischen Festland erfolgreiche Schlachten gegen Napoleon schlugen, widmete sich Georg lieber dem Rosenkrieg gegen seine Frau und verbat ihr den regelmäßigen Umgang mit der gemeinsamen Tochter.

Karoline setzte sich dagegen zur Wehr – und instrumentalisierte gezielt die öffentliche Meinung. In einem Schreiben an Georg kritisierte sie nicht nur das Unrecht der geheimen Ermittlungen, sondern pochte auch auf ihr Recht als Mutter. Der Brief, der in fast allen Zeitungen des Landes veröffentlicht wurde, sorgte für Furore. Karoline erhielt Sympathiebekundungen aus allen Schichten des britischen Volkes. Ihr Protest blieb dennoch erfolglos. 1814 reiste sie nach Italien ab.

Zwar siegten die englischen Truppen 1815 in der Schlacht von Waterloo endgültig über das napoleonische Frankreich. Doch auch dieser historische Erfolg änderte nichts mehr am schlechten Image Georgs. Während Großbritanniens Aufstieg zur Weltmacht begann, galt sein Regent weithin als Witzfigur.

Nur: Dem englischen Volk war längst nicht mehr zum Lachen zumute. Auf die Befreiungskriege folgte eine tiefe Depression. Das Ende der Kriegswirtschaft führte zu Massenentlassungen in der Industrie, zugleich suchten Zigtausende heimkehrender Soldaten nach Arbeit. Die Folge waren schwere Hungersnöte in weiten Teilen Englands. Die Unzufriedenheit der Untertanen entlud sich in Massenprotesten.

Georg, der bei öffentlichen Auftritten nun gelegentlich mit Steinen beworfen wurde, reagierte mit Waffengewalt. Als sich im August 1819 Tausende Menschen auf dem St. Peter's Field bei Manchester versammelten, um für eine demokratischere Verfassung zu demonstrieren, schlugen Soldaten die friedliche Versammlung blutig nieder. Georg gratulierte zum Erfolg. Das »Peterloo Massaker«, wie Journalisten die Tragödie bald zynisch nannten, forderte mindestens elf Menschenleben und 400 Verletzte, das füllte die Seiten englischer Zeitungen.

Wenige Monate später, im Januar 1820, bestieg »Prinny« offiziell den Thron von England. Sein Vater war nach langer Krankheit gestorben. Auch als König kannte Georg vor allem ein Ziel: die Scheidung von seiner Ehefrau.

Karoline war aus Italien zurückgekehrt, um ihre Rechte als Königin einzufordern. Wo sie auftrat, jubelten ihr die Massen zu. Georg plante nun, seine Frau mit einer Gesetzesvorlage im Parlament loszuwerden. Das Ziel: Die »Rebel Queen«, so die

Publizistin Jane Robbins, sollte ihren Status als Königin verlieren. Der abermalige Vorwurf: Ehebruch. Seit Jahren sammelten englische Agenten im Auftrag Georgs eigens Belastungsmaterial gegen Karoline, die verdächtigt wurde, eine Affäre mit einem italienischen Bediensteten zu haben. Die Anhörungen vor dem britischen Oberhaus begannen im August 1820. Die »Karoline-Affäre« bildete den Schlussakt des königlichen Rosenkrieges – und geriet zu Georgs persönlichem Waterloo.

Denn die verhörten italienischen Mägde und Diener wollten sich entweder an nichts erinnern oder gaben zu, von Georgs Männern mit Geld bestochen worden zu sein. Karoline nutzte die Verhandlungen für ein tägliches Schaulaufen, gefeiert vom Volk. Die Vorwürfe gegen sie wurden schließlich vollständig entkräftet, der Gesetzesentwurf scheiterte kläglich. Nicht nur Georgs politische Gegner, darunter die liberalen Whigs, bejubelten die Königin. Im ganzen Land feierte das Volk für drei Tage und Nächte, mit Feuerwerken, Freudentänzen und Paraden. Karoline zog sich bald darauf aus der Öffentlichkeit zurück. Sie starb am 7. August 1821 in London.

Heute gilt die »Karoline-Affäre« als ein »zentrales Ereignis in der Geschichte der politischen Kultur« Großbritanniens, schreibt der amerikanische Wissenschaftler Thomas Laqueur. Denn sie mobilisierte die gesamte Öffentlichkeit auf der Insel: Allein im Jahr 1820 erschienen zur Affäre 500 Karikaturen, einige Hundert Pamphlete und unzählige Aushänge und Zeitungsartikel. Das Volk nahm den Fall nicht nur zum Anlass, um gegen den verhassten König zu demonstrieren. Es prangerte auch Missstände in der englischen Politik an, protestierte gegen Korruption und Vetternwirtschaft.

Georg erholte sich nie wieder von der Niederlage im vergeblichen Kampf gegen seine rebellische Frau. Seine letzten Lebensjahre verbrachte der korpulente König gern auf einem Diwan liegend, gekleidet in bunte Gewänder. Er starb am 26. Juni 1830 auf Schloss Windsor. Nie sei ein Verstorbener weniger von seinen Mitmenschen betrauert worden als dieser, schrieb die *Times* in ihrem abfälligen Nachruf.

An der Verachtung der englischen Öffentlichkeit für Georg IV. hat sich bis in die Gegenwart nichts geändert: Noch 2008 wählten die Briten ihn in einer Umfrage zum »nutzlosesten Monarchen« aller Zeiten.

TEIL IV
DEMOKRATIE UND MEDIENZEITALTER

Nie gelöschte Flamme

Unter Queen Victoria wandelte sich die Monarchie zum erfolgreichen Unternehmen. Ein Mann hatte daran entscheidenden Anteil: ihr deutscher Gatte Albert.

Von Bettina Musall

Am 20. Juni 1837 wird Prinzessin Alexandrina Victoria von Kent um sechs Uhr früh geweckt. Noch im Morgenrock nimmt sie die Nachricht entgegen, dass ihr Onkel, König Wilhelm IV. von England, gerade verstorben sei. Erst vor vier Wochen hat die Prinzessin ihren 18. Geburtstag gefeiert. Als der Überbringer der Todesnachricht, Lord Conyngham, vor ihr niederkniet und ihr die Hand küsst, weiß sie: Jetzt wird sie Königin von England.

Überraschend gelassen nimmt sie die folgenschwere Nachricht auf. »Ich ging in mein Zimmer und zog mich an.« Es ist ihr durchaus bewusst, dass sie noch »sehr jung« ist. Und doch notiert sie zuversichtlich in ihr Tagebuch, sie sei »vielleicht in vielen, aber nicht in allen Dingen unerfahren« und vertraue darauf, »dass ich mit den besten Absichten, mit Ehrlichkeit und Mut zumindest nicht versagen werde«.

Niemand, auch sie selbst, hätte in diesem Augenblick vorhergesehen, dass aus der Mädchenprinzessin einmal die populärste Monarchin Europas, Herrscherin über ein Viertel der Welt und dienstälteste Königin werden würde, nach der bis heute ein ganzes Zeitalter heißt.

So tief die Souveränin ins kollektive Gedächtnis der Briten eingebrannt ist, so widerstreitend bewerten Historiker ihr Erbe.

Sehen ihre Bewunderer in Victoria die Personifikation des British Empire, so verhöhnen ihre Kritiker sie als Marionette männlicher Machtgelüste. Gilt sie den einen als Musterbeispiel einer zutiefst moralischen Monarchin, die ihren Einfluss für Wohl und Wachstum von Volk und Vaterland einsetzte, so verachten ihre Gegner sie als emotionale Egomanin im Dienste dynastischen Machterhalts. Schon zu Lebzeiten wurde die erste Frau Großbritanniens zeitweise glühend verehrt; andererseits überlebte sie sieben Attentatsversuche.

Unstrittig ist, dass das öffentliche Ansehen der Krone Ende der 1830er Jahre, als Victoria den Thron bestieg, auf einem Tiefpunkt war. Die Geisteskrankheit von Georg III. und die exzentrische Verschwendungssucht seines Sohnes Georg IV. hatten die Achtung für den Hof in einer Zeit ruiniert, in der die Monarchie in ganz Europa um ihr Überleben kämpfte.

Zunehmend war auch die englische Krone darauf angewiesen, vom Volk gestützt zu werden, nachdem die politische Macht in Großbritannien seit Mitte des 18. Jahrhunderts klar beim Kabinett lag. Der König wurde konsultiert, der Premier und seine Minister hörten ihn an, das Staatsoberhaupt durfte seine Meinung sagen, Allianzen schmieden, Gesetze vorschlagen, Druck ausüben. Entscheiden konnte er oder sie in Staatsangelegenheiten ohne Absprache mit der Regierung aber nichts. Was nicht heißt, dass König oder Königin sich aus der Politik herausgehalten hätten. Aber die Einmischung musste subtil, hinter den Kulissen geschehen.

Die Zeiten waren unruhig, der Parlamentarismus noch nicht gefestigt. Wer sollte wählen dürfen? Welche Wirtschaftspolitik war geeignet, Hunger und Armut breiter Bevölkerungsschichten zu begegnen? Zölle oder freier Handel? Was tun mit dem ewigen Sorgenkind Irland? Und wie konnte die Krone sich an der Spitze des Staates behaupten, während inner- und außerparlamentarische Modernisierer Großbritannien in eine Demokratie verwandeln wollten?

Eine unbedarfte Königin konnte da rasch zum Spielball machtgieriger Politiker werden. Doch Victoria verfügte über eine Charaktereigenschaft, die ihre gesamte Regentschaft in privater wie dienstlicher Hinsicht mitbestimmen sollte: Dickköpfigkeit. So hatte sie noch vor ihrer Volljährigkeit einen Angriff auf ihre Souveränität abgewehrt. Der ehrgeizige Mentor, den ihr die Mutter nach dem frühen Tod des Vaters zur Seite gestellt hatte, wollte »Drina«, wie sie in der Familie wegen ihres ersten Vornamens Alexandrina genannt wurde, eine Unterschrift abnötigen, die auf Dauer seinen Einfluss und den der Mutter gesichert hätte. Die Tochter weigerte sich.

Frisch gekürt sah sich Königin Victoria nun einem Premier gegenüber, der unter den wechselnden Kabinettschefs ihrer fast 64-jährigen Regentschaft eine Sonderstellung einnehmen würde. William Lamb, 2nd Viscount Melbourne, kam seiner Pflicht, der Souveränin seine Politik zu erklären, mit einem Eifer nach, dass die Königin in Karikaturen schon als »Mrs. Melbourne« tituliert wurde.

Kein Tag, an dem Victoria in ihren Aufzeichnungen nicht von einem intensiven Austausch mit ihrem »guten und ehrlichen Freund« berichtet. Ist er einmal krank, fühlt sie sich »niedergeschlagen und zutiefst bekümmert« ohne ihn, »der mir ein Gefühl der Sicherheit und des Wohlbehagens gibt«. Melbourne war ein Whig wie Victorias Vater, die Tochter sah sich in dieser Tradition. »Für die Königin«, analysiert ihre Biografin Karina Urbach, »wurde Melbourne zum lang ersehnten Ersatzvater.«

Das Vertrauensverhältnis ihrer königlichen Hoheit zu ihrem 40 Jahre älteren Mentor stärkte zunächst die Stellung der Novizin. Akribisch arbeitete sie sich durch die roten Boxen, in denen noch heute offizielle Dokumente von Regierung und Königshof expediert werden. Victoria richtete feste Audienzen ein, vertrat entschieden ihre Meinung, sobald sie sich eine gebildet hatte. Ihre Minister entließ sie aber auch nicht selten mit dem Satz: »Ich werde darüber nachdenken.« Als sie ein Jahr nach dem Tod des ungeliebten Königs Wilhelm IV. gekrönt wurde, jubelte das Volk seiner neuen Repräsentantin zu. Doch schon bald wuchs am Hof der Unmut über die symbiotische Nähe der Herrscherin zu ihrem Whig. Die Stimmung drehte sich, als Victoria, getrieben von der verklemmten Sexualmoral ihrer Zeit, eine ledige Hofdame fälschlich bezichtigte, schwanger zu sein – die Frau litt und starb an einem Lebertumor. Wenn sich die Queen nicht zu beherrschen lerne, mokierte sich eine führende Lady, müsse sie auf die harte Tour erfahren, »dass sie weder mit ihrer Meinung Recht setzt, noch mit ihrer Willensäußerung ein Gesetz formuliert«.

Offenbar hatte es Melbourne auch versäumt, seine Elevin über die Realitäten in ihrem Land aufzuklären. Nachdem die Wissbegierige »Oliver Twist« gelesen hatte, interessierte sie sich für die dort beschriebenen sozialen Missstände. Doch auf Melbournes Rat ließ sie wieder davon ab. Weder die umkämpften Wahlrechtsreformen, noch die Auseinandersetzungen um die Kornzölle oder die desaströsen Folgen der rasanten Industrialisierung tauchen in den Gesprächsnotizen der Königin aus jener Zeit auf.

Dafür entdeckte sie die Freuden eines ungebundenen Lebens – bis zu ihrer Inthronisation waren Vergnügungen von ihr ferngehalten worden. Nun wollte Majestät ausreiten, die Nächte durchtanzen, Bälle, Theater und Opern besuchen. Eines wollte sie bis auf Weiteres jedenfalls entschieden nicht: heiraten. Das Thema sei ihr »widerwärtig«, bekannte die junge Monarchin mit dem aufbrausenden Temperament. Sie sei es gewohnt, »meinen Willen durchzusetzen;… es stünde 10 zu 1, dass ich mit irgendjemand auskommen werde«. Sie, die überzeugt war, »dass wir

Frauen, wenn wir gute Frauen sind, also weiblich, liebenswürdig und häuslich, nicht zum Regieren geeignet sind«, konnte sich nicht vorstellen, sich einem Mann unterzuordnen, noch dazu einem »Untertan«.

Doch das Glück und eine geschickte Heiratsvermittlung sorgten dafür, dass die Mädchenkönigin sich verlieben sollte, und zwar derart überwältigend, wie es in allen emotionalen Dingen, negativ oder positiv, ihre Art war. »Eine schöne Gestalt, breit in den Schultern und schmal in der Hüfte« erschien der königlichen Jungfer, ihr Vetter Albert aus Coburg. Victoria war hingerissen, »mein Herz verlangt nach ihm«, notiert sie in ihr Tagebuch. Fünf Tage später nahm der schüchterne 20-Jährige den Heiratsantrag seiner ranghöheren Cousine an, die ihn bis an ihr Lebensende anbeten sollte: »Er ist solch ein Engel, solch ein großer Engel!«

Eine segensreiche Verbindung war da entstanden, die unverbrüchlich zum Mythos der Regentschaft Victorias gehört. Nicht nur hinterließen die offensichtlich auch erotisch voneinander begeisterten Eheleute der Monarchie vier Söhne und fünf Töchter – zum Leidwesen der fast zwei Jahrzehnte ständig schwangeren Victoria, die das Kinderkriegen mit seinen Beschwerlichkeiten als die »dunklen Seiten« des Ehelebens betrachtete; die königliche Firma Victoria & Albert, als Marke schon bald untrennbar verschmolzen, wuchs mit der Zeit zu einem multinationalen Konzern, dessen Erfolgsstory bis heute einzigartig ist.

Prinz Franz Albrecht August Karl Emanuel von Sachsen-Coburg und Gotha, genannt Albert, hatte daran entscheidenden Anteil. Er verfügte nicht nur über »schöne blaue Augen« und einen »feinen, ganz feinen Backenbart« (Victoria); der deutsche Herzogssohn hatte ein Studium generale genossen und begriffen, dass Mitteleuropa in gewaltigen wirtschaftlichen und sozialen Umwälzungen steckte, in denen ein Königtum nur konstitutionell verankert überleben konnte.

Allerdings musste er sich etwas einfallen lassen, um nicht als »Dekorationsmöbel der Monarchie« zu verstauben; der angeheiratete Prinz hatte keinerlei Befugnisse: »Ich bin der Ehemann, aber nicht der Herr im Haus.« In der ehelichen Machtbalance erwies er sich als der Stärkere: Wenn es zwischen ihnen mal wieder krachte, verließ Albert einfach wortlos den Raum. Da die verliebte Königin, wie ihre Biografin Karina Urbach schreibt, »nichts mehr brauchte als seine seelische und körperliche Nähe«, lenkte sie früher oder später ein.

Wurden Alberts politische und diplomatische Talente anfangs von der ambitionierten Regentin missbilligt, so machte er sich dank der schwangerschaftsbedingten Unpässlichkeiten seiner Gattin schon bald als ihr Berater und Vordenker unentbehrlich. Durch Fleiß und Sachkenntnis beeindruckte er auch die politische Führung. Albert und Victoria amtierten bald Seite an Seite in ihren Arbeitszimmern, bei stets offener Tür.

Probleme, für die Lösungen gefragt waren, gab es reichlich. Der Manchester-Kapitalismus forderte seine Opfer, in sogenannten Arbeitshäusern herrschten menschenunwürdige Bedingungen, soziale Unruhen waren an der Tagesordnung. Eine Anti-Corn-Law-League verlangte den Freihandel, Whigs und Tories zählten zu den Gegnern wie den Befürwortern, es gab noch keine parteipolitische Disziplin, was die Regierungen anfällig für häufige Mehrheitswechsel machte. Außerparlamentarische Protestgruppen, wie die Chartisten, profitierten von Arbeitslosigkeit und Armut.

Jedoch: God saved the queen. Als der Tory Robert Peel 1841 im zweiten Anlauf Victorias Vertrauten Melbourne als Kabinettschef ablöste, erinnerte Albert ihre Majestät so sanft wie nachdrücklich daran, dass sie laut Verfassung zu parteipolitischer Neutralität verpflichtet war. Drei Tory-Damen zogen in den Hofstaat ein, die Königin war not amused, fügte sich aber mal wieder dem vergötterten Gemahl. Melbournes Abgang stärkte Alberts Einfluss. Mit dem visionären Peel verstand er sich gut und überzeugte schließlich auch die Königin, dass »die allein sicheren und königstreuen Leute« nicht nur unter Whigs, sondern auch unter Tories zu finden seien – eine pragmatische Einsicht, die umso wichtiger war, als die Regierungen häufig wechselten – 20-mal im Laufe ihrer Regentschaft.

Es ist schwer zu sagen, was genau sie zur Leitfigur ihres Jahrhunderts machte. Jedenfalls verfügte Victoria über einen ziemlich gesunden Instinkt, wenn es darum ging zu wittern, was im Volk gewünscht und was der Krone zuträglich war. Dabei beherrschte die Regentin virtuos die Klaviatur zwischen Politik und Opportunismus.

Mit den Ärmsten ihrer Untertanen zeigte sie im Einzelfall durchaus Mitgefühl. So verteilte sie in Schottland warme Unterröcke an bedürftige Greisinnen und notierte im Tagebuch: »Die Tränen liefen ihre alten Wangen herab und sie schüttelte meine Hände und flehte zu Gott, er möge mich segnen: Es war sehr anrührend.« Als jedoch Teile der Tories die Arbeitszeit für Frauen und Kinder auf zehn Stunden täglich beschränken wollten, schlug sich die Königin auf die Seite der Gegner dieses Vorschlags. Es könne kein Zufall gewesen sein, so Urbach, dass fünf der sieben Attentate auf die Königin in die sozialpolitisch raueste Zeit zwischen 1840 und 1850 fielen.

Der Prinzgemahl hingegen nahm einige Probleme seiner Zeit konsequent in Angriff, etwa die katastrophale Lage in Irland. Eine Kartoffelkrankheit vernichtete jahrelang die Ernte, mehr als eine Million Menschen verhungerten, andere wanderten massenhaft nach Übersee aus. Auf den Straßen rief das Volk, das sich von London im Stich gelassen fühlte, nach Unabhängigkeit.

Albert forderte Arbeitsbeschaffungsmaßnahmen, sprach mit Betroffenen, setzte sich für Bildungsprojekte ein. Trotz des

»Solch ein großer Engel« – Königin Victoria und ihr Gemahl Albert, 1860

gescheiterten Attentatsversuchs eines arbeitslosen Iren auf die Königin reisten Albert und Victoria nach Dublin – wo das Volk sie feierte. Die Queen wurde zwar nie so richtig warm mit dem schwierigen Anhang jenseits der Irischen See; doch vertreten durch Albert zeigte die Krone, so der Politologe Jürgen Lotz, »ein Interesse an den Unterprivilegierten wie noch nie zuvor in der englischen Geschichte«.

Der Prinz war ihre PR-Maschine. Diente seine Idee einer Weltausstellung industrieller, wirtschaftlicher und kultureller Güter 1851 vor allem der internationalen Anerkennung britischer Großartigkeit, so verstand er sich ebenso begnadet auf das Projekt Familie. Ihm war klar: Wenn irgendetwas die Monarchie als repräsentative Instanz legitimierte, dann war es die höfische Inszenierung.

Nachdem der prunksüchtige Lebensstil ihrer Vorfahren und die Volksaufstände auf dem Kontinent aristokratischen Pomp diskreditiert hatten, fanden V&A eine Form der »theatrical politics«, die den bürgerlichen Werten der viktorianischen Gesellschaft – Fleiß, Bildung, Tugendhaftigkeit und Sparsamkeit – eine royale Heimstatt gab.

Perfekt in Szene gesetzte Bühnenbilder mit der königlichen Vorzeigefamilie, die bei allem Glamour durchaus privat wirkten, wurden für die breite Öffentlichkeit reproduziert. Die neue Werbebotschaft der Royal Family – vorbildlich, dabei angemessen volksnah –, zu der auch das vergleichsweise einfache Leben auf den Landsitzen Osborne House und Balmoral Castle gehörte, wirkt selbst im Vergleich mit heutigen Königshäusern verblüffend modern.

So sichtbar der PR-Triumph in eigener Sache, so wenig erfolgreich gestaltete sich das Bemühen des hohen Paares, auch auf dem politischen Parkett verlorene Macht zurückzuerobern. »Es sind die jeweiligen Minister der Krone, die nach der Verfassung in letzter Instanz für alle Verwaltungshandlungen verantwortlich gemacht werden«, dekretierte Lord Palmerston, langjähriger Gegenspieler Victorias. Dessen ungeachtet versuchten Victoria und Albert, die Meinungsbildung im Kabinett massiv zu beeinflussen, besonders, wenn es um die Außenpolitik ging. So schrieb das königliche Paar eine Unzahl von Memoranden an Minister und Generäle über den desolaten Zustand der britischen Armee, um den russisch-osmanischen Krim-Krieg zu verhindern – weil Albert Deutscher war, brachte ihm das den Vorwurf des Landesverrats ein.

Der Krieg fand trotzdem statt, mit entsetzlichen Verlusten auf britischer Seite. Immerhin gab es hinterher Lob: Den »Pariser Frieden« schließen zu können, sei »vergleichsweise leicht« gefallen, lobte Premier Palmerston, »durch die erleuchteten Ideen, die Euer Majestät in allen großen Angelegenheiten hatte.« »Euer Majestät« war da längst nicht mehr nach ihm oder ihr zu unterscheiden. Der Gemahl wirkte, die königliche Gattin profitierte von seinen zumeist segensreichen Missionen. Als Großbritannien im November 1861 kurz davor stand, aufseiten der Südstaaten in den amerikanischen Bürgerkrieg hineingezogen zu werden, rettete ein von Albert geschickt redigierter Brief des Premiers Palmerston die diplomatischen Beziehungen zu Amerika.

Zwei Wochen später war Albert tot – für die Königin ein persönliches Desaster, das nationale Ausmaße annehmen sollte. Victorias Sehnen nach dem Einzigartigen löste jahrelange, teils bizarre Trauerexzesse aus. Allabendlich hatte das Personal die Kleidung des Verstorbenen für den kommenden Tag bereitzulegen, sein Nachthemd nahm die Witwe mit ins Bett. Ihre »warme leidenschaftlich liebende Natur so voller leidenschaftlicher Verehrung für den Engel, den ich wagte, mein zu nennen«, konnte die Hohepriesterin einer strikt ehelich sanktionierten Geschlechtlichkeit nun nicht mehr ausleben. »Mit 42 müssen alle diese irdischen Gefühle zerquetscht und erstickt werden, und die nie gelöschte Flamme brennt in mir und zehrt mich aus.« Jahrelang weigerte sich die Trauernde, das Parlament zu eröffnen. Politik, Presse und Volk klagten die repräsentativen Pflichten der Königin ein, die in ihrem ekstatischen Kummer die Monarchie in Gefahr brachte. Und wieder war es ein Mann, eigentlich waren es sogar drei, die »das arme, vaterlose Baby von acht Monaten« (Victoria über Victoria) zurück ins Leben holten.

Ihr privates Wohl übertrug Majestät zunächst ihrem schottischen Kammerdiener, später ihrem indischen Sekretär – der Hofklatsch blühte. Die Rolle des politischen Mentors streifte sich der »Impresario des Konservatismus«, Premier Benjamin Disraeli, in unnachahmlicher Geschmeidigkeit über. Wenn die Wünsche seiner »Feenkönigin«, wie er sie bisweilen nannte, von einer Monarchin formuliert würden, die »geruht« habe, ihn durch ihre »weise Erfahrung zu unterstützen« und durch »herablassende Güte zu ermutigen«, dann werden diese Wünsche zu Befehlen von jener Art, bei denen der Gehorsam eine Freude ist«. Endlich sah sich Madame, kommentiert Biograf Lotz, »von einem Politiker verstanden«. Sie erhob Disraeli zum Earl of Beaconsfield, er organisierte ihr im Parlament eine Mehrheit für den Titel »Kaiserin von Indien« und konnte ein großes Aktienpaket des Sueskanals für Großbritannien erwerben.

Die Politik der imperialen Machtentfaltung, die Disraelis konservative Regierung betrieb, gefiel ihrer Hoheit. Wiewohl sie die Länder ihres Empire nie besuchte, posierte sie mit ihrem indischen Diener vor der Kulisse eines Zeltes, als säße sie mitten in Rajasthan. Die Kriege in den Kolonien – anders als in Europa – beschönigte die Herrscherin mit kultureller Arroganz: »Nicht um der Machtvermehrung willen, sondern um Krieg und Blutvergießen zu verhindern, müssen wir dies tun.« Und traf damit – wieder einmal – den Nerv ihres patriotisch gesinnten

Volkes. »Victoria Regina et Imperatrix« wurde zum Symbol des britischen Kolonialimperialismus – und der vor allem symbolisch wieder erstarkten Monarchie.

Denn machtpolitisch musste die Königin im eigenen Land immer häufiger klein beigeben. Umso geschickter setzte die »begnadete Managerin« (Urbach) ihren Ehrgeiz für die Royal Family ein. Ihre Kinder hatte sie strategisch optimal verheiratet. Vicky, die älteste, sollte mit Friedrich III. Kaiserin von Deutschland werden, Sohn Alfred war mit der Tochter des russischen Zaren verheiratet. Mehr und mehr verschmolz der imperiale Glanz der »Großmutter Europas« mit der Weltgeltung, die das expandierende Empire verströmte. Sie überstrahlte sogar die wirtschaftliche Depression, die England Ende des viktorianischen Jahrhunderts erfasste. Dass allein in London zwei Millionen Menschen in Armut lebten, konnte dem Jubel zu Victorias 60. Thronjubiläum nichts anhaben.

Victoria war, so beschrieb sie die Historikerin Elisabeth Longford, »jede Unze eine Bourgeoise und jeder Zoll eine Königin«. Alles, was sie nicht war, intellektuell, diplomatisch, wohltemperiert und berechenbar, hatte sie geheiratet.

Bei allem Zweifel an der wahren Größe der ein Meter fünfzig kleinen Regentin: Die eigene Unvollkommenheit zu erkennen und durch einen Partner auszugleichen, dazu gehört jedenfalls Mut und Intuition, zumal in einer Position, in der Selbstzweifel nicht zur Grundausstattung gehören.

»Die Frau, die ich liebe«

Eduard VIII. stürzte mit seiner Leidenschaft für eine Amerikanerin 1936 die Monarchie in eine tiefe Krise. Sein schüchterner Bruder Albert musste einspringen – und überraschte alle.

Von Michael Sontheimer

Als das Jahr 1935 seinem Ende entgegenging, verschlechterte sich der Zustand von Georg V. zusehends. Der König litt an Herzschwäche und chronischer Bronchitis. Zudem plagten ihn düstere Ahnungen. »Wenn ich tot bin«, sagte er zu seinem Premierminister Stanley Baldwin, »wird der Junge sich innerhalb eines Jahres ruinieren.«

Gemeint war der älteste seiner fünf Söhne, der Thronfolger Eduard. Der Prinz von Wales, in der Familie David genannt, war 41 Jahre alt und wohl der begehrteste Junggeselle der Welt: schlank, goldblondes Haar, traurige blaue Augen, ein jungenhaftes Lächeln, galant und charmant.

Am 16. Januar 1936 betätigte sich der Prinz gerade standesgemäß: Er ging im Großen Park von Windsor jagen, als er die Nachricht seiner Mutter, Queen Mary, erhielt, er möge sich schnell im Schloss von Sandringham einfinden. Der Prinz ließ sich sofort zu dem Anwesen der Windsors in die Grafschaft Norfolk fliegen. Dort konnte der königliche Leibarzt nicht viel mehr für Georg V. tun, als ihm hohe Dosen Morphium und Kokain zu verabreichen. Während der bangen Stunden des Wartens schrieb Eduard an seine Geliebte Wallis Simpson: »My own Sweetheart. Du bist mein Ein und Alles im Leben.«

Am 20. Januar 1936 um fünf Minuten vor Mitternacht starb der Herrscher über das größte Reich der Welt und seine gut 500 Millionen »Subjekte«. Seine Frau, Queen Mary, küsste ihrem ältesten Sohn die Hand und bot ihm als neuem König ihre Gefolgschaft an. Der aber brach in hysterisches Weinen aus. Der Thronfolger fürchtete nicht nur die Verantwortung, die das Amt der Krone mit sich bringen würde. Noch mehr Angst hatte er um seine Liebe zu Wallis Simpson, eine zum zweiten Mal verheiratete Amerikanerin aus Baltimore. Würde er sie je heiraten können? Könnte sie an seiner Seite Königin werden?

In diesem Winter 1936 brach für die Windsors, wie das britische Königshaus Sachsen-Coburg-Gotha sich seit der Zeit des Ersten Weltkriegs nannte, ein annus horribilis an, ein Schreckensjahr. Auf die Monarchie Großbritanniens wartete ihre schwerste Krise im 20. Jahrhundert.

Der neue König, der sie auslösen sollte, hatte bislang das typische Leben eines Thronfolgers gelebt: ein schier endloser Reigen aus Reisen, Banketten und Jagden, umgeben von Frauen, die ihm schöne Augen machten, von unterwürfigen Höflingen und Gastgebern, die sich schon durch seine Gegenwart geschmeichelt fühlten. Er hatte nie gelernt, konzentriert und ausdauernd zu arbeiten. Er las keine Bücher, höchstens Zeitungen.

Dass Eduard VIII. die Staatsgeschäfte nicht sonderlich interessierten, wäre in politisch stabilen Zeiten kein Problem gewesen. Doch 1936 ließ Adolf Hitler das Rheinland besetzen und brach damit den Versailler Vertrag; in Spanien begann General Franco den Bürgerkrieg. Am Horizont erschien das Schreckensgespenst eines neuen Weltkriegs, nur 18 Jahre nach dem Ende des Ersten.

War Eduard dem gewachsen? Zu den ehernen Regeln des Protokolls legte er jedenfalls ein eher lockeres Verhältnis an den Tag. Als er im St. James's Palast zum neuen König ausgerufen werden sollte, bestand er darauf, dass seine geliebte Wallis ihn begleitete. Anschließend fuhr das Paar, zum Entsetzen altgedienter Höflinge, zusammen in seiner Limousine davon. Die Konservativen am Hofe fürchteten, dass Eduard die Monarchie zu schnell modernisieren und ihr den Zauber des Gediegenen rauben könnte. Als der König einmal selbst auf die Straße lief, um für Wallis Simpson ein Taxi herbeizuwinken, waren sie fassungslos.

Kennengelernt hatte er die Bürgerliche im Herbst 1930, als sie zusammen mit ihrem Mann bei seiner damaligen Geliebten zu Gast war. Sie hatte im Alter von 20 einen Piloten der U. S. Navy geheiratet, einen alkoholsüchtigen Rohling, von dem sie sich schließlich scheiden ließ. Ihr zweiter Mann Ernest Simpson war ein attraktiver Schiffsmakler, dem sie 1928 nach London folgte.

König Eduard VIII. und Wallis Simpson gelten als Protagonisten einer der größten Liebesgeschichten des 20. Jahrhunderts, aber es war keine Liebe auf den ersten Blick. Erst als Eduards damalige Freundin eine Affäre mit einem Playboy begann, kam der Prinz von Wales bei den Simpsons immer häufiger auf ein paar Cocktails vorbei.

Was machte diese Frau so attraktiv, dass er schließlich bereit war, die Krone gegen die Ehe mit ihr einzutauschen? Wie konnte es einer eher maskulin wirkenden Amerikanerin gelingen, den König Großbritanniens von seinem quasi gottgegebenen Weg abzubringen?

Viel wurde darüber spekuliert, zunächst hinter vorgehaltener Hand, später in zahlreichen Büchern. Simpson-Biograf Charles Higham konnte sich die Anziehungskraft nur mit raffinierten Sexualtechniken erklären: Wallis habe in chinesischen Bordellen raffinierte fernöstliche Praktiken erlernt. Dazu gehöre »die Entspannung des männlichen Partners durch eine verlängerte, sorgsam dosierte Massage mit warmem Öl, zunächst der Brustwarzen, des Bauches, der Oberschenkel und schließlich, nach einer fast grausam hinausgezögerten Verspätung, der Genitalien«.

Die Rollenverteilung des prominenten Paares war über Jahrzehnte eindeutig: Wallis Simpson galt als die gerissene Verführerin, die Femme fatale, die beinahe die britische Monarchie zerstört hätte, indem sie den verklemmten Prinzen sexuell befriedigte. Der Privatsekretär von Eduards Vater hielt sie für eine Hexe, andere mutmaßten, die Amerikanerin habe den armen Thronfolger hypnotisiert.

Wallis Simpsons Biografin Anne Sebba kommt zu dem Schluss: »Wahrscheinlich kannte sie ein paar nicht vaginale Sexualpraktiken, oralen Sex eingeschlossen, die nicht zur Standarderziehung der meisten amerikanischen und englischen Mädchen dieser Zeit gehörten.« Es war eine Zeit, in der sexuelle Aufklärung tabuisiert war, Informationsschriften zu diesem Thema waren kaum erhältlich. Eines der ersten englischen Aufklärungsbücher, das ein Arzt unter Pseudonym verfasst hatte, wurde in Blackpool 1939 öffentlich verbrannt. Wallis Simpson erschien bald vielen als Streiterin für größere Freiheit, auch sexuelle.

Die Amerikanerin konnte ohne Frage dominant auftreten, bossy, wie die Engländer sagen. Als der Prinz einmal bei Tisch Probleme hatte, ein Brathuhn zu zerlegen, nahm sie ihm einfach das Messer aus der Hand und sagte: »Darum kümmere ich mich, Sir!«

War es die große Liebe? Oder doch eine krankhafte Obsession? Das Urteil des Rechtsanwalts Walter Monckton, eines Freundes des Prinzen seit gemeinsamen Studentenzeiten in Oxford: »Es ist ein großer Fehler anzunehmen, dass er nur im gewöhnlichen physischen Sinn des Begriffs in sie verliebt war. Sie waren intellektuelle Gefährten, und ohne Zweifel fand seine einsame Natur in ihr auch eine spirituelle Gemeinschaft. Er fühlte, dass er und Mrs Simpson füreinander gemacht waren und dass es keine andere aufrichtige Art und Weise gab, auf diese Situation zu reagieren, als sie zu heiraten.«

»DIE FRAU, DIE ICH LIEBE«

Mindestens zweimal war Wallis zuvor mit ihrem Gatten beim König eingeladen, zum Beispiel zu Filmvorführungen auf Schloss Windsor. Auf die Dauer konnte Simpson die Zuneigung zwischen seiner Frau und dem König nicht verborgen bleiben. Praktischerweise verliebte sich eine alte Schulfreundin von Wallis in den unglücklichen Ernest. Plötzlich war es Wallis, die sich böse hintergangen fühlte. Die Schulfreundin schrieb an ihre Schwester: »Obwohl sie es hasste, mich da zu haben, nutzte es ihrer Absicht, denn sie konnte nun sagen, dass Ernest eine Affäre mit mir hatte und sie müsste deshalb eine Scheidung bekommen.«

Im Juni 1936 besuchte Wallis Simpson das Pferderennen von Ascot, eines der größten gesellschaftlichen Ereignisse der britischen Oberklasse – in einer königlichen Kutsche. Die hatte ihr Eduard geschickt, der selbst wegen der offiziellen Trauerzeit nicht kommen konnte. Darüber zerrissen sich die versammelten Höflinge und Aristokraten den Mund. Es gab ohnehin kein Thema, über das 1936 mehr getratscht wurde als Wallis Simpson.

Das Erstaunlichste an der königlichen Affäre aus heutiger Sicht ist das Schweigen der Presse. In den Neunzigerjahren veröffentlichten Londoner Blätter kaltlächelnd den Wortlaut eines sehr intimen Telefongespräches zwischen dem Thronfolger Charles und seiner Geliebten Camilla. Damals aber schrieben die Journalisten über Wallis Simpson kein Wort. Während in der ausländischen Presse, besonders der amerikanischen, munter über das ungleiche Paar spekuliert wurde, fühlten sich die großen Verleger der Londoner Fleet Street der Staatsräson verpflichtet und übten sich in Selbstzensur.

Die konservative Regierung unter Premier Baldwin betrachtete Wallis Simpson von Anfang an mit kritischem Blick, und das hatte auch hochpolitische Gründe. Da die Amerikanerin von britischen und US-Spionen überwacht wurde, wusste man, dass sie Kontakt mit Leopold von Hoesch hatte, dem deutschen

Botschafter in London. Und zumindest zweimal hatte sie dessen Nachfolger getroffen, Hitlers Sonderbotschafter und späteren Außenminister Joachim von Ribbentrop. Diese unsichere Kantonistin, so die Sorge, hatte Zugang zu allem, auch den geheimsten Dokumenten der Regierung.

Qua Amt war der König auch Kopf der Kirche von England. Als solcher, befanden die Bischöfe und auch die Regierung, konnte er keine Frau heiraten, deren beide Ex-Gatten noch lebten. Im puritanisch geprägten Großbritannien konnten sich Ehepaare zwar seit 1857 scheiden lassen, aber die legale Trennung war kostspielig und für Frauen nur möglich, wenn der Partner des Ehebruchs überführt wurde. Als Wallis Simpson 1936 schließlich um ihre Scheidung nachsuchte, taten dies weniger als 5000 Briten im Jahr.

Die Yorkshire Post brach schließlich am 1. Dezember 1936 das Schweigen, als sie von einer Predigt des Bischofs von Bradford berichtete. Dieser hatte erklärt, dass der König Gottes Gnade im Überfluss bräuchte. »Und wir hoffen, dass er sich bewusst ist, dass er sie braucht.«

Die Arbeiterklasse und die jüngere Generation hätten wohl zumeist nichts gegen eine Ehe des populären Königs und der Amerikanerin gehabt. Nicht so die konservative Mittelklasse. Einer der wenigen Politiker, die auf der Seite von Eduard VIII. standen, war Winston Churchill, der mit ihm seit 25 Jahren befreundet war. Der unkonventionelle Konservative meinte: »Warum sollte es dem König nicht erlaubt werden, seine Süße zu heiraten?« Der Schauspieler Noël Coward antwortete trocken: »Weil England sich keine Süße als Königin wünscht.«

Selbst Wallis versuchte, den König vom Thronverzicht abzubringen. Vergebens. Die Aristokraten waren entsetzt, und die Politiker formierten eine Große Koalition gegen Simpson. Auch die Chefs der Labour Party und der Liberalen wollten sich nicht für die umstrittene Heirat des Königs mit der Amerikanerin starkmachen. In den Dominions fand Eduard VIII. ebenfalls keine Unterstützung. Wenn Mrs Simpson Königin würde, erklärte der australische Premierminister, »würde das weitverbreitete Verurteilung hervorrufen«.

Des Königs jüngerer Bruder Albert, genannt Bertie, Herzog von York, sollte ihm die Heiratspläne ausreden. Bertie notierte: »Ich hatte einen langes Gespräch mit D, aber ich konnte sehen, dass nichts ihn von seiner Entscheidung abbringen würde.«

So war es. Da die Regierung selbst einer morganatischen Ehe (also minderen Rechts) mit Wallis Simpson nicht zustimmen mochte, die Eduard sich hätte vorstellen können, wollte er lieber abdanken, um mit seiner großen Liebe zu leben. Das war ein

Schlagzeilen zur drohenden Abdankung Eduards VIII. am 10. Dezember 1936

revolutionärer Akt. Noch nie hatte ein englischer König freiwillig auf den Thron verzichtet. Eduard schien die Aussicht auf die Befreiung vom prominenten Amt sogar zu beflügeln.

Am Abend des 11. Dezember 1936 erklärte Eduard VIII. seinen zum allergrößten Teil überraschten und schockierten Untertanen, dass er abdanke, um seine Verlobte heiraten zu können. Die Rede, bei deren Abfassung ihm Winston Churchill geholfen hatte, übertrug die BBC von Schloss Windsor aus in alle Welt. Der König sprach von der »ernstesten Entscheidung meines Lebens«. Und sagte: »Ich fand es unmöglich, die schwere Bürde der Verantwortung zu tragen und meine Pflichten als König zu erfüllen, wie ich es tun wollte, ohne die Hilfe und Unterstützung der Frau, die ich liebe.« Er schloss seine Rede mit: »God bless you all. God save the King.« Das war nun Bertie, sein Bruder. Ein solches Dreikönigsjahr hatte England zuletzt während der Rosenkriege Ende des 15. Jahrhunderts erlebt.

Der amerikanische Journalist Henry Louis Mencken schrieb über die Lovestory: »Es war die größte Geschichte seit der Wiederauferstehung.« Für Romantiker hatte der König genau das Richtige getan, er war der Liebe gefolgt, nicht der Macht. Für Materialisten, insbesondere den englischen Adel, den Hof und die Londoner Politiker, hatte Eduard VIII. einen großen Fehler gemacht. Seine Mutter, Queen Mary, schrieb in ihr Tagebuch: »Dafür alles aufzugeben!!!!« Premier Baldwin zitierte einen Witz aus einem Kabarett: »Er war der Admiral der Flotte, aber jetzt ist er der dritte Kumpel einer amerikanischen Landstreicherin.«

Tatsächlich war Eduard jetzt nur noch der Herzog von Windsor, so sein neuer Titel. Mit Wallis ging er nach Frankreich ins Exil. Dort heirateten sie im Juni 1937 auf dem Chateâu de Candé bei Tours.

Eduards Schwägerin Elizabeth, später als »Queen Mum« (siehe Seite 226) eine dominierende Gestalt der Windsors, nannte Wallis Simpson nie bei ihrem Namen, sondern nur »diese Frau«. Für das Protokoll verfügten sie und ihr Mann, »dass eine Lady, wenn Sie Seiner Königlichen Hoheit dem Herzog von Windsor vorgestellt wird, einen Knicks machen sollte. Die Herzogin von Windsor ist dazu nicht berechtigt«. Die Windsors demonstrierten der Amerikanerin kühl bis an ihr Lebensende, dass sie nicht zur Familie gehörte.

Den 11. Dezember 1936, den Tag des Thronverzichts, der ihn zum König machte, nannte Bertie in seinem Tagebuch »that dreadful day«, dieser »schreckliche Tag«. Um an die stabilen Tage der Monarchie unter seinem Vater anzuknüpfen, wählte er den Namen Georg VI.

Nun war ein Mann König, der eigentlich gar kein König hatte sein sollen, der insgeheim darüber klagte, dass er nur eine Ausbildung als Marineoffizier habe und in keiner Weise auf den schweren Job vorbereitet worden sei. Er war von schwacher Statur und so schüchtern, dass er besonders bei öffentlichen Auftritten stotterte. Seine Frau, die schottische Adelige Elizabeth, hatte ihm deshalb einen Sprachtherapeuten besorgt. Als Bertie seiner Mutter von der bevorstehenden Abdankung seines Bruders berichtete, hatte er eine Stunde lang geschluchzt und geweint.

Während Eduard, der Herzog von Windsor, nun durch Europa reiste, wuchs sein Bruder Bertie mit großem Pflichtbewusstsein überraschend schnell in die anspruchsvolle Rolle des Königs in schweren Zeiten hinein. Gerade seine zurückhaltende Art und seine Liebenswürdigkeit im Umgang mit Menschen machten ihn populär, zum »König des Volkes«, wie er dann genannt wurde.

Im schwierigen Verhältnis zum nationalsozialistischen Deutschland unterstützte Georg VI. zunächst den Versuch des konservativen Premiers Neville Chamberlain, Hitler mit Zugeständnissen zu besänftigen. Als die Appeasement-Politik scheiterte und die britische Regierung dem Deutschen Reich nach dessen Überfall auf Polen den Krieg erklärte, entwickelte der König eine sehr enge Beziehung zu Chamberlains Nachfolger Winston Churchill, der für den entschlossenen Kampf gegen Nazi-Deutschland der ideale Premierminister war.

Das Königspaar würdigte beständig die durch den Krieg bedingte Opferbereitschaft der Briten. Georg VI. besuchte regelmäßig Truppen an allen Fronten; seine Frau besuchte in Krankenhäusern die Opfer deutscher Bombenangriffe. Georg VI. und Elizabeth harrten trotz des »Blitz« zumindest tagsüber in London aus, bei sparsamen Rationen im Buckingham Palast und im Schloss Windsor, die Fenster waren mit Brettern vernagelt.

Als Eleanor Roosevelt, die Gattin des US-Präsidenten, die königliche Familie im Oktober 1942 besuchte, stellte sie fest, dass die Windsors furchtbar erkältet waren – in ihren weitläufigen Schlössern gab es keine Zentralheizung. Zuvor hatte Georg VI. im Frühjahr 1939 – als erster britischer König – die USA besucht und dabei versucht, den Präsidenten Franklin D. Roosevelt als Bündnispartner für einen möglichen Krieg gegen Deutschland zu gewinnen.

Georg VI., der mit großem Ernst seine Pflicht erfüllte, war im Krieg sicherlich der bessere König, als sein kapriziöser älterer Bruder es gewesen wäre. Das zeigten ihm auch seine Untertanen. Am 8. Mai 1945 feierten eine Million Menschen in London den Sieg über Nazi-Deutschland. Die Windsors empfingen Premierminister Churchill im Buckingham-Palast, draußen skandierte die begeisterte Menge: »We want the King!« Insgesamt neunmal ging Georg VI. mit seiner Familie und seinem Premier auf den Balkon, um seinen begeisterten Untertanen zuzuwinken.

Sein Bruder, der Herzog von Windsor, und dessen Frau Wallis hatten zu den Nationalsozialisten eine ungute Nähe gezeigt. Sie waren, obwohl sie als Privatleute keine offizielle Funktion mehr hatten, im Herbst 1937 auf Einladung der Deutschen Arbeitsfront und ihres Leiters Robert Ley nach Deutschland gereist, hatten Tee mit Reichskanzler Adolf Hitler getrunken und Joseph Goebbels, Rudolf Heß sowie weitere Nazi-Größen getroffen.

In einem vertraulichen Bericht des Londoner Außenministeriums hieß es über Eduard: »Er war immer mit Dr. Ley unterwegs, der unterschiedslos betrunken ist. Sogar die Rechnung für die Maniküre seiner Sekretärin wurde von Dr. Ley bezahlt, und im Hotel Kaiserhof wurden keine Trinkgelder gegeben.«

Als Frankreich 1940 von deutschen Truppen besetzt wurde, gingen der Herzog von Windsor und seine Frau zunächst nach Lissabon, bis Winston Churchill ihn als Gouverneur auf die Bahamas schickte. Kurz vor Kriegsende im März 1945 trat Eduard von diesem Posten zurück und bekleidete nie mehr ein Amt des Vereinigten Königreichs.

Wallis und er bekamen keine Kinder und führten das sinnarme Leben der High Society. Beide starben in Paris, er im Mai 1972, sie im April 1986. Beerdigt wurden sie im Park von Schloss Windsor. Zum Begräbnis von Wallis Simpson erschienen 16 Mitglieder der Königlichen Familie, auch Königin Elizabeth II. nebst Gatten und Prinz Charles mit Prinzessin Diana. Queen Mum wirkte ungewöhnlich heiter, und während der 28 Minuten sang die Trauergemeinde allerhand fromme Lieder, doch der Name der Verstorbenen wurde kein einziges Mal erwähnt.

BECHERN FÜR BRITANNIEN

Queen Mum, die Mutter von Elizabeth II.,
war die Populärste der Windsors seit dem Krieg.
Sie liebte Gin, aber nicht die Deutschen.

Von Michael Sontheimer

Als Albert, der Herzog von York, um ihre Hand anhielt, gab sie ihm zweimal einen Korb. Es hieß, sie habe ein Auge auf den älteren Bruder ihres Verehrers geworfen, den charmanten Thronfolger Eduard. Doch beim dritten Antrag von Prinz Albert erhörte ihn die lebhafte Schottin schließlich. Die beiden heirateten 1923 in der Westminster Abbey.

Elizabeth Angela Marguerite Bowes-Lyon wurde als neuntes von zehn Kindern eines Earls von Strathmore, Abkömmling eines alten schottischen Adels-Clans, am 4. August 1900 geboren. Da lebte Königin Victoria noch. Stammsitz der Familie war Glamis Castle nördlich von Edinburgh, das im Ersten Weltkrieg als Lazarett für verwundete Soldaten diente. Die junge Lady Elizabeth engagierte sich als Hilfsschwester. Einer ihrer Brüder fiel 1915 in Flandern, ein anderer wurde schwer verwundet.

Nach dem Krieg wurde die 20-Jährige in London in die High Society eingeführt, als sie auf einem Ball Prinz Albert kennenlernte. Er verliebte sich offenbar sofort in sie. Elizabeth wurde die starke Frau an der Seite des schüchternen, unsicheren Mannes. Drei Jahre nach der Hochzeit wurde das erste Kind, »Lilibet«, die heutige Königin Elizabeth II., geboren. Dass »Bertie« eines Tages König werden würde, damit hätten die beiden nie gerechnet. Als Alberts älterer Bruder Eduard VIII.

im Dezember 1936 schon nach 325 Tagen wieder abdankte, war dies ein Schock für sie.

Doch das Königspaar tat pflichtbewusst seinen Dienst und hielt auch dem »Blitz« stand, den heftigen deutschen Luftangriffen auf London. Als das East End, das Hafen- und Arbeiterviertel, schon in Schutt und Asche lag, trafen Hermann Görings Bomber auch einmal den Buckingham Palast. »Ich bin froh, dass wir bombardiert wurden«, erklärte Königin Elizabeth da einem Polizisten. »Ich habe das Gefühl, dem East End ins Gesicht sehen zu können.«

Premier Winston Churchill hatte der Königin einen Revolver geschenkt, und sie nahm Schießunterricht. »Ich werde nicht wie die anderen untergehen«, sagte sie mit Blick auf Europa; der belgische König etwa kapitulierte 1940 und stellte sich den Deutschen. So wurden sie und ihr Gatte zu Symbolfiguren des erfolgreichen Kampfes gegen die Faschisten in Deutschland und Italien. Albert, der als sehr starker Raucher an Lungenkrebs erkrankt war, starb 1952 im Alter von 56 Jahren, da war Elizabeth nicht nur die Mutter der Königin, wie sie künftig hieß, sondern auch eine Mutter der Nation.

Elizabeth überlebte ihren Mann um ein halbes Jahrhundert und blieb – inmitten aller Skandale ihrer Enkel – die Beliebteste der Windsors. Sie wurde das, was man eine lustige Witwe nennt: Ihr Leben sei angefüllt gewesen »mit einem Gefühl für Spaß, Freude und die Musik des Lachens«, würdigte sie der Erzbischof von Canterbury, als sie im Alter von 101 Jahren starb.

Obwohl in einer Biografie später bösartig behauptet wurde, sie sei eigentlich die Tochter einer Köchin in Diensten ihrer Eltern gewesen und außerdem eine üble Intrigantin, blieb der *Guardian*-Kolumnist Simon Hoggart doch eher eine Ausnahme, als er zu ihrem 100. Geburtstag anmerkte: Die »alte überprivilegierte Fledermaus« habe in den letzten fünf Jahrzehnten »nicht viel getan, außer für Britannien zu bechern und zu wetten«. Es war allseits bekannt, dass sie gern und regelmäßig Gin-Tonic trank, doch von Alkoholismus wagte niemand auch nur zu flüstern. Neben Gin schätzte die Queen Mum auch süße Aperitifs und Jahrgangschampagner der Marke Krug.

Bis zu ihrem Tode im März 2002 residierte sie vor allem im luxuriösen Clarence House in London und verfügte über rund ein Dutzend Diener. Die jährliche Apanage durch die britischen Steuerzahler von zuletzt rund einer Million Euro reichten ihr bei Weitem nicht aus. Ihr Pferdegestüt und ihre Wettleidenschaft waren derart kostspielig, dass sie den Dispo bei ihrer Hausbank in Höhe von sechs Millionen Euro gern mal ausschöpfte. Immer wieder musste auch ihre Tochter, die Königin, aushelfen. Das störte viele ihrer Untertanen nicht, sie schätzten die exzentrische Matriarchin, weil sie statt »Cool Britannia« »Merry Old England« verkörperte.

Dazu gehörte auch, dass ihr die Deutschen nie sympathisch waren. Seit dem Ersten Weltkrieg titulierte sie die Germans gern als »Hunnen«; trotz öffentlicher Proteste enthüllte sie 1992 in London eine Statue von Arthur »Bomber« Harris, der für den Luftkrieg gegen Nazi-Deutschland verantwortlich war und Dresden zerstören ließ. »Vertrau ihnen niemals«, sagte sie über die Deutschen.

Das Unternehmen Windsor

Die Regierung entlassen,
Verträge abschließen, Universitäten gründen:
Elizabeth II. darf nichts ohne ihren Premier.
Doch hat sie ihre Epoche geprägt –
und die Monarchie stabilisiert.

Von Hans Hoyng

> Könige werden nicht geboren
> sie werden gemacht
> durch künstliche Halluzination.
> George Bernard Shaw

Der Besuch von Königin Elizabeth II. bei der 42-jährigen Witwe Susan McCarron und ihrem elfjährigen Sohn James am 7. Juli 1999 ist ein Staatsakt der besonderen Art: Er soll die Nähe von Monarchin und Untertanen suggerieren; fast zwei Jahre sind nun vergangen seit dem Tod von Diana, Elizabeths Rivalin um die Herzen ihres Volkes.

Familie McCarron lebt im Craigdale Housing Estate von Glasgow, einer Sozialwohnungsanlage mit barrierefreien Apartments für Behinderte; Mrs. McCarron hat bereits vier Schlaganfälle hinter sich. Elizabeth lebt im Londoner Buckingham-Palast, übers Wochenende auf ihrem Stammsitz Windsor, jeden Sommer zwei Monate in Balmoral, ihrem neugotischen Refugium im schottischen Hochland, zum Jahreswechsel im ostenglischen Sandringham-Landsitz und, weil sie ja – einstweilen – Königin von Schottland ist, mindestens eine Woche pro Jahr im Holyrood-Palast von Edinburgh.

Wie eine Besucherin von einem anderen Stern sitzt die Königin nun im karg, aber penibel eingerichteten Wohnzimmer – am Esstisch mit der feinen Häkeldecke und dem Teeservice. Elizabeth hat ihren Mantel in leuchtendem Kardinalsrot gar nicht erst abgelegt, den Hut, wie immer in der gleichen Farbe, nicht abgesetzt. Flucht ist jederzeit möglich; der Rolls-Royce, man ahnt es, steht vor der Tür.

Kerzengrade und stocksteif sitzt Elizabeth da, ihr Rücken berührt die Stuhllehne nicht. Grundsätzlich nicht. Nie. Stundenlang kann sie das so aushalten, berichten alle, die ihr jemals bei der Arbeit zugesehen haben. Diesmal dauert der Haltungszwang allerdings nur 15 Minuten, der Durchschnittstakt für ihre Besuche beim Volk.

Keiner der Anwesenden scheint begeistert zu sein. Mit herabhängenden Schultern, die Bluse über der Hose, sitzt die Hausherrin am Tisch, die Schoko-Kekse bleiben unberührt. Wie lange sie hier schon lebe? Wie es ihr gefalle? Fragt die Queen. Zum Schluss taut Mrs. McCarron doch noch etwas auf und wird fast unzulässig persönlich: Ma'am wisse doch selbst, wie das so ist mit Schlaganfällen, ihre Schwester Margaret Rose habe das ja auch durchmachen müssen. Aber sicher kenne man das, soll die Queen geantwortet haben, so von Frau zu Frau.

Das ist, wie unter einem Brennglas, Frau Windsors Gewerbe, der Alltag Ihrer Majestät Elizabeth II., von Gottes Gnaden Herrscherin über das Vereinigte Königreich und Nordirland, ihre anderen Reiche und Territorien, Oberhaupt des Commonwealth, Verteidigerin des Glaubens.

Etwa 430 solcher Treffen zwischen der Monarchin und ihren Untertanen absolviert die Königin pro Jahr, von der wöchentlichen Audienz für ihren Premierminister bis zum Besuch eines McDonald's draußen im Land. Auch wenn nur einige davon so fremdelnd und viele so unergiebig und banal ablaufen wie ihr Zusammentreffen mit der Sozialhilfeempfängerin, Elizabeth zeigt, dass sie sich kümmert. Sie weiht Brücken ein, tauft Schiffe, enthüllt Denkmäler und Plaketten, eröffnet Krankenhäuser, besucht Schulen und Arbeitsämter. Mehrmals im Jahr lädt sie eine Gruppe Untertanen aus allen Bereichen der Gesellschaft zu Drinks, Dinner, Übernachtung und Frühstück auf ihr Schloss Windsor ein.

Über eineinhalb Millionen Gäste hat sie bisher auf Gartenpartys bewirtet. Sie ist Patronin von über 600 Verbänden und Wohlfahrtsvereinen, vom Sozialwerk der anglikanischen Kirche für Lehrer und Lehrerinnen im Ruhestand bis hin zum Heim für Hunde und Katzen im Londoner Stadtteil Battersea, obwohl die Hundenärrin Katzen angeblich nicht ausstehen kann. Ihre engere Familie bringt es auf 3000 solcher Patronatschaften; Diana, die Volksprinzessin, kam bis zu ihrem Tode auf mehr als 100.

Das alles hat ihr das Prädikat einer »Wohlfahrtsmonarchie« eingebracht, was sich etwas zweitklassig anhört, in Wahrheit aber eine Überlebensstrategie der Windsors ist, die Elizabeths Großvater Georg V., von ihr »Großpapa England« genannt, begründet hat. Der musste im Ersten Weltkrieg den Untergang seiner Verwandtschaft in Berlin, Wien und Sankt Petersburg erleben; in keinem der Länder war die Aristokratie in der Lage, den Sturz der Monarchen aufzuhalten.

Er hat dann den großen Schnitt gemacht und im Juli 1917 das Herrscherhaus Sachsen-Coburg und Gotha in die »Firma« Windsor verwandelt. Der britische Historiker Robert Lacey sieht in ihm den eigentlichen Retter der britischen Monarchie, weil er »die Wichtigkeit erkannt hatte, eine Verbindung zu denen am unteren Ende der sozialen Pyramide zu schaffen«.

Auf diesem Weg ist ihm seine Enkelin treulich gefolgt. Im Gegensatz zu dem, was ihnen so häufig nachgesagt wird – aus dem Exil heraus hat selbst der Herzog von Windsor seine Verwandtschaft als »ungebildet« bezeichnet – sind die Windsors nicht blöd: Weil die britischen Könige ihre politische Macht im Laufe der Zeit an die gewählten Regierungen verloren, haben sie in klugem Kalkül die Bindungen zu ihren Untertanen ausgebaut. Elizabeth erfand die »Walkabouts«, jene kleinen Vorstöße in eine jubelnde Menge, um möglichst vielen Bürgern zu begegnen.

Inzwischen zahlt sie sogar Steuern, allerdings erst nachdem 1992 Schloss Windsor gebrannt und die *Times* namens des Volkes geklagt hatte: »Wenn Windsor steht, gehört es ihnen; wenn es niederbrennt, gehört es uns.« Für den Wiederaufbau öffnete die Queen schließlich auch ihre Privatschatulle.

Während ihr Enkel William schon richtig locker auf sein Volk zugeht (»Na, Kumpel«), fällt Elizabeth die öffentliche Kontaktpflege erkennbar schwer. Obwohl sie auch anders kann, nämlich strahlend lächeln, schaut die 88-Jährige häufig drein wie ein heraufziehendes Gewitter. Oft genug hat Ehemann Philip, 93, sie aufmuntern müssen, etwa mit: »Lächle doch mal, sausage (Würstchen). So schlimm ist es doch nicht.« Und doch: Gemacht werden Monarchen nicht nur durch Nähe zu ihren Untertanen, es muss auch ein Zauber im Spiel sein.

Elizabeth hat nie eine Schule oder eine Universität besucht, was sie selbst bedauert hat. Aber in der Geschichte der britischen Monarchie kann ihr ebenso wenig jemand etwas vormachen wie bei den Blutlinien berühmter Rennpferde. Und sie weiß, dass allzu viel Tageslicht der Monarchie schadet. Nach dem britischen Naturforscher David Attenborough hängt das Überleben der Monarchie auch »vom Geheimnisvollem ab, vom Stammeshäuptling, der in seiner Hütte verborgen ist. Wenn es einem Mitglied des Stammes gelingt, das Innere der Hütte zu sehen, wird das ganze System der Stammesführerschaft beschädigt, und der Stamm kann auseinanderbrechen.«

Elizabeth, die Stammeschefin, hat es ihr Leben lang verstanden, neben ihren Exkursionen ins Volk auch das Geheimnisvolle, das Sakrale und das Magische ihres Standes zu wahren. Von der Inszenierung ihrer Krönung an, über alle Hochzeiten, Taufen und Beerdigungen ihres Clans, vom Glanz der bislang 263 Staatsbesuche bis zur jährlichen Parlamentseröffnung von ihrem Thron im Palast von Westminster aus war sie immer auch die große Unnahbare, die niemandem verriet, was sie wirklich denkt.

Im Gegensatz zu ihren Kindern und deren Ehepartnern hat sie ihr Herz nie auf der Zunge getragen, sie hat alle Emotionen strikt unterdrückt, im Zweifel den Rat ihrer Urururgroßmutter Victoria befolgt: die Augen geschlossen und an England gedacht.

Immer wieder, am Ende jeder Feier und jedes Jubiläums, erscheint sie vor dem Buckingham-Palast – man könnte ihr Königtum auch als eine unendliche Reihe von Balkonszenen beschreiben. Sie tritt hinter die Balustrade, hebt den rechten Arm, grüßt ihr Volk huldvoll mit leicht schüttelnder Hand. 62 Jahre sind es bislang – ein zweites Elisabethanisches Zeitalter? Dem ist sie stets entgegengetreten: »Ich verstehe mich ganz anders als meine große Tudor-Vorfahrin. Ihr war weder ein Ehemann noch waren ihr Kinder vergönnt, und sie regierte als eine Despotin.«

Und doch gibt es Gemeinsamkeiten. Ein Motto ihrer Vorgängerin lautete: »Video et taceo«, ich sehe und schweige. Der Satz beschreibt heute ihre politische Machtlosigkeit, wenn sie etwa beim täglichen Studium der Regierungsakten entdeckt – wie in der Suez-Krise 1956 –, dass ihre Regierung heimlich mit Frankreich und Israel einen Überfall auf Ägypten plant. Das gilt aber auch für ihre häufig erprobte Fähigkeit, Probleme so lange wie möglich auszusitzen. Und wenn es die Lebensleistung der Tudor-Herrscherin war, dem – damals durch die Trennung von Rom – erschütterten Königreich Stabilität und ihren Untertanen ein Gefühl nationaler Identität zu geben, dann kann ihre Nachfolgerin Ähnliches für sich beanspruchen.

Als ihr Vater im Februar 1952 starb und die 25-Jährige Königin wurde, trat sie die Herrschaft über ein schwindsüchtiges Reich an. Georg VI. war noch Kaiser von Indien gewesen, sie wurde Oberhaupt des Commonwealth, einer Staatengemeinschaft, die es den nun freien britischen Kolonien erlauben sollte, Verbindungen zum einstigen Mutterland zu bewahren. Für die Briten war es ein schwacher Abglanz der einstigen Pracht ihres Empires, aber immerhin. »Großbritannien ist nun keine Großmacht mehr«, beschied der französische Präsident Charles de Gaulle beim Tod ihres ersten Premiers Winston Churchill 1965.

Unter Elizabeths Herrschaft verlor das Mutterland der industriellen Revolution seine berühmten Industrien. Ihr Reich wurde in den Siebzigerjahren als »kranker Mann Europas« verhöhnt und als Komplize des amerikanischen Turbo-Kapitalismus beschimpft, nachdem es sich in eine Dienstleistungsgesellschaft mit wucherndem Finanzsektor verwandelt hatte. Nun, gegen Ende ihrer Amtszeit, sieht es so aus, als machten sich die Briten daran, auch noch Europa zu verlassen. All dieses geschah ohne erkennbaren Schaden für das Selbstbewusstsein der Nation, weil die Briten in der Königin eine Garantie für ihren Zusammenhalt und die Weltgeltung sahen. Auch nach der Diana-Krise 1997 stabilisierte sie die Monarchie: Der Anteil der Briten, die ihr Königtum bewahren wollen, liegt konstant zwischen 70 und 80 Prozent.

Kummer hat Elizabeth ihrer Mutter, Queen Mum, mit der sie sich beim beinah täglichen Telefonat nicht ausschließlich über die Siegeschancen von Rennpferden unterhalten hat, eigentlich nur einmal bereitet: Als sie acht Jahre lang, bis sie 21 war, darauf bestand, einen hergelaufenen mittellosen Prinzen aus dem deutschen Hause Schleswig-Holstein-Sonderburg-Glücksburg zu heiraten, ihren »Hunnen« Philip, wie ihn Mum wohl anfänglich abschätzig genannt hat. Selbst ihr Lieblingsgetränk hat die Queen von ihrer Mutter übernommen: die eigentlich ungenießbare Mischung aus Gin und dem wermutähnlichen Aperitif Dubonnet, 50:50, eisgekühlt mit Zitrone.

Elizabeths Vater, König Georg VI., hatte Liberalen und Sozialisten ein Leben lang misstraut. Wann immer die Konservative Partei Wahlen gewann, floss im Buckingham-Palast, der sich bis in die Neunzigerjahre hinein in den Händen einer reaktionären Hofgesellschaft befand, der Champagner. Selbst der Hoffotograf, der große Cecil Beaton, lief dann durch die Gänge und brüstete sich damit, dass man es »diesem Lumpenpack« von Labour mal wieder gezeigt habe.

Wer bei den heutigen Windsors mitreden will, der sollte etwas von Pferden, Kutschen und Hunden verstehen, von der Hetzjagd mit einer Meute, vom Schießen auf Schnepfen in Sandringham, auf Hirsche und Moorhühner in Balmoral, vom Leben eben dort, wo die britische Aristokratie wirklich ihre Heimat hat, auf dem Lande.

Am Tag nach Dianas Beerdigung, als in den Zeitungen noch der Ruf nachhallte, die Windsors, »these Germans«, in die Wüste zu schicken, musste Labour-Premier Tony Blair zum jährlichen Besuch in Balmoral antreten. Das wichtigste Thema bei Tisch, so stellte er schockiert fest: die Schafpreise in Schottland.

Wo die Familie den Thron sichert, wird sie natürlich zum Angelpunkt der Weltsicht. Elizabeth war noch ein Kind, als sie das Drama um ihren Onkel, Eduard VIII., mitbekam. Ein Libertin, so schrieben die Zeitungen, der abdanken und das Land verlassen musste, weil er eine zweimal geschiedene Frau heiraten wollte – ein Urtrauma der Windsors.

»Es kann keinen Zweifel daran geben, dass Trennung und Scheidung verantwortlich sind für einige der schrecklichsten

Übel in unserer Gesellschaft«, befand Elizabeth in einer ihrer ersten öffentlichen Reden. Bei einem Schottland-Besuch verwehrte der Hof einem wiederverheirateten Granden den Zutritt zum Empfang der Königin. Als der protestierte, seine erste Ehe sei annulliert und er sei kirchlich neu getraut worden, war die Antwort:»Das mag Ihnen die Pforten zum himmlischen Königreich öffnen, die Pforten zum Palast öffnet es nicht.«

Doch der Traum vom heilen britischen Familienleben platzte endgültig, als 1992 Tochter Anne sich scheiden ließ, Sohn Andrew sich von seiner Frau trennte und die Ehe von Kronprinz Charles endgültig in die Brüche ging. Da sprach die Königin in einem seltenen Anfall öffentlicher Emotion von einem »annus horribilis«, einem Schreckensjahr. Angesichts eines gnadenlosen Konkurrenzkampfes der Medien, die keine Tabus mehr kannten, bat sie etwas kläglich um Erbarmen, in der Hoffnung auf »Mäßigung, Mitleid und sogar Weisheit in den Reaktionen derjenigen, deren Aufgabe es ist, zu allen Dingen – groß oder klein – sofort eine Meinung zu haben«.

Ist Elizabeth II. also eine Monarchin, die sich in unbeugsamer Pflichterfüllung milde und resignativ der Wirklichkeit angepasst hat, und dies behutsam, damit die sozialen und politischen Umbrüche die Gesellschaft nicht spalten?

Das Bild entspricht jedenfalls ihrer verfassungsmäßigen Rolle, die ihr zu herrschen aufgibt, ohne zu regieren. Ihre königlichen Vorrechte kann sie nur auf Anweisung, das heißt offiziell auf den Rat ihres Premierministers hin ausüben: die Regierung entlassen, einen Krieg erklären, das Parlament auflösen, Offiziere ernennen, Beamte entlassen, ein Staatsgebiet an eine fremde Macht abgeben, jedermann adeln, Staatsverträge abschließen, Verbrecher begnadigen und in jeder Pfarrei eine Universität gründen.

Der scharfsinnige Kolumnist Kingsley Martin hat die schwierige Aufgabe auf den Punkt gebracht:»Die wichtigste Regel für alle Monarchen, die Ihre Krone in einer Demokratie behalten möchten, ist es, die Ratschläge ihrer Premierminister uneingeschränkt zu befolgen und sich unter keinen Umständen in die Parteipolitik einzumischen.« Daran hat sich Elizabeth stets gehalten. Wenn sie ein Gesprächspartner auf politisches Glatteis locken will, antwortet sie routiniert: »Oh, wie interessant, das müssen Sie unbedingt mit unserem Außenminister/Innenminister besprechen.«

Ihre begrenzten Rechte nimmt sie durchaus wahr: Sie hat Anspruch darauf, beraten und informiert zu werden, sie kann ihre Premiers ermuntern oder warnen. Was sie auch tut: Mehrere Premiers bestätigen, dass sie stets bis ins Detail informiert ist, sie berichten von ihrer Kunst, Fragen so zu stellen, dass sie zuweilen neues Nachdenken auslösen.

Anders als ihr Sohn, der über Architektur im öffentlichen Raum und ökologische Lebensgestaltung schon nationale Debatten losgetreten hat, Briefe seines Missfallens an die Regierung schreibt und sich auch schon mal weigert, zum Staatsdinner zu erscheinen, wenn der Gastgeber brutal Minderheiten unterdrückt, hat Elizabeth solche offenkundigen Einmischungen in die Politik stets vermieden.

Gleichwohl hat sie erkennen lassen, mit welchen ihrer insgesamt zwölf Premierminister sie besser zusammenarbeiten konnte und mit welchen nicht. Zwar fühlt sie ihr Land bei Konservativen in sichereren Händen als bei Labour-Premiers, aber es gab auch Ausnahmen: Mit Labour-Premier Harold Wilson verband sie zum Schluss beinahe eine Freundschaft, dem Tory-Premier Edward Heath, der nicht aus der Aristokratie stammte, bot sie zuweilen während der wöchentlichen Audienz keinen Platz an.

Zwiespältig war ihr Verhältnis zu Margaret Thatcher. Doch dass hier zwei Königinnen rivalisierten, eine Neuauflage sozusagen der historischen Konkurrenz von Elizabeth I. und der Schottin

Maria Stuart, gehört eher in den Bereich der Legendenbildung. Thatcher nannte die angeblichen Wortgefechte in ihren Memoiren: »zu gut, um nicht erfunden zu werden«. Die beiden waren sich auch in der Tat nicht zu schade, einander kleine Nadelstiche zu versetzen. So lud Thatcher die Königin demonstrativ nicht zur Siegesparade nach der Rückeroberung der Falkland-Inseln ein, obwohl die Königin formal Oberbefehlshaberin der Streitkräfte ist und ihr Sohn Andrew als Hubschrauberpilot an dem Feldzug sogar teilgenommen hatte. Die Königin wiederum konnte sich den Hinweis nicht verkneifen, bei Staatsempfängen habe sie größeres Durchhaltevermögen als die Regierungschefin. Als die Eiserne Lady sich einmal erschöpft auf einen Stuhl setzte, lästerte Elizabeth: »Nun ist sie wieder aus den Latschen gekippt.«

Wenn es zwischen beiden zu ernsthaften Auseinandersetzungen kam, ging es vornehmlich um die Rolle des Commonwealth, für Elizabeth ein Instrument, über das Großbritannien weiterhin weltweit Einfluss nehmen konnte. Die Realpolitikerin Thatcher hielt sich dagegen eher an die USA und ihren Freund Ronald Reagan.

Auch in der Sozialpolitik waren sich die beiden nicht einig. Das Königshaus neigte den Tories zu, Prinz Philip und Queen Mum sparten im privaten Rahmen nicht mit Lob für die umwälzenden Reformen der Premierministerin. Eine der ganz wenigen dokumentierten politischen Meinungsäußerungen der Königin, zufällig eingefangen von BBC-Mikrofonen, zeigte Elizabeth ideologisch zwar eher bei Thatcher: »Alle heutigen Demokratien riskieren ihren Bankrott, weil sie ihre Wohlfahrtsangebote so organisieren, dass alle Leute danach greifen.«

Dennoch, ihrem langjährigen Privatsekretär Lord Martin Charteris zufolge, »bevorzugt die Königin eine Politik des Konsenses und hält wenig von einer Polarisierung«. Vielen Briten erschien es deshalb auch zutreffend, als die *Sunday Times* 1986 schrieb, die Queen halte Frau Thatcher für »gefühllos, konfrontativ und eine Gefahr für den Zusammenhalt der Gesellschaft«.

Die Zeitung hatte eine gute Quelle: Elizabeths Pressesprecher Michael Shea. Heute sind seine Aussagen umstritten. Shea gab später zu, dass seine Informationen nicht auf direkten Aussagen der Königin beruhten. Die Gefühlslage der Königin könnte er gleichwohl korrekt wiedergegeben haben. Seinen Job war Shea jedenfalls schnell los.

Respektiert haben die beiden einander doch: Thatcher lobte nach ihrer Amtszeit, dass sie sich auf die Diskretion der Königin stets habe verlassen können, nicht ein einziges Detail ihrer wöchentlichen Treffen sei je bekannt geworden. Im Buckingham-Palast wiederum wurde erfreut registriert, dass Thatchers Hofknickse tiefer ausfielen als bei anderen. Sofort nach Thatchers Rücktritt verlieh die Queen der ehemaligen Regierungschefin den Order of Merit. Darüber kann die Monarchin allein entscheiden.

Nach langen Jahren eines eher distanzierten Verhältnisses zu den Labour-Politikern Tony Blair und Gordon Brown ist mit David Cameron endlich wieder ein Premier nach Elizabeths Herzen an der Macht – begütert, gemäßigt konservativ, einer der das Landleben schätzt. Die Traditionsschule des besseren Großbritannien, Eton im Schatten von Schloss Windsor, hat er besucht. Und von der Jagd versteht Cameron auch etwas.

Das alles wird aber nicht reichen, um den Glanz der frühen Jahre wieder aufleben zu lassen. Großbritannien hat sich in den vergangenen 62 Jahren gründlich gewandelt; die Erbfolge als Legitimierung für ein öffentliches Amt zählt nur noch im Königshaus. Viele Schotten, Waliser und Nordiren träumen nach wie vor von der Unabhängigkeit oder einer Wiedervereinigung mit der Republik Irland. Das hat Elizabeth, die demokratische Monarchin, zu ihrer bislang klarsten Einmischung in eine hochpolitische Diskussion getrieben. Sie könne nicht vergessen, intervenierte sie auf Bitten der Regierung, »dass ich zur Königin des Vereinigten Königreichs gekrönt wurde«. So half sie mit, dass die Befürworter der Loslösung Schottlands eine Referendums-Niederlage hinnehmen mussten und der Abstieg ihres Reiches zu Kleinbritannien fürs Erste gebannt ist.

Ein geschrumpftes Reich ist es dennoch. Einst trug die Staatsjacht »Britannia« die Monarchin auf ihren Reisen ins Commonwealth buchstäblich bis ans Ende der Welt, und die inoffizielle Nationalhymne »Rule, Britannia! Britannia rule the waves!« hatte ihre zumindest sentimentale Berechtigung. 1997 musste Elizabeth einwilligen, dass das Schiff außer Dienst gestellt wurde. Da wischte sich die sonst so kontrollierte, scheinbar emotionslose Monarchin eine Träne aus dem Auge. Meere, die es zu beherrschen gilt, hatte sie da schon längst keine mehr.

Der Fluch der Prinzen

Noch stehen die Kinder und Enkel im Schatten
der Queen, doch unter dem Druck der Boulevardmedien
sind sie schon jetzt erkennbar überfordert.

Von Martin Doerry

Es war wohl nur eine Frage der Zeit, bis sich der Prince of Wales auch diesen Fehltritt leisten würde: Das, was Putin derzeit in Russland treibe, so erklärte Charles unlängst bei einer Reise in Kanada, »sei so ähnlich wie das«, was Hitler vor 70 Jahren mit den Staaten Europas gemacht habe.

Wieder einer dieser unpassenden NS-Vergleiche, wieder ein Fauxpas des Kronprinzen. Und wieder, natürlich, ein donnerndes Echo in der britischen Presse, die nichts auslässt, um ihren Lesern vor Augen zu führen, dass dieser Mann für das Amt des britischen Königs im Grunde ungeeignet ist.

Das Verhältnis des 65-jährigen Prinzen und großer Teile seiner Familie zu den britischen Medien darf als zerrüttet betrachtet werden. Spätestens seit dem Tod seiner Ex-Frau Diana, die 1997 in einem Pariser Straßentunnel auf der Flucht vor Paparazzi verunglückte, besteht unter den Windsors Einigkeit darin, dass es die »bloody people« (Charles) von der Presse sind, die Ruhm und Ansehen der Krone willentlich zerstören.

Umgekehrt sehen sich die so geschmähten Journalisten schon seit Längerem mit Royals konfrontiert, die dem Idealbild königlicher Noblesse kaum entsprechen. Ob es sich um die rassistischen Ausfälle des 93-jährigen Prinzen Philip handelt, der nur zu gern Inder und Pakistaner, Schwarze und Schotten verspottet, ob es die dilettantischen Ausflüge von Prinz Charles in Aquarellmalerei und Architekturkritik sind oder die Auftritte des jungen Prinzen Harry in Nazi-Uniform und beim Strip-Billard in Las Vegas – gerade die männlichen Vertreter des Hauses Windsor bieten reichlich Angriffsfläche für republikanisch gesinnte Redakteure.

Dafür kommen die weiblichen Vertreter der britischen Monarchie eher gut weg. Die Queen Mum, Elizabeth selbst, ihre Schwiegertochter Diana und neuerdings auch Williams Gattin Kate waren oder sind im Volk überaus beliebt, ihre Popularität wirkt bis heute wie ein Schutzraum vor den Attacken des Boulevards.

Schon 1953, bei der Krönung von Queen Elizabeth II., bejubelten die Journalisten die strahlend schöne Königin. Ihr Privatleben allerdings blieb den Untertanen verschlossen. Zwölf Jahre lang musste sich die BBC um eine erste Homestory aus dem Königshaus bemühen. Prinz Philip war es schließlich, der die Windsors überzeugte: Die Erkenntnis, dass die Herrscherfamilie aus ganz normalen Menschen bestehe, mache es den Untertanen »sicher leichter, sich als Teil des Systems«, also der Monarchie, zu begreifen.

So sympathisch die Idee schien, so verheerend war ihre Wirkung. Der TV-Film »Royal Family« aus dem Jahr 1969 habe der Monarchie »die letzten Spuren von Magie« genommen, urteilt die Windsor-Biografin Penny Junor. Wer etwa mit ansehen musste, wie die Königin beim Familien-Picknick mit Gummihandschuhen den Abwasch erledigt, dürfte den Glauben an eine göttliche Berufung der Monarchin endgültig verloren haben.

Bis dahin hatten die Briten nur schemenhafte Vorstellungen von dem, was sich hinter den Mauern der Schlösser und Paläste ereignete. Und das war wohl auch gut so. Das angeblich so normale Familienleben der Windsors entpuppte sich bei näherer

Betrachtung als eine ziemlich gefühlskalte und intellektuell armselige Inszenierung.

Die Königin repräsentierte; ihre Kinder Charles, Anne, Andrew und Edward wurden in Internate mit militärischem Drill abgeschoben. Prinz Philip erwies sich als harter Zuchtmeister, wie Charles später klagte. Von Fürsorge, von geistiger Anregung konnte keine Rede sein. Auch Bücher spielten keine Rolle. Schon König Eduard VIII. hatte die Bitte eines Verlegers, seine Memoiren zu schreiben, mit der Begründung abgelehnt:

*Elizabeth II.,
aufgenommen zu ihrer Krönung 1953*

»Ich könnte es nicht ertragen, wenn die Welt erführe, was für ein ungebildeter Haufen wir alle sind.«

Thronfolger Charles war auf ein Leben in und mit den Medien definitiv nicht vorbereitet. Schon als junger Mann erschien er eher als Eigenbrötler, die langhaarigen Kommilitonen in Cambridge verstörten ihn nur – ein Prinz auf der Suche nach einer Identität in dieser ihm fremden, modernen Welt. 1976, nach seinem Abschied als Marineoffizier, erklärte der 28-Jährige: »Mein großes Problem im Leben besteht darin, dass ich nicht weiß, welches meine Rolle im Leben ist.«

Aufmerksam verfolgten die Journalisten nun jeden Schritt des Prinzen, seine wechselnden Affären vor allem. Diverse Damen des Hochadels antichambrierten bei Hofe, um in die Nähe von Charles zu gelangen. Doch abgesehen von einer in Indien geborenen Schauspielerin, die ihn zum Buddhismus bekehren wollte, liebte Charles nur eine Frau wirklich von Herzen: die freilich mit einem anderen Mann verheiratete Camilla Parker Bowles.

Die Hofberichterstatter wussten alles, schwiegen aber vorerst höflich. Noch galt das Liebesleben der Royals als sakrosankt. Diese Rücksichtnahme endete 1980 mit einem Schlag: Eine junge Adlige aus bester Familie war in das Leben des Prinzen getreten. »Charles wieder verliebt! Die Neue heißt Lady Di«, titelte die *Sun*. Die Fotografen verfolgten das hübsche Mädchen bei Tag und Nacht. Schließlich posierte sie für die Kameras, in der irrigen Annahme, damit die mediale Gier zu befriedigen. Das Foto von Diana im Kindergarten, in dem sie arbeitete, mit einem Kind auf dem Arm und einem weiteren an der Hand, ihr Rock im Gegenlicht, fast durchsichtig – dieses Foto wurde zur Ikone einer neuen Ära der britischen Monarchie.

Natürlich mochte Charles die junge Diana, sie aber liebte ihn. Und schließlich gab auch Camilla ihrem Charles den guten Rat, sein Leben in geordnete Bahnen zu lenken. Mit der Traumhochzeit des Paares im Jahr 1981 schien er allen Erwartungen der Familie, aber auch der Medien Genüge zu tun.

Das Zeitungsgeschäft erlebte unterdessen einen grundlegenden Wandel. Viele Verlage wechselten ihre Eigentümer. Ehrenwerte Herren mit so wohlklingenden Namen wie Lord Beaverbrook, Lord Astor oder Lord Kemsley verkauften ihre Blätter. Der *Daily Express,* die *Times* und der *Daily Telegraph* gingen in bürgerliche Hände über, die neuen Eigner verband wenig bis nichts mit der Monarchie.

Besonders gefährlich aus Sicht der Royals: der gebürtige Australier Rupert Murdoch, ein entschiedener Republikaner. Seine Blätter, die *Sun* und die *News of the World* vor allem, kannten kein Erbarmen, wenn ein Royal Schwäche zeigte. Charles bekam das als Erster zu spüren. Der von seinen Repräsentationsterminen nicht ausgelastete Prinz, der stets nach intellektueller Anerkennung strebte, hielt viele Ansprachen, die er besser nicht gehalten hätte. Denkwürdig die sogenannte Luftwaffen-Rede 1987, in der Charles den britischen Architekten und ihren Neubauten für die Londoner City eine ähnliche Zerstörungskraft zusprach wie den Raketen und Bomben der Wehrmacht im Zweiten Weltkrieg.

In den Medien häuften sich hämische Kommentare. Plötzlich wurde alles öffentlich: dass der erklärte Umweltschützer mit Vorliebe im Kilt durch die Natur spazierte, dass er auf seinem Gut Highgrove mit den Pflanzen sprach, dass er Gemüse in seinem Lieblingsmineralwasser dünsten ließ und dass er den Ministern seiner Majestät handgeschriebene Briefe mit vielen Unterstreichungen und doppelten Ausrufezeichen zukommen ließ. Für die Adressaten war Charles eine »königliche Landplage«, für die Öffentlichkeit eine Witzfigur. Was könnte das Ansehen einer Monarchie mehr beschädigen als Lächerlichkeit?

Eigentlich nur Verrat und Ehebruch. Und eben das fand vor den Augen der britischen Öffentlichkeit statt. Camilla, der

»Rottweiler«, wie Diana verzweifelt spottete, war schon kurz nach Charles' Hochzeit wieder in dessen Leben zurückgekehrt. Zeitweise, so erklärte Diana später in einem TV-Interview, habe man eine »Ehe zu dritt« geführt – was die schöne Prinzessin wiederum in die starken Arme von Reitlehrern und Leibwächtern trieb.

Die Boulevardpresse feierte ab sofort das Opfer in diesem Rosenkrieg: Lady Di, die nur Gutes tuend um die Welt reiste, mutig durch Minenfelder schritt und aidskranke Kinder herzte, verfügte über etwas, was keiner der übrigen Royals bis dahin je besaß – sie hatte Charme und Glamour. Schon bald war Diana die beliebteste Frau der Welt. Zugleich war sie die »größte republikanische Kraft seit Oliver Cromwell«, wie die Kolumnistin Julie Burchill nach Dianas Tod diagnostizierte. Nie war die Monarchie unbeliebter, nie wurde sie mehr infrage gestellt als in den Neunzigerjahren.

1992, im berühmten »annus horribilis«, sprach die Queen ein Machtwort: Das Scheitern der Ehe ihres erstgeborenen Sohnes wurde verkündet. Auch Prinzessin Anne durfte sich scheiden lassen. Und Prinz Andrew, ob seiner Vorliebe für Fotomodelle und Starlets von der Presse als »Randy Andy« (geiler Andy) tituliert, trennte sich von seiner Gattin Sarah Ferguson. Die ließ sich im Gegenzug halbnackt fotografieren; die Fotos zeigten sogar, wie ihr neuer Liebhaber ihr die Füße küsste – was für eine Revanche!

Anfang 1993 veröffentlichte das Murdoch-Blatt New Idea den illegalen Mitschnitt eines Telefonats zwischen Charles und Camilla, in dem der Prinz allerlei unfreiwillig komische Liebesschwüre (»Ich möchte dein Tampon sein«) zum Besten gab. Camillagate, so unverschämt diese Indiskretion auch war, fügte dem Ansehen des Thronfolgers bleibenden Schaden zu.

Mitte der Neunzigerjahre traf sich im Buckingham Palace die sogenannte Way Ahead Group, eine Art Think Tank aus Beratern und Mitgliedern der königlichen Familie, der die Monarchie gegen weitere Angriffe wappnen und zukunftsfest machen wollte. Eine Reihe von Spin-Doktoren wurde zudem angeheuert, die inzwischen geschickt die öffentlichen Auftritte von Camilla und Charles sowie von Harry, William und Kate dirigieren. Auch der Tod Dianas 1997 drängte die Boulevardpresse für kurze Zeit in die Defensive. Die Attacken auf die Privatsphäre der Royals schienen in dem tragischen Unglück ihren traurigen Höhepunkt erlebt zu haben.

Kaum war die Prinzessin der Herzen beerdigt, drängten allerdings ihre Domestiken mit einer Flut von Enthüllungen in die Blätter. Angelockt von hohen Honoraren verscherbelten sie ihre Intimkenntnisse von Dianas Liebesaffären.

Wenig später sorgte Prinz Edward für die nächste Pleite – buchstäblich. Der Unbeliebteste unter den Royals ruinierte zunächst eine Theater- und dann eine Filmproduktionsfirma, bis ihn seine Familie 2002 nötigte, sich ab sofort ausschließlich den royalen Pflichten zu widmen: für das bescheidene Salär von 400 000 Euro jährlich. »Edward ist eine wandelnde Beleidigung«, empörte sich der sonst eher königstreue Mirror, »er tut uns den großen Gefallen, uns die Zwecklosigkeit der Existenz der königlichen Familie vor Augen zu führen.«

Von Charles, immerhin, sind Zitate überliefert, die sein Leiden an dieser Zwecklosigkeit dokumentieren. Der endlich mit seiner Camilla verheiratete Prinz ist inzwischen im Rentenalter angelangt und wartet noch immer auf seinen ersten Arbeitstag als Britenkönig. Wer in einem so traditionell männerlastigen Milieu aufgewachsen ist, für den ist das Leben im Schatten einer Frau – schlimmer noch: der eigenen Mutter – eine nicht enden wollende Demütigung.

Prinz Philip ist über diesem Schicksal zum Zyniker geworden, Charles zum Melancholiker, seine Brüder zu Playboys und Faulpelzen. Ob der Fluch der Prinzen auch auf seinen Söhnen lastet, ist noch nicht ganz ausgemacht. Harry, der Zweitgeborene, gibt aber jetzt schon wenig Anlass zu Optimismus. Der durch den frühen Tod seiner Mutter besonders Gestrafte pöbelt mitunter betrunken vor Edel-Discos herum. Reüssieren konnte er bislang nur als Hubschrauberpilot in Afghanistan. »Wir tun bösen Menschen Böses an«, brüstete sich ein erkennbar schlicht gestrickter junger Mann mit dem Spitznamen »Dirty Harry«.

Vielleicht ist es kein Zufall, dass die Frauen der Windsors seit Generationen so viel besser abschneiden. Ihre konservative Erziehung entspricht eher der passiven Rolle, die der Monarchie in Großbritannien zugebilligt wird. Schon die Queen Mum, Elizabeths Mutter, erwies sich als entscheidender Rückhalt für ihren Gemahl, den stotternden König Georg VI. Queen Elizabeth selbst gilt ohnehin als Garantin für das Überleben der britischen Monarchie. Und Schwiegertochter Diana wäre noch heute ein medialer Superstar, wenn, ja wenn nicht alles so anders gekommen wäre.

Und so ruht alle Hoffnung der königstreuen Briten auf der nächsten Generation, und hier vor allem auf Kate. Noch hat die Gattin von Charles' Sohn William keinen nennenswerten Fehler gemacht, sie ist so hübsch wie ihre verstorbene Schwiegermutter, aber besser ausgebildet und wohl auch viel besser beraten.

Während William schon früh mit der familientypischen Jagdleidenschaft und Ausfällen gegen die Presse (»Fucking piss off«) aufgefallen war, demonstriert Kate nur ihren guten Geschmack, und das in einer volksnahen Kombination von teuren Designer-Roben und billigen Sommerkleidern von Zara.

Ihr Leben spielt sich auf Partys und Empfängen ab, sie muss Turnhallen einweihen und Altersheime besuchen. Akademische oder intellektuelle Ambitionen sind Kate freilich so fremd wie ihrem Gatten. »Natürlich wäre es prima«, spottet Anne McElvoy,

*2011 heiratet Prinz William
die bürgerliche Kate Middleton*

Politikchefin des Economist, »wenn sich die beiden ein paar Interessen zulegen könnten.«

Aber das muss nicht sein. Erfolg hat das junge Glamour-Paar auch so genug, einfach, weil es da ist und durch die Welt reist, inzwischen in Begleitung des nächsten Thronfolgers, des kleinen George. Die Blätter haben schöne Bilder, die sich verkaufen lassen, das ewig angeschlagene Königshaus hat – endlich – wieder gute Schlagzeilen.

Ende gut, alles gut? Aus dem Dilemma der modernen Mediengesellschaft kommt das Haus Windsor so schnell nicht heraus. Wer wie die Königsfamilie über keine politische Macht verfügt, muss in das Geschäft der Celebrities einsteigen, um überhaupt wahrgenommen zu werden. Und wer sich in die Öffentlichkeit begibt, der trägt zwangsläufig Blessuren davon.

Vor allem wenn Anspruch und Wirklichkeit so weit auseinanderklaffen. Die Royals, eher durchschnittlich begabte Menschen, müssen sich an jenen Traumbildern monarchischer Größe und Bedeutung messen lassen, die sie selbst mit ihren großen Inszenierungen, den Hochzeiten und pompösen Paraden, immer wieder aufs Neue schaffen. Das kann, immer wieder, eigentlich nur schiefgehen.

Familiensache

Das zweite Elisabethanische Zeitalter geht zu Ende –
bald muss die nächste Generation aus dem Hause Windsor
die Monarchie im 21. Jahrhundert führen.

Von Christoph Scheuermann

Die Zukunft beginnt nicht schön. Die Queen ist tot, und Charles parkt einen Panzer vor dem Buckingham Palace. In dieser Situation gibt es nicht viele, die einen kühlen Kopf bewahren. Die Einzige, die weit und breit noch bei Verstand zu sein scheint, ist Kate, Gattin von Prinz William. Sie zettelt einen Putsch an, um Charles zu stoppen.

Der Autor Mike Bartlett nannte sein Theaterstück über die Königsfamilie ein »zukünftiges Geschichtsspiel«. Die Hauptfigur ist König Charles III., der heutige Prinz Charles. Mit seinem Stück versetzte Bartlett London im Frühjahr wochenlang in Atemnot. Wie kann jemand wagen, fragten Königstreue empört, sich öffentlich den Tod der Queen auszumalen? Ist das noch Freiheit der Kunst oder schon Blasphemie? Und wer sagt, dass Charles jemals den Thron besteigen wird?

Das Werbeplakat für das Stück zeigte den echten Charles mit Krone und in vollem Königsornat, eine Fotomontage natürlich, aber dennoch musste sein Gesicht in der Londoner U-Bahn gepixelt werden, damit kein nichts ahnender Untertan auf die Idee komme, es handle sich um die Wirklichkeit.

Dem Regisseur und seinem Autor wäre noch vor wenigen Jahrhunderten dafür der Kopf abgeschlagen worden! Das schrieb der *Daily Telegraph*. Da das Stück aber im April 2014 uraufgeführt wurde und nicht zu Zeiten Heinrichs VIII., blieb der Queen nichts übrig, als den Aufschrei – und die Begeisterung des Publikums – großzügig zu ignorieren. Denn auch das gehört zur Monarchie im 21. Jahrhundert: die Fähigkeit, über die Frechheiten der Untertanen milde hinwegzulächeln.

Es ist nicht übertrieben zu behaupten, dass die Königsfamilie derzeit die beliebteste Institution Großbritanniens und weit darüber hinaus ist, Theater hin oder her. Die Bewunderung ist nicht nur deshalb so groß, weil andere nationale Größen wie die BBC, das Parlament in Westminster oder das Gesundheitssystem NHS gerade von Krisen und Skandalen erschüttert werden: Sex, Korruption, Behandlungsfehler. Die Begeisterung entspringt auch einer wohldurchdachten Choreografie von Ritualen und Zeremonien.

Die jüngere Erfolgsgeschichte der Königsfamilie beginnt am 6. September 1997 mit ihrem zugleich traumatischsten Ereignis, dem Begräbnis Dianas. Es ist der Moment, in dem William und Harry aus dem Schatten ihrer Mutter treten, nicht mehr als Jungen, sondern als werdende Männer. Der Tod bereitete die Familie Windsor auf die Zukunft vor, er machte sie frei, so traurig der Anlass auch war. Die Seitensprünge von Charles und Diana, die unglückliche Scheidung – das lag nun hinter ihnen.

Wenn man britische Freunde nach ihrer Meinung über die Zukunft der Monarchie befragt, fallen sofort die Namen von William und Kate. Kurz darauf werden Baby George genannt und Harry. Über Prinz Charles dagegen spricht kaum jemand, was auch damit zusammenhängt, dass die Briten gern Popstars anbeten. William und Kate sind das glamouröse, hübsche Traumpaar, viele junge Menschen können sich mit ihnen identifizieren. Charles dagegen gilt als Vertreter der Stock-im-Hintern-Fraktion, über den die Briten schon zu viel Intimes erfahren haben, um ihn als König verehren zu können. Er wird respektiert, das ja, geliebt wird er nicht.

FAMILIENSACHE

Charles kämpft gegen seinen eigenen Schatten. Deshalb gibt er seit einiger Zeit Interviews, in denen er von Nachhaltigkeit schwärmt, von der Schönheit der Erde und der Harmonie des Universums. Weibliche Freunde des 65-Jährigen erzählen Journalisten, ein Tanz mit Charles sei »besser als Sex«. Bislang hat sich die Begeisterung seiner künftigen Untertanen trotzdem nicht gesteigert. Vergangenen November hob ihn das *Time*-Magazin auf das Titelbild und druckte neben sein Porträt die Überschrift: »Der vergessene Prinz«. Das fasst die Lage für ihn in Großbritannien bis heute recht gut zusammen.

Trotzdem wird Charles, wenn kein unvorhergesehenes Ereignis geschieht, nach seiner Mutter den Thron besteigen. Sie überlässt ihrem Sohn langsam die anstrengenden Repräsentationspflichten, die sie nicht mehr selbst schafft. Im vergangenen November übernahm er beim Treffen der Regierungschefs des Commonwealth in Sri Lanka zum ersten Mal den Platz der Königin, ein wichtiger Schritt auf dem Weg zum Thron.

Die Beziehungen zu den früheren Kolonien waren lange in den Hintergrund gerückt, nachdem das Königreich 1973 der Europäischen Gemeinschaft beigetreten war. Auch die Regierung von Margaret Thatcher verband mit der EG anfangs die Zukunft, vor allem weil britische Firmen von den neuen Exportmöglichkeiten profitierten.

Inzwischen bewegt sich Großbritannien wieder langsam fort von der EU. Die konservative britische Regierung sagt, sie wolle sich auch anderen Märkten öffnen. Prinz Charles soll nun die alten Bindungen zu den Commonwealth-Staaten wie Kanada, Südafrika, Indien und Australien mit neuem Leben erfüllen.

Die Monarchie ist der Klebstoff des Commonwealth und der britischen Gesellschaft, er verbindet die Arbeiter und den Adel. Die linksliberale Mittelschicht hat zwar die Zeremonien und Rituale immer schon als Folklore abgetan und die Königsfamilie als Relikt aus dunklen, vordemokratischen Zeiten verachtet. Die oberen und unteren Schichten aber jubeln den Royals zu, wo immer sie auftauchen. Nach der Geburt von Baby George sprachen sich 66 Prozent der Briten für die Monarchie als Staatsform aus, ein Rekordwert. In einer der wichtigsten Sozialumfragen des Landes war die Monarchie 2013 die einzige Institution, die an Beliebtheit gewann.

Das liegt auch daran, dass das Königshaus dem britischen Volk die Behaglichkeit einer beständigen Ordnung vermittelt. Die Briten brauchen dieses Sicherheitsgefühl heute mehr denn je, das Land steckt gerade in einer schweren Sinnkrise. Das Londoner Bankenviertel erholt sich erst allmählich von dem Erdbeben im globalen Finanzsystem, das auch einen Teil des britischen Selbstverständnisses und des Stolzes zusammenbrechen ließ. Die folgende Rezession war die längste und schwerste seit dem Zweiten Weltkrieg, sie hat viele Menschen arm gemacht und zermürbt. Dazu kommt eine grassierende Europamüdigkeit; ungefähr die Hälfte der Briten würde bei einem EU-Referendum für den Austritt stimmen. Gleichzeitig hat das Volk etwa Angst davor, dass sich die Regierung in den Krieg in Syrien einmischt.

Prinz Charles und später sein Sohn William werden diesen Rückwärtsdrang ihres Landes bremsen müssen. Das Königreich war vor allem dann stark, wenn es sich als Empire der Welt öffnete, die Wirtschaft blühte, wenn man mit aller Welt Handel trieb und die Grenzen nicht verschloss. Für die künftigen Regenten wird es nicht einfach werden, dem Volk Mut und Zuversicht zurückzugeben, auch weil das Vereinigte Königreich Risse bekommt.

Am 18. September 2014 stimmten die Schotten in einem Referendum darüber ab, ob sie ein Teil Großbritanniens bleiben oder sich vom Süden abspalten wollen. Die Kampagne wurde zur größten Zerreißprobe des Landes seit Jahrzehnten. Im Süden der Insel wurde der Tag des Referendums mit großer Angst erwartet, zwischenzeitlich sah es danach aus, als hätten die Separatisten eine Mehrheit. Die Queen konnte sich wegen ihrer überparteilichen Rolle nicht öffentlich äußern; allerdings gehört nicht viel Phantasie dazu, sich vorzustellen, wie katastrophal die schottische Abspaltung für sie und das gesamte Königshaus geworden wäre. Doch 55 Prozent entschieden sich für die Union. Selbst der überwiegende Teil derjenigen, die sich abspalten wollten, störten sich nicht am Königshaus, sondern an der Bevormundung durch die Londoner Regierung.

Kein Politiker, der etwas werden will, kann sich in Großbritannien leisten, zur Königin und ihrer Familie auf Distanz zu gehen. Ein bedeutender Teil des Volkes reagiert sehr sensibel auf Kritik an der Monarchie. Die britische Autorin Hilary Mantel hat das erfahren.

Mantel, zweifache Booker-Preisträgerin, befasst sich seit Jahren mit den Königen und Königinnen der Insel, mit ihren Skandalen, Intrigen und heimlichen Liebschaften. Vergangenes Jahr hielt sie in London eine Rede, »Königliche Körper« war ihr Thema, es fing harmlos an. Dann kam sie auf Kate Middleton zu sprechen. Die Herzogin habe ein perfektes Plastiklächeln und sei mit Gliedmaßen ausgestattet, die wie handgedrechselt und hochglanzlackiert aussähen – wie ein präzises Werkstück. Kate sei tadellos, deshalb sei sie für ihre Rolle auch ausgesucht worden: eine Frau »ohne Risiko, einen eigenen Charakter zu entwickeln«. Dann verglich Mantel die Königsfamilie noch mit Panda-Bären.

Das halbe Land schrie auf. Die *Sun* und die *Daily Mail* taten, als habe jemand versucht, die Königin zu vergiften, der Premierminister nannte Mantel »völlig fehlgeleitet«. Die Reaktionen waren heftiger als nach Mike Bartletts Theaterstück. In Mantels Sätzen wurde Kate zu einer hübschen, aber inhaltslosen jungen Dame, deren Hauptaufgabe darin besteht, dem königlichen Hof ihre Gebärmutter zur Verfügung zu stellen.

Die Finanzen der Krone — Wie viel Geld hat die Queen?

THE CROWN ESTATE

Seit 1760 gehen die Einnahmen aus den Krongütern an den Staat, der daraus den König finanziert. Heute ist der Crown Estate eine Holding, die Ländereien, Immobilien (z. B. in der Londoner Innenstadt) und Stromnetze im Wert von 9,9 Milliarden Pfund verwaltet. Der königliche Haushalt erhält jährlich 15 Prozent des Überschusses.

35,7 Mio. Pfund

Privatvermögen

vor allem Aktien und Einkommen aus Immobilienbesitz. Zum privaten Besitz von Queen Elizabeth gehören auch die Residenzen Balmoral Castle und Sandringham House.

330 Mio. Pfund geschätzt

Königliche Familie

Königlicher Haushalt

Der königliche Haushalt deckt, was zur Ausübung des königlichen Amtes notwendig ist wie Personal, Reisen, Unterhalt der bewohnten Paläste und Residenzen.

Queen Elizabeth II.

Thronfolger Prinz Charles

DUCHY of CORNWALL

19,5 Mio. Pfund

Ländereien und Immobilien in Südengland im Wert von 897 Millionen Pfund, die ebenso wie ihr Ertrag dem jeweiligen Thronfolger gehören.

Stand: 2013/14

DUCHY of LANCASTER

12,5 Mio. Pfund

Das Herzogtum umfasst Ländereien, historische Bauten und Immobilien in Südengland und in Wales im Wert von über 430 Millionen Pfund. Es ist Privatbesitz des regierenden Monarchen, aus den Einnahmen werden persönliche Ausgaben des Herrschers und der Royal Family gedeckt.

Mantel rührte an die Urangst vieler Briten, dass hinter der teuren Fassade des Buckingham-Palastes in Wahrheit eine große Leere gähnt. Könnte am Ende doch nur alles inszeniert sein? Die Königin verlieh Mantel trotzdem oder gerade deswegen vor Kurzem den Ehrentitel »Dame Commander of the Order of the British Empire«. Mantel freute sich darüber, womöglich war sie stolz. Es ist ein Zeichen der Stärke und des Selbstbewusstseins, wenn die Monarchie selbst ihre bösesten Kritiker so ungerührt umarmen kann.

Die Monarchie werde so lange existieren, wie das menschliche Herz stark und die Vernunft kraftlos sei, schrieb der britische Jurist und Journalist Walter Bagehot bereits 1867 in seinem Werk »Die Englische Verfassung«. Trotzdem flammt immer wieder eine Debatte darüber auf, ob man die Königin auch mit Steuergeld unterstützen muss. Immerhin besitzt sie ein Privatvermögen von 330 Millionen Pfund und steht in der Liste der reichsten Frauen Großbritanniens auf Platz 33.

Jedes Jahr bekommt sie vom Staat einen Anteil des Gewinns aus den Ländereien und Immobilien überwiesen, die zum Besitz der Krone zählen. Vergangenes Jahr waren das 35,7 Millionen Pfund. Die Kosten für Sicherheitspersonal, so Monarchiekritiker, seien darin noch nicht einmal enthalten. Von dieser Königsabgabe (Englisch »Sovereign Grant«) bezahlt sie ihre Reisen und die ihrer engsten Angehörigen, vorausgesetzt, sie gehören zu den Repräsentationspflichten. Sie beschäftigt davon 431 Angestellte, vom Gärtner bis zum Schatzmeister, heizt Schloss Windsor und zahlt die Instandhaltung ihres Helikopters. Ihre Berater wissen, dass Glanz und Pomp zwar geschätzt werden, aber nicht auf Kosten des Steuerzahlers. Der Palast rechnet daher gern vor, dass die Königsabgabe pro Untertan und Jahr nur 56 Pence ausmacht.

Doch ist sie in einer Zeit gerechtfertigt, in der auf der Insel so viele Menschen wie noch nie auf Essensspenden angewiesen sind und zu den lokalen Tafeln strömen, fragen sich etliche Briten. Eigentlich wären Elizabeth und ihre Familie reich genug, um auf die Millionen verzichten zu können, zumal sie ihre Privatschatulle mit Einnahmen aus dem Herzogtum Lancaster füllt. Charles bewirtschaftet das Herzogtum Cornwall, das seine Einnahmequelle und die Williams und Harrys ist. Diese Gewinne entgehen dem Staat. Die Organisation »Republic« schätzt, dass die Königsfamilie das Land am Ende bis zu 376 Millionen Euro kostet. Aber lässt sich der Wert einer Königin überhaupt in Geld beziffern?

Mehr noch als dies stört Kritiker, dass sich das Königshaus in die politischen Angelegenheiten des Landes einmischt. Im parlamentarischen System Großbritanniens besitzt der Monarch vor allem theoretische Macht. Er kann zwar gemäß der ungeschriebenen Verfassung das Parlament auflösen, Kriege erklären und zwischenstaatliche Verträge unterschreiben; aber er darf schon aus Selbstschutz nichts ohne die Zustimmung des Premierministers tun. Abgesehen vom Vetorecht bei Gesetzen, die die Krone betreffen, kann er in den legislativen Prozess nicht eingreifen.

Als Staatsoberhaupt muss er sich politisch strikt neutral verhalten. Der Königsfamilie bleiben deshalb nur die informellen Zugänge zum Machtapparat in Westminster. Darin am umtriebigsten ist Prinz Charles. Aktivisten für die Abschaffung der Monarchie werfen ihm vor, die Regierung regelmäßig unter Druck zu setzen, um seine Interessen durchzuboxen. Er ist ein eifriger Verfasser von Interventionsschreiben. Kürzlich kam heraus, dass er seit 1969 zu Themen, die ihm am Herzen liegen, Briefe an Ministerien verschickt, zuletzt ging es um die Schulpolitik, gentechnisch veränderte Lebensmittel und alternative Medizin. Wegen Charles' kritzliger Handschrift werden die Briefe »black spider memos« genannt – die Notizen der schwarzen Spinne.

Bislang ist der genaue Inhalt dieser Schreiben noch geheim, aber das könnte sich bald ändern. Seit neun Jahren kämpft der

Guardian um die Veröffentlichung eines Teils der Korrespondenz: 27 Briefe, von September 2004 bis April 2005. Der Generalstaatsanwalt blockierte die Herausgabe lange mit der Begründung, der Prinz offenbare »an vielen Stellen überaus freimütig« seine Meinung. Im Frühjahr urteilte ein Gericht allerdings im Sinne des *Guardian,* jetzt muss der Oberste Gerichtshof entscheiden.

Zudem kam heraus, dass sich Charles in den ersten drei Regierungsjahren des Cameron-Kabinetts insgesamt 36-mal mit Ministern traf und 7-mal mit dem Premierminister. Solche Meetings sind zwar genauso wenig verboten wie private Briefe, aber sie schmecken nach dem Versuch, auf die Regierungsgeschäfte Einfluss zu nehmen. Es würde Charles schwerfallen, die gebotene Neutralität zu wahren, wenn herauskommt, dass er damit beschäftigt war, auf geheimen Wegen in die Politik einzugreifen.

Seine Einmischungen zeigen, dass er ein aus demokratischer Sicht unangenehmer König werden kann. Das ist seine große Schwäche und könnte auch dem Ansehen der Monarchie schaden. Kein Untertan hat etwas dagegen, wenn Prinz Charles öffentlich seine Haltung zu Hochhäusern in London bekundet oder sich für britische Wolle einsetzt. Die Geheimniskrämerei macht ihn allerdings verdächtig.

Die Legitimität der Monarchie ist kein statischer Zustand, die Akzeptanz des Königshauses hängt von der Integrität der Personen an der Spitze ab, aber auch davon, ob der Monarch es schafft, weiter die Sehnsucht seines Volkes nach großen Gefühlen und Symbolen zu bedienen. Ob er hilft, das Regieren erklärbar und verständlich zu machen, wie Walter Bagehot es formuliert hat? Prinz Charles wird kein emotionaler König sein, er muss sich deshalb auch auf die nachfolgende Generation verlassen.

Im Moment erfährt die Familie Windsor vom Volk so viel Sympathie wie selten, was auch den Ereignissen der vergangenen Jahre geschuldet ist, der Hochzeit von Kate und William, dem diamantenen Thronjubiläum von Königin Elizabeth und der Geburt von Prinz George. Die Euphorie kann aber schnell verblassen, vor allem wenn sich zeigt, dass der neue König das Land nicht hinter sich vereinen kann. Für einen kurzen Moment sah es so aus, als hätte Charles III. das Oberhaupt zweier Staaten werden können – eines unabhängigen Schottlands und eines Rumpfstaates aus England, Wales und Nordirland. Die Union ist fragil, die Separatisten haben durch das knappe Ergebnis Rückenwind bekommen, und im Süden geht das Horrorszenario eines zweiten Schottland-Referendums um. Sollte die Union doch in nicht allzu ferner Zukunft auseinanderbrechen, kann das auch die Monarchie erschüttern. Es hinge dann weniger an Charles als an William und Kate, die Brücken zum Volk zu befestigen.

Eine wichtige Figur ist auch Prinz Harry, er verkörpert die verschmitzte, gelegentlich vulgäre Seite der Monarchie und bindet damit die Jugend an das Königshaus. Als 2012 nach einer Party in Las Vegas Nacktfotos von ihm auftauchten, hatte er anschließend so viele Fans unter britischen Jugendlichen wie kein anderes Mitglied der Royals. Unter sorgenvollen Höflingen im Buckingham-Palast gilt er als gefährlich, weil er unkontrollierbar erscheint. Mit großer Verachtung blickt das Palast-Establishment auf TV-Shows wie »I wanna marry ›Harry‹«, in der sich Mädchen bewähren müssen, um am Ende ein Double des Prinzen zu heiraten. Man kann es auch so sehen: Harry zeigt, wie es möglich ist, der Monarchie eine Spur Lässigkeit zu geben.

Das zweite Elisabethanische Zeitalter, geprägt von Disziplin, Stolz und Zähigkeit, geht gerade seinem Ende entgegen. Mit dem langsamen Aufstieg von William, Kate und George könnte eine optimistischere, heiterere Ära anbrechen, die dem Königshaus das Überleben sichert. Die Monarchie bleibt Familiensache – und eine nicht ganz billige, aber höchst unterhaltsame Form von öffentlichem Theater.

»Die Krone hat gerade eine starke Zeit«

Der Politiker und Bestsellerautor Michael Dobbs
über seine Rolle im House of Lords,
das Verhältnis zwischen Parlament und Monarch
und die Nähe seiner korrupten Figuren aus
»House of Cards« zur Wirklichkeit

Das Gespräch führten Bettina Musall
und Christoph Scheuermann.

SPIEGEL: Mr. Dobbs, 2010 hat die Queen Sie als Baron Dobbs of Wylye im County of Wiltshire zum Adligen auf Lebenszeit mit Sitz im House of Lords ernannt. Wie sollen wir Sie ansprechen?
DOBBS: Das kommt darauf an. Formell, im County Wiltshire, wo ich wohne, bin ich Lord Dobbs. Die Angestellten hier in Westminster nennen mich »Mylord«, im Oberhaus selbst werde ich »The Noble Lord« angesprochen. Sie können mich Michael nennen. Früher, wissen Sie, war ich ja mal ein ganz normaler Mensch.
SPIEGEL: Sind Privilegien mit Ihrem Titel verbunden?
DOBBS: Oh ja! Falls ich zum Tod durch den Strang verurteilt würde, könnte ich darauf bestehen, an einem Seil aus Seide aufgehängt zu werden. Verboten ist es mir, wählen zu gehen, diese Einschränkung teilen Oberhausmitglieder mit Kriminellen und Wahnsinnigen.
SPIEGEL: Erhalten Sie Einladungen zur Jagd oder zum Pferderennen in Ascot?
DOBBS: Es sind eher Wohltätigkeitsveranstalter, die klopfen an. Inzwischen vertrete ich als Schirmherr mindestens ein halbes Dutzend wie die »Royal National Lifeboat Institution«, die

Menschen in Seenot rettet oder die »People's Dispensary for Sick Animals«, die sich um Hunde, Katzen und all die anderen kranken Tiere kümmern. Ich werde sogar gebeten, für den guten Zweck zu singen oder mich im Tauziehen zu messen. Dabei zu helfen, unsere Gesetze zu verbessern, die Geschichte dieses wundervollen Ortes zu ergründen, auch selbst ein Teil dieser Geschichte zu sein, ist schon eine außerordentliche Erfahrung.

SPIEGEL: In House of Cards beschreiben Sie eine korrupte, zynische Welt in Parlament und Regierung. Bevor Sie zu schreiben anfingen, waren Sie Berater bei Premierministerin Margaret Thatcher. Wie viele Ihrer Figuren in der Serie basieren auf tatsächlichen Personen?

DOBBS: 90 Prozent, aber nicht die ganze Bosheit in einer Person, ich habe meine Charaktere aus vielen realen Typen zusammengesetzt. Aber keiner der Premierminister, die ich kannte, hat – wie in der englischen Originalfassung – einen Journalisten vom Dach des Westminster Palace geworfen. Obwohl einige sicher in Versuchung waren.

SPIEGEL: Stimmt es, dass Mrs. Thatcher ein eher gespanntes Verhältnis zur Queen hatte?

DOBBS: Diese Treffen fanden stets unter vier Augen statt, aber ich denke, es war ein sehr formelles Verhältnis, anders als bei ihrem Nachfolger John Major, der diese wöchentlichen Sitzungen sichtlich genoss.

SPIEGEL: Hat die Premierministerin je auf den Rat der Queen gehört?

DOBBS: Margaret Thatcher war nicht bekannt dafür, Ratschläge, egal, von wem, anzunehmen.

SPIEGEL: Wie sieht es mit der Neigung zu Intrigen im House of Lords aus?

DOBBS: Wir sind eigentlich ziemlich seriös, wir sind ja auch weniger bedeutend als das Unterhaus. Wir überarbeiten die

Gesetzgebung. Die Verschwörung und all das Aufregende passiert im House of Commons. Wir sind aber beruflich längst nicht so gefährdet wie die gewählten Abgeordneten, die vor jeder Wahl um ihren Job fürchten. Einmal Lord, lebenslang Lord. Ich kann aus dem Oberhaus geworfen werden, wenn ich unehrenhaft handle, gegen Gesetze verstoße, aber ich bleibe Lord.

SPIEGEL: Ist das Britische Parlament mit seiner an Verschwörungen reichen Geschichte anfälliger für Skandale als andere Nationen?

DOBBS: Wenn Sie sich das europäische Parlament anschauen und die nationalen Parlamente, bin ich sicher, dass wir nicht schlimmer sind als andere.

SPIEGEL: England ist immerhin die Wiege der parlamentarischen Demokratie.

DOBBS: Das ist unsere Geschichte, ja. Es gab Zeiten, da hätten sich die Leute umbringen lassen für das Recht zu wählen. Das ist nun nicht mehr nötig. Verschwörungen entstehen heute viel wahrscheinlicher aus persönlichem Ehrgeiz als aus ideologischen Motiven.

SPIEGEL: Welche Rolle spielt der Adel in einer demokratisch geprägten Monarchie?

DOBBS: Das Oberhaus spielt eine wichtige Rolle. Aber die meisten von uns sind keine Aristokraten! Es funktioniert, weil wir ernannt werden, nicht gewählt. Wir sind keine Rivalen des

MICHAEL DOBBS

schrieb zahlreiche Romane, darunter »House of Cards«, Vorlage der gleichnamigen erfolgreichen TV-Serie. Dobbs war Stabschef der Regierung Thatcher, Zeitungskolumnist und Vorstand der Werbeagentur Saatchi und Saatchi.

House of Commons. Unsere Macht beschränkt sich darauf, zu beraten. Wir dürfen unsere Kollegen dazu anregen, noch einmal nachzudenken, und meistens, wenn wir das tun, folgen sie unseren Argumenten.

SPIEGEL: Ihr Kollege Julian Fellowes, Autor der Adelsserie »Downton Abbey«, beschreibt in seinem Roman »Snobs«, dass der britische Adel noch immer Verhaltenscodes vorgibt. Wer nicht auf dem richtigen Internat war, wer nicht die richtigen Leute kennt, werde blitzartig aus der Unterhaltung ausgeschlossen. Ist das so?

DOBBS: Schulen wie das Eliteinternat Eton galten lange Zeit als Kaderschmiede der Upper Class – das gilt nicht mehr. Heute sind es doch die David Beckhams, die viel eher die Gesellschaft bewegen, als der Graf von Soundso. Die adlige Gesellschaft beschränkt sich im Großen und Ganzen darauf, von der Seitenlinie zu winken und wird nicht allzu ernst genommen.

SPIEGEL: Und wenn die Herrschaften unter sich sind?

DOBBS: Nun ja, die Angehörigen dieser Schicht sind über Generationen nach denselben Regeln erzogen worden. Tanten, Cousins, Großonkel, diese Familien sind weitläufig und doch eng miteinander verbunden. Sie wissen, woher sie kommen. Ich finde das charmant. Ich komme in meinem Stammbaum gerade bis zu den Urgroßeltern. Die Herkunft aus einer alten Familie hilft dabei, ein Gefühl für die eigene Identität zu bekommen. Aber immer wieder brauchen sie auch neues Geld.

SPIEGEL: Gibt es einen Unterschied zwischen altem Geld, altem Adel und den Neureichen, die manche als »Euro-Trash« bezeichnen?

DOBBS: Aristokraten waren einmal wie wir alle, vielleicht taten sie dem König vor langer Zeit hin und wieder einen Gefallen. Heute haben sie kein Geld mehr, und es ist das neue und oft aus dem Ausland kommende Geld, mit dem die alten Gemäuer und

Herrenhäuser restauriert werden. Euro-Trash? Blödes Wort. Ich freue mich, dass sie ihr Geld zu uns bringen.
SPIEGEL: Hat der Erfolg von »Downton Abbey« auch in Deutschland vielleicht damit zu tun, dass es dort um Werte wie Anstand, Würde, Loyalität geht, in einer Welt, die beherrscht ist von materiellen Dingen?
DOBBS: Ich denke, die Serie zeigt, dass die Welt der Aristokratie nicht wirklich anders ist als unsere. Ironischerweise sind es die kleine Leute unten, in der Küche, unter denen sich die heftigsten Verteidiger der Herrschaft oben in den Salons finden. Schließlich sind die es, die ihnen Arbeit und ein Dach über dem Kopf geben.
SPIEGEL: Ist Großbritannien heute durch und durch demokratisch?
DOBBS: Ich kenne keine Gesellschaft, die durch und durch demokratisch wäre. Die Demokratie muss permanent erneuert werden. Glauben Sie, die meisten Bürger wollen heute noch, dass gewählte Vertreter für sie entscheiden? Oder wollen sie lieber selbst entscheiden, per Mausklick im Internet? Kein System ist perfekt oder auf Dauer festgeschrieben. Ich denke, unsere britische Form der Demokratie funktioniert noch immer genauso gut wie die meisten anderen.
SPIEGEL: Wie stark sind die Klassenunterschiede heute in Ihrer Gesellschaft?
DOBBS: Die alten Zugehörigkeiten sind verwischt, Arbeiter wählen nicht mehr automatisch Labour, Reiche nicht mehr automatisch konservativ. Ich bin ein Arbeiterkind. Mein Vater war lange arbeitslos. Jetzt würde man mich wohl der Upperclass zurechnen. Dieses Auf und Ab ist heute normal.
SPIEGEL: Worin bestehen jetzt die Unterschiede?
DOBBS: Viel relevanter als die soziale Herkunft ist die Zugehörigkeit zu einer Ethnie. Reine Briten sterben aus, wenn sie je existiert haben. Es gibt Stadtteile in London, wo kaum noch

Englisch gesprochen wird. Wenn wir von Einwanderung sprechen, reden wir ja nicht von einer homogenen Gruppe von Einwanderern, sondern von Kulturen, die weit voneinander weit entfernt sind. Europäer, Afrikaner, Chinesen, Inder. Sie sind übrigens erheblich besser repräsentiert im House of Lords als im House of Commons. Diese verschiedenen ethnischen Gruppen sind die starken Kräfte heutzutage. Wie gut es uns allen gelingen wird, uns zu integrieren, wird entscheiden, wo Großbritannien in 50 Jahren kulturell sein wird.

SPIEGEL: Was trägt die königliche Familie zur politischen Entwicklung bei?

DOBBS: Stabilität! Okay, sagen wir, wir entwerfen den Staat auf einem weißen Blatt Papier neu, dann wären da sicher nicht beide darin, ein König und ein House of Lords. Aber: Es hat sich nun mal so entwickelt, und es funktioniert. Als William und Kate geheiratet haben, waren die Straßen überfüllt mit Menschen, und die waren ja nicht zum Erscheinen gezwungen. Die Leute wissen, wer sie repräsentiert, und müssen sich darum keine Sorgen machen. Die Krone hat in England gerade eine starke Zeit.

SPIEGEL: Woran liegt das?

DOBBS: Das Volk mag diese Windsors persönlich, und also mögen sie die Institution. Wenn das Volk die königliche Familie persönlich nicht mehr respektiert, beginnt die Institution der Monarchie zu wanken. Vor 20 Jahren, als das Drama mit Lady Di im Mittelpunkt stand, war die Monarchie viel weniger beliebt als heute.

SPIEGEL: Ist es vielleicht sogar das verbindende Element in der britischen Gesellschaft, dass die Leute aufschauen können zur Institution des Hofes?

DOBBS: Ich bin nicht sicher, ob sie aufschauen. Großbritannien, wie die meisten Länder in Europa, geht durch massive Veränderungen. Alles wird infrage gestellt. Aber während dieser Zeit der

Neubewertung hilft es enorm, einen fixen, sicheren Ort zu haben, der sich nicht verändert. Die Monarchie steht symbolisch für Beständigkeit. Hätten wir einen gewählten Präsidenten, hätte der es viel schwerer, sich herauszuhalten und über allem zu stehen.
SPIEGEL: In Spanien wird die Monarchie von der Bevölkerung anscheinend heftiger infrage gestellt als hier.
DOBBS: Die spanische Geschichte ist ja völlig anders als unsere. Abgesehen von Cromwell haben wir hier seit tausend Jahren eine Erbmonarchie. Unsere parlamentarische Demokratie hat sich ebenfalls über eine lange Zeit entwickelt. Spanien war für einen großen Teil des 20. Jahrhunderts eine Diktatur und eine Republik.
SPIEGEL: Kann ein Mitglied der königlichen Familie in Großbritannien heute noch Einfluss auf die Politik nehmen?
DOBBS: Unwahrscheinlich. Manche Leute glauben, dass Edward VIII. in den 1930er Jahren nicht nur abdanken musste, weil er eine geschiedene Amerikanerin heiraten wollte, sondern weil er sich politisch zu stark einmischte. Für das Ausmaß der königlichen Intervention gibt es Regeln. Dass ein Mitglied des Hofes auf den Tisch haut und sagt, das und das hat jetzt zu geschehen, ist nicht erlaubt. Was niemanden daran hindern kann, es zu versuchen …
SPIEGEL: Prinz Charles hat seit 1969 unzählige Briefe an Regierungsmitglieder geschrieben. Verletzt er damit eine Grenze?
DOBBS: Wir haben Regeln, aber diese Grenzen sind nicht so klar. Wir haben eine ungeschriebene Verfassung, die sich ständig entwickelt. Sicher kämpft Prinz Charles darum, den Raum zwischen der Verfassung und seinem persönlichen Gewissen auszunutzen. Die Grenze dafür, wie weit er dabei gehen darf, müssen wir im Parlament setzen. Aber das ist auch der Vorteil einer ungeschriebenen Verfassung: Sie kann sich Veränderungen anpassen.
SPIEGEL: Sollten seine Briefe nicht wenigstens veröffentlicht werden?

DOBBS: Sollten Ihre Briefe veröffentlicht werden?
SPIEGEL: Wir sind nicht Prinz Charles.
DOBBS: Dennoch. Ich sehe es so: Man kann nur ein guter König sein, wenn man vor allem ein zufriedener, in sich ruhender Mensch ist. Es gibt Leute, die sagen, seine erste Ehe mit Prinzessin Di war schon als Desaster angelegt, weil es eine arrangierte Heirat war. Er hatte nicht das Recht, die Frau zu heiraten, die er liebte. Kein Wunder, dass das in einer Tragödie endete.
SPIEGEL: Diana war die Erste, die gewissermaßen öffentlich litt an den höfischen Konventionen. Was hat sich seit ihrem Tod geändert?
DOBBS: Es gibt ein verbreitetes Gefühl dafür, dass wir alle an ihrem Schicksal irgendwie beteiligt waren. Sie wurde getrieben, nicht nur von den Paparazzi, auch wir alle, die immer neue Bilder von ihr sehen wollten, haben die Gier, ihr nachzustellen, angefeuert. Ich hoffe, das passiert nicht noch einmal.
SPIEGEL: Die Royals haben in der Öffentlichkeit den Rang von Popstars eingenommen. Führt das nicht zwangsläufig dazu, dass sie dem Auf und Ab der Medien ausgeliefert sind?
DOBBS: Sie sind keine Popstars, ihr Leben ist viel komplizierter. Sie leben im goldenen Käfig. Die meisten Leute verweisen darauf, dass der Käfig golden ist. Ich sehe vor allem, dass es ein Käfig ist. Ich bin am selben Tag wie Prinz Charles geboren. Hätte ich je mit ihm tauschen wollen? Nicht für eine Sekunde. Ich habe viel mehr Freiheit als er. Ich kann einen Narren aus mir machen, das interessiert niemanden.
SPIEGEL: Sie sind in Großbritannien geboren und zur Schule gegangen, haben in den USA studiert und Examen gemacht. Ziehen Sie eines der beiden politischen Systeme dem anderen vor?
DOBBS: Nein, überhaupt nicht. Wenn wir keinen Monarchen hätten, würde ich keinen mehr einführen. Aber nun ist es einmal so – und erstaunlich flexibel. Das amerikanische Präsidialsystem

hat 200 Jahre lang gut funktioniert, zurzeit geht es durch äußerst schwierige Zeiten, vielleicht auch, weil die Verfassung so unflexibel ist. Derzeit ist es hier in Großbritannien vielleicht sogar einfacher, Dinge umzusetzen, als in den USA.

SPIEGEL: Es gibt eine britische und eine amerikanische Version von »House of Cards«. Unterscheiden sich Amerikaner und Briten denn, wenn es um Konspiration und Korruption geht?

DOBBS: Oh ja! Die US-Fassung ist viel düsterer, die britische ist boshafter und manchmal beinahe komisch. Bei den Amerikanern geht es viel mehr ums große Geld, hier entstehen Konflikte zwischen Königshaus und Parlament, oder mit den Gewerkschaften. Das spiegelt die Serie.

SPIEGEL: Würde man aus Ihrer Biografie eine Filmfigur machen, dann wäre Lord Dobbs ein ziemlich irrer Typ: Sohn eines Polizeikrankenpflegers, Absolvent des Oxford Christ Church College, der berühmten US-Tufts University und der Fletcher School of Law and Diplomacy, Journalist, Politikberater, Saatchi-und Saatchi-Vorstand, Fernsehmoderator und Produzent, Bestsellerautor, Lord auf Lebenszeit…

DOBBS: Oh ja, ich bin ziemlich erstaunlich. Total unglaublich! Es hat echt Spaß gemacht, aber das war alles irgendwie Zufall. Ich hatte keinen Masterplan. Für gewöhnlich war 'ne Menge Alkohol im Spiel, und oft geschahen die Dinge, weil ich hinter einer Frau her war. Schauen Sie, ich bin freiberuflich, da fragst du dich jeden Morgen, wie werde ich meine vier Kinder ernähren, wie werde ich meine Familie durchbringen. Manchmal erschreckt dich das. Und es inspiriert dich auch.

SPIEGEL: Lord Dobbs, wir danken Ihnen für dieses Gespräch.

ANHANG

CHRONIK

400 bis 1500
England im Mittelalter

ab 400
Die römischen Truppen ziehen ab. Angeln, Jüten und Sachsen siedeln sich an und unterwerfen die britische Bevölkerung.

um 450
Der Missionar Patrick verbreitet den christlichen Glauben im keltischen Irland.

476
Der letzte weströmische Kaiser wird abgesetzt. Das Frankenreich entwickelt sich zur stärksten Macht in Mitteleuropa.

600
Der erste christliche König Englands heißt Æthelberht von Kent. Kurz zuvor hatte die Christianisierung unter dem Missionar Augustinus begonnen.

ab 719
Der gebürtige Engländer Winfrid, genannt Bonifatius, bringt das Christentum in die germanischen Gebiete östlich des Rheins.

um 790
Norwegische und dänische Wikinger fallen ein. Aus den anfänglichen Raubzügen wird 865 eine ständige Besatzung von weiten Teilen der Insel.

800
Karl der Große wird vom Papst zum Kaiser des Heiligen Römischen Reichs gekrönt.

871
Alfred der Große herrscht in England und trägt bald den Titel König der Angelsachsen. Er wird zum wichtigsten Herrscher der nicht von Dänen besetzten Landesteile. Seine Nachfolger regieren dann über das ganze Land.

CHRONIK

1013
Die Dänen erobern England erneut. Die englischen Adligen tragen dem Dänenkönig Knut dem Großen die Krone an, England wird Teil eines Großreichs mit Dänemark sowie Teilen von Schweden und Norwegen.

1066
In der Schlacht bei Hastings erobert der Normannenherzog Wilhelm das Land. Er führt das Lehnsrecht ein. Offizielle Sprache im Land ist nun Französisch.

1096
Ritter und Adlige ziehen im 1. Kreuzzug ins Heilige Land. Am 3. Kreuzzug ab 1189 nimmt auch der englische König Richard Löwenherz teil.

um 1140
Die Baukunst der Gotik entsteht in Frankreich. In England wird der Stil beim Neubau der Kathedrale von Wells 1180 aufgegriffen.

1152
Heinrich II. heiratet Eleonore von Aquitanien. Damit begründet er das Angevinische Reich mit Besitzungen in England, Frankreich und Spanien. Der englische König wird mächtigster Fürst in Frankreich.

1199
Johann Ohneland ist gleichzeitig König von England und Lord von Irland, er regiert faktisch über beide Länder.

1215
Die Magna Carta regelt das Verhältnis zwischen dem englischen König und dem Adel. Sie verbrieft grundlegende Rechte der Adligen und gewährt der Kirche Unabhängigkeit von der Krone.

1258
Der Adel verpflichtet den König, mindestens dreimal im Jahr ein Parlament einzuberufen. Die versammelten Vertreter der Barone, Ritter, Geistlichen und Städte sollen den König beraten und Steuern bewilligen.

CHRONIK

ab 1300
In Italien entwickelt sich die Renaissance. In England kommt die Bewegung erst im späten 15. Jahrhundert an.

1337
Im Hundertjährigen Krieg mit Frankreich versuchen die englischen Könige, ihre Ansprüche auf den französischen Thron durchzusetzen – erfolglos. Dennoch führen sie bis 1815 den Titel »König von Frankreich«.

um 1350
Die Hanse, ein Bündnis von Kaufleuten, später von Städten, beherrscht den Ostseehandel. In London dient der »Stalhof« an der Themse als Niederlassung.

1363
Englisch wird offizielle Gerichtssprache. Auch am Hof spricht man mehr und mehr die einheimische Sprache statt des vorher herrschenden Französisch.

1450
Johannes Gutenberg entwickelt in Mainz den Buchdruck mit beweglichen Lettern. William Caxton gründet 1476 die erste englische Druckerei.

ab 1455
In den Rosenkriegen streiten die rivalisierenden Adelsfamilien Lancaster und York mit ihren Privatarmeen um die englische Königskrone.

1485
Heinrich Tudor aus dem Haus Lancaster besiegt König Richard III., heiratet die Erbin des Hauses York und wird als Heinrich VII. König. Damit beendet er die Rosenkriege und begründet die Dynastie der Tudors.

1500 bis 1688
Reformation und Revolution

1517
In Wittenberg verfasst Martin Luther seine 95 Thesen gegen die römische Kirche. Die pro-

testantische Reformation breitet sich rasch aus.

1522
Ferdinand Magellan, Portugiese, umsegelt im Auftrag der spanischen Krone die Welt. Der Engländer Francis Drake schafft dies 1580.

1534
Heinrich VIII. lässt sich im »Act of Supremacy« zum Oberhaupt der englischen Kirche erklären. England ist nun unabhängig von Rom. Heinrichs Sohn Eduard VI. setzt eine protestantische Kirchenordnung in Kraft.

1535
Das englische Recht gilt nun auch in Wales, als deren Herrscher sich die englischen Könige seit der Eroberung durch Eduard I. 1282 verstanden.

1553
Maria Tudor, »Bloody Mary«, kommt an die Macht. Sie führt das katholische Bekenntnis wieder ein und heiratet den spanischen Thronfolger Philipp. Protestanten lässt sie verfolgen, viele werden hingerichtet.

1558
Elizabeth I., Halbschwester Marias, wird Königin. Unter ihr kehrt England zu einem gemäßigten Protestantismus zurück. 1588 besiegt die englische Flotte die spanische Armada.

um 1600
Der üppige Stil des Barock löst die Renaissance ab. Im protestantischen England baut man eher klassizistisch streng.

1600
Die East India Company wird gegründet. Die dort organisierten Kaufleute haben in England ein Monopol auf den Handel mit Indien.

1603
Der schottische König Jakob wird gleichzeitig auch König von England und Irland. Der Sohn der hingerichteten Maria Stuart ist Protestant, regiert

jedoch nicht im Interesse der Puritaner.

1607
Englands erste ständige Kolonie, Virginia, wird in Nordamerika gegründet. Puritanische Passagiere der »Mayflower« gründen 1620 das heutige Massachusetts, Maryland zieht ab 1633 vor allem Katholiken an.

1618
Der Dreißigjährige Krieg erschüttert Europa. England bleibt wegen seiner Insellage verschont.

1625
Unter Karl I. spitzt sich der Streit zwischen Krone und Parlament zu. 1628 fordert das Parlament mehr Rechte der Untertanen, daraufhin löst der König das Parlament auf und entwickelt die Regierung in Richtung Absolutismus.

1642
Im Bürgerkrieg kämpfen Truppen des Königs gegen ein Parlamentsheer unter Oliver Cromwell, das am Ende den Sieg davonträgt. Karl I. wird 1649 hingerichtet.

1649
Die Monarchie wird abgeschafft. England wird zum »Commonwealth and Free State«, an der Spitze des regierenden Staatsrats steht Oliver Cromwell. Nach Auflösung des Parlaments 1653 regiert er mit diktatorischer Gewalt.

ab 1650
Tee aus China, importiert durch die East India Company, kommt in England in Mode. Im »transatlantischen Dreieckshandel« bringen englische, holländische und portugiesische Handelskompanien Sklaven aus Afrika in die amerikanischen Kolonien und Rohstoffe nach Europa zurück. England baut dadurch seine Handelsmacht aus.

1658
Parlament und Armee einigen sich nach dem Tod Cromwells nicht auf eine Verfassung. Deshalb handelt eine Delegation

mit dem ältesten Sohn des enthaupteten Karl I. eine Rückkehr als König nach England aus.

1660
Restauration der Monarchie. Karl II. wird König, das Parlament besteht wieder aus Ober- und Unterhaus. Auch die Staatskirche wird wieder etabliert.

1661
In Frankreich regiert Ludwig XIV. Er verbündet sich 1670 in Geheimverträgen mit dem englischen König Karl II.

1667
Der Zweite Englisch-Niederländische Seekrieg endet mit dem Frieden von Breda. England baut seine Seeherrschaft aus.

1679
Im Habeas Corpus-Act schützt das englische Parlament die persönliche Freiheit des Einzelnen.

1685
Jakob II., der katholische Bruder Karls II., wird König. Zwar gewährt er Religionsfreiheit, doch er fördert Katholiken und düpiert damit Staatskirche und Privilegierte. Er regiert zunehmend absolutistisch.

1688
Vertreter des Ober- und Unterhauses bitten den niederländischen Regenten Wilhelm III. von Oranien, Schwiegersohn Jakobs II. und Abkömmling der Stuarts, König in England zu werden. Jakob II. flüchtet nach Frankreich, Wilhelm wird König, das Parlament steigert durch diese Glorious Revolution seine Macht. Katholiken sind fortan von der Thronfolge ausgeschlossen, die »Bill of Rights« tritt 1689 in Kraft.

1688 bis 1837
England in der Aufklärung

1690
Der Philosoph John Locke veröffentlicht seinen »Essay

Concerning Human Understanding« und begründet damit den modernen Empirismus, nach dem nicht Ideen, sondern Erfahrungen den Menschen prägen.

1701
Der Gegensatz zwischen Whigs und Tories bestimmt zunehmend die englische Politik. Anhänger des Hofes sind nun überwiegend Whigs, die Opposition besteht aus Tories. Im Spanischen Erbfolgekrieg kämpfen die europäischen Großmächte, darunter auch England, um die Machtbalance in Europa. England erhält 1704 das spanische Gibraltar und steigert seine Bedeutung als Seefahrernation.

1703
Der Naturforscher Isaac Newton wird Präsident der Gelehrtengesellschaft »Royal Society«, mit der die englischen Naturwissenschaften weltweit führend werden – sie treiben die europäische Aufklärung maßgeblich mit voran.

1707
Mit dem »Act of Union« werden England und Schottland zum Vereinigten Königreich Great Britain zusammengeschlossen, der »Union Jack« ist jetzt die gemeinsame Flagge.

1714
Königin Anne, aus dem Hause Stuart, stirbt und hinterlässt nur katholische Erben. Deshalb beruft das Parlament einen entfernten Verwandten, den protestantischen Kurfürsten Georg von Hannover, zum König.

1756
Im Siebenjährigen Krieg gewinnt England die französischen Kolonien in Nordamerika, Spanien tritt Florida ab.

ab 1760
Technische Neuerungen wie die Spinnmaschine »Spinning Jenny« oder James Watts' Dampfmaschine geben der industriellen Revolution einen enormen Schub. Um 1788 sind in England bereits 20 000 »Jennies« im Einsatz.

1773
Aus Protest gegen britische Steuern und Handelsbeschränkungen versenken englische Siedler im Hafen von Boston eine Ladung Tee. Die Boston Tea Party löst den amerikanischen Unabhängigkeitskrieg aus.

1776
Die 13 nordamerikanischen Kolonien erklären ihre Unabhängigkeit von England und gründen 1787 die Vereinigten Staaten von Amerika.

1788
Nahe des heutigen Sydney in Australien entsteht eine Strafkolonie für englische Häftlinge. Damit beginnt die Kolonialisierung des Kontinents, den James Cook wenige Jahre zuvor für die Krone in Besitz genommen hatte.

1789
Proteste gegen steigende Brotpreise führen in Frankreich zur Revolution. Revolutionäre Ideen werden in ganz Europa populär.

ab 1792
Die europäischen Mächte kämpfen in wechselnden Allianzen gegen das revolutionäre Frankreich, das ab 1799 unter Napoleon Bonaparte große Teile Mitteleuropas erobert.

1794
Auch in England kommt es zu revolutionären Bestrebungen, etwa unter Webern, Metallarbeitern und Gewerbetreibenden. Sie fordern eine demokratische Republik. Die Regierung hebt daraufhin Grundrechte auf.

1801
Nun wird auch Irland offiziell Teil des Vereinigten Königreichs – gegen den Willen vieler Katholiken, die dort leben und gegenüber Protestanten vielfach benachteiligt sind.

1805
In der Seeschlacht bei Trafalgar besiegt der britische Admiral Nelson die französische Flotte und verhindert eine drohende Invasion Napoleons auf der Insel.

1815
In der Schlacht von Waterloo besiegen englische und preußische Truppen Napoleon, der schon 1813 in der Völkerschlacht bei Leipzig eine entscheidende Niederlage hinnehmen musste. Der Wiener Kongress etabliert eine neue, vorerst stabile Ordnung in Europa.

1819
Das Fabrikgesetz verbietet in Großbritannien den Einsatz von Kindern unter neun Jahren als Arbeitskräfte. Aufstände von Webern in Manchester werden mit Gewalt niedergeschlagen.

1825
Die erste öffentliche Eisenbahnlinie Europas wird zwischen Stockton und Darlington im Nordosten Englands eröffnet.

1829
Katholiken in Irland und England werden staatsbürgerlich den Protestanten weitgehend gleichgestellt. An den Universitäten Oxford und Cambridge dürfen sie aber weiterhin nicht studieren.

1830
Der Ruf nach politischen Reformen wird lauter. Vor allem das Wahlrecht – es gilt ein hoher Zensus, nach dem nur Besitzende wählen und gewählt werden dürfen – steht in der Kritik. Die Angst vor einer Revolution nimmt zu.

1830
In der Julirevolution zwingen die Franzosen König Karl X. zur Abdankung. Der König flieht nach England, Frankreich bleibt jedoch Monarchie.

1832
Eine Verfassungsreform sorgt für einen neuen Zuschnitt der Wahlkreise, mehr Männer dürfen jetzt wählen. Allerdings gilt weiterhin ein Zensus, und die Wahlen sind nicht geheim. An der aristokratischen Dominanz im Parlament ändert sich wenig.

1837 bis 2014
Das moderne England

1837
Mit der Krönung Victorias endet die Personalunion zwischen dem Kurfürstentum Hannover und Großbritannien.

1838
Die englische »Sirius« überquert als erstes Dampfschiff den Atlantik und läuft in New York ein. Die Überfahrt dauert 18 Tage und 14 Stunden.

1843
Nach dem ersten Opiumkrieg tritt China Hongkong als Kronkolonie an das Empire ab.

1845
In Irland wütet die Große Hungersnot. Binnen weniger als zehn Jahren wandern zwei Millionen Iren aus, viele von ihnen in die USA.

1848
In London erscheint das »Kommunistische Manifest« von Karl Marx und Friedrich Engels. In Italien, Frankreich und Deutschland erheben sich die Bürger in Revolutionen. Frankreich wird wieder Republik, die Demokraten in Deutschland scheitern.

1858
Indien wird als »Vizekönigtum« der britischen Krone unterstellt.

1859
Die Whigs heißen nun Liberale. Die Tories sind seit 1830 die Konservativen.

1863
Die Londoner U-Bahn, die weltweit erste unterirdische Eisenbahn, nimmt den Betrieb auf.

1867
Nach einer Reform der Wahlgesetze verdoppelt sich die Zahl der Wahlberechtigten auf etwa zwei Millionen, das entspricht etwa 30 Prozent der erwachsenen Männer.

1869
Der Sueskanal wird eröffnet und verkürzt den Seeweg nach

Nah- und Fernost. Zwischen London und Bombay sparen die Schiffe nun 24 Tage.

1872
Ab jetzt wird im Königreich geheim gewählt. 1874 sitzen erstmals Arbeiter – zwei Bergleute – im Unterhaus.

1900
Eine Partei der Gewerkschaften gründet sich und gewinnt schnell Anhänger. Ab 1906 heißt sie Labour Party.

1914
Unter Georg V. kämpft England im Ersten Weltkrieg an der Seite Frankreichs und der USA gegen das Großmachtstreben Deutschlands. Nach Kriegsende tritt das Land 1920 dem neu gegründeten Völkerbund bei.

1921
Irland wird nach einem Unabhängigkeitskrieg in einen mehrheitlich protestantischen Norden und einen katholischen Süden geteilt. Der Süden ist als Freistaat nun weitgehend unabhängig von Großbritannien.

1928
Nun haben erstmals auch Frauen das Wahlrecht, wenn sie volljährig sind.

1931
Aus dem britischen Empire wird das Commonwealth of Nations, ein Zusammenschluss der ehemaligen Kolonialstaaten. Einige, aber nicht alle, erkennen weiterhin den britischen Monarchen als Staatsoberhaupt an.

1938
Unter Premierminister Chamberlain verfolgt das Land zunächst eine Appeasement-Politik gegenüber Hitler-Deutschland. 1939 tritt das Land in den Krieg ein.

1939
Mit dem Überfall Deutschlands auf Polen beginnt der Zweite Weltkrieg. Nach Kriegsende 1945 wird Großbritannien Mitglied der Vereinten Nationen.

1946
Der Kalte Krieg prägt die Nachkriegszeit. Der britische Premier Winston Churchill spricht vom »Eisernen Vorhang« zwischen Ost und West.

1947
Indien wird unabhängig von Großbritannien. Vorausgegangen war ein jahrzehntelanger Unabhängigkeitskampf unter Führung von Mahatma Gandhi.

1949
Der Freistaat Irland wird Republik.

1957
Ghana erringt die Unabhängigkeit von Großbritannien. In den Sechzigerjahren gibt das Königreich fast alle afrikanischen Kolonien auf.

1968
Studenten revoltieren in vielen europäischen Ländern gegen das politische Establishment. In einigen Ländern entwickeln sich in der Folge bewaffnete linksradikale Terrorgruppen.

1969
In Nordirland beginnen die bürgerkriegsartigen Unruhen zwischen Protestanten und Katholiken.

1973
England tritt der Europäischen Wirtschaftsgemeinschaft bei. Sie war 1947 von Frankreich, der Bundesrepublik Deutschland, Italien und den Beneluxstaaten gegündet worden.

1979
Margaret Thatcher wird der erste weibliche Regierungschef des Landes. Die neoliberale Wirtschafts- und Sozialpolitik der »Eisernen Lady« ist umstritten. Die Irish Republican Army (IRA), die für die Lösung Nordirlands aus dem Vereinigten Königreich kämpft, tötet einen Verwandten der Queen, Lord Mountbatten.

1982
Argentinien besetzt von England beanspruchte Gebiete auf den Falkland-Inseln und löst damit den Falkland-Krieg aus,

der von Großbritannien gewonnen wird.

1990
Deutschland ist wiedervereinigt. Die nach dem Zweiten Weltkrieg stationierten britischen Truppen sollen deshalb bis 2020 aus Deutschland abgezogen werden.

1992
Der Vertrag von Maastricht begründet die Europäische Union.

1994
Der Kanaltunnel zwischen England und Frankreich wird eröffnet. Der Eurotunnel ist 50 Kilometer lang, 38 Kilometer verlaufen unter dem Meer.

1997
Schottland und Wales stimmen in Referenden für die Einrichtung von Regionalparlamenten, die ein Schritt in Richtung Selbstverwaltung sind.

1997
Die Kronkolonie Hongkong fällt an China zurück, behält jedoch für 50 Jahre einen Sonderstatus innerhalb des chinesischen Staates.

1998
Das »Karfreitagsabkommen« zwischen Großbritannien, der Republik Irland und den Parteien Nordirlands soll den Konflikt in Nordirland beenden. Die Teilung Irlands wird auf Dauer anerkannt.

2002
Die Menschen in der Europäischen Union bezahlen jetzt mit dem Euro. Großbritannien behält das Pfund.

2003
Die USA ziehen mit Verbündeten – darunter Großbritannien – in den Irak-Krieg gegen Saddam Hussein.

2011
Prinz William, Enkel von Queen Elizabeth II., heiratet die Bürgerliche Catherine »Kate« Middleton. Die Hochzeit macht die Monarchie wieder sehr populär.

Buchhinweise

Hanna Vollrath, Natalie Fryde (Hg.): »Die englischen Könige im Mittelalter. Von Wilhelm dem Eroberer bis Richard III.«.
Verlag C.H.Beck, München, 2009.
Fachhistoriker schildern und analysieren die verzwickten Machtkämpfe, Ränkespiele und Intrigen der mittelalterlichen Royals.

Peter Wende (Hg.): »Englische Könige und Königinnen der Neuzeit. Von Heinrich VII. bis Elisabeth II.«.
Verlag C.H.Beck, München, 2008.
Die Fortsetzung des Mittelalter-Bandes zeigt, warum die englische Monarchie über alle Krisen der Neuzeit hinweg Bestand hatte.

John E. Neale: »Elisabeth I., Königin von England«.
Diederichs Verlag, München, 2004.
Süffig und mit vielen Details aus der Renaissancezeit erzählt der britische Historiker das Leben und die Regierungspraxis der »Feenkönigin«.

Neil MacGregor: »Shakespeares ruhelose Welt«.
Verlag C.H.Beck, München, 2013.
Wunderbar anschauliche Schilderung des Umfelds, in dem der Dichter im elisabethanischen England lebte, mit Exkursionen in Politik, Mode und Schifffahrt.

Katja Lembke, Niedersächsisches Landesmuseum Hannover (Hg.): »Als die Royals aus Hannover kamen. Hannovers Herrscher auf Englands Thron. 1714–1837«.
Sandstein Verlag, Dresden, 2014.
Der Katalog zur gleichnamigen Ausstellung erläutert reich bebildert, wie

Hannovers Kurfürsten Könige von Großbritannien wurden und welche Folgen das für beide Reiche hatte.

Gisela Vetter-Liebenow, Wilhelm Busch – Deutsches Museum für Karikaturen und Zeichenkunst (Hg.): »Königliches Theater! Britische Karikaturen aus der Zeit der Personalunion und der Gegenwart«.
Sandstein Verlag, Dresden, 2014.
Seit England die Pressefreiheit erfand, mussten sich die Könige Spott und Satire gefallen lassen. Der Ausstellungskatalog erläutert die politische Bedeutung der Zeichnungen.

Karina Urbach: »Queen Victoria. Eine Biografie«.
Verlag C.H.Beck, München, 2011.
Erfrischend in der Sprache, gestützt auch auf sehr persönliche Quellen der legendären Queen, zeichnet die in England lebende deutsche Historikerin Urbach ein lebendiges, informatives Porträt.

Sarah Bradford: »Elizabeth II. Her Life in our Times«.
Penguin Verlag, London, 2011.
In einer Branche, die vor allem vom Hörensagen lebt, zeichnet sich Sarah Bradfords Biografie durch Plausibilität im Urteil und Verzicht auf allzu viel Klatsch aus.

Autorenverzeichnis

Stefan Berg ist Autor im Deutschlandressort des SPIEGEL in Berlin.

Felix Bohr war Redakteur im Deutschlandressort des SPIEGEL.

Georg Bönisch war Redakteur in der SPIEGEL-Redaktionsvertretung in Düsseldorf.

Sebastian Borger ist freier Autor in London.

Dr. Thomas Darnstädt war Redakteur im Deutschlandressort des SPIEGEL.

Dr. Martin Doerry ist Autor im Kulturressort des SPIEGEL.

Marco Evers ist Redakteur im Wissenschaftsressort des SPIEGEL.

Jan Fleischhauer ist Autor im Deutschlandressort des SPIEGEL in Berlin.

Dr. Angelika Franz ist freie Journalistin mit Schwerpunkt Archäologie und Geschichte.

Dr. Dagmar Freist ist Professorin für Geschichte der Frühen Neuzeit an der Universität Oldenburg.

Annette Großbongardt ist stellvertretende Leiterin der Reihen SPIEGEL GESCHICHTE und SPIEGEL WISSEN.

Wolfgang Höbel ist Autor im Kulturressort des SPIEGEL.

Hans Hoyng war langjähriger Leiter des SPIEGEL-Auslandsressorts.

Britta Kessing ist freie Autorin in Eutin.

Uwe Klußmann ist Redakteur bei SPIEGEL GESCHICHTE und SPIEGEL WISSEN.

Dr. Joachim Kronsbein ist Autor im Kulturressort des SPIEGEL.

Dr. Romain Leick ist Autor im Kulturressort des SPIEGEL.

Bettina Musall ist Redakteurin bei SPIEGEL GESCHICHTE und SPIEGEL WISSEN.

Johannes Saltzwedel ist Redakteur bei SPIEGEL GESCHICHTE und SPIEGEL WISSEN.

Christoph Scheuermann ist Redakteur in der SPIEGEL-Redaktionsvertretung in London.

Eva-Maria Schnurr ist Redakteurin bei SPIEGEL GESCHICHTE und SPIEGEL WISSEN.

Michael Sontheimer ist Redakteur im Deutschlandressort beim SPIEGEL in Berlin.

Frank Thadeusz ist Redakteur im Wissenschaftsressort des SPIEGEL.

Konstantin von Hammerstein ist Autor im Deutschlandressort des SPIEGEL in Berlin

Dr. Peter Wende ist Historiker und war von 1994 bis 2000 Direktor des Deutschen Historischen Instituts in London.

Dank

Entstehen konnte dieser Band nur, weil viele kluge und sorgsame Kollegen die Autoren unterstützt haben. Das von Dr. Hauke Janssen geleitete SPIEGEL-Dokumentationsteam prüfte alle Beiträge gewohnt sicher und umsichtig auf sachliche Richtigkeit; beteiligt waren Jörg-Hinrich Ahrens, Ulrich Booms, Dr. Heiko Buschke, Andrea Curtaz-Wilkens, Johannes Eltzschig, Klaus Falkenberg, Dr. André Geicke, Tobias Kaiser, Renate Kemper-Gussek, Ulrich Klötzer, Dr. Walter Lehmann-Wiesner, Rainer Lübbert, Sonja Maaß, Nadine Markwaldt-Buchhorn, Tobias Mulot, Margret Nitsche, Sandra Öfner, Thorsten Oltmer, Thomas Riedel, Marko Scharlow, Andrea Schumann-Eckert, Dr. Claudia Stodte, Stefan Storz, Dr. Eckart Teichert, Nina Ulrich, Anika Zeller, Malte Zeller. Schnell und findig besorgten die Bibliothekare Johanna Bartikowski und Heiko Paulsen die umfangreiche Fachliteratur.

Karten und Grafiken gestalteten Cornelia Baumermann, Gernot Matzke, Cornelia Pfauter, Julia Saur und Michael Walter; Thomas Hammer bereitete sie für dieses Buch auf. Claus-Dieter Schmidt wählte die Bilder aus, Britta Krüger kümmerte sich um die Bildrechte.

In der Schlussredaktion prüften Lutz Diedrichs und Tapio Sirkka den Text noch einmal auf Stimmigkeit. Elke Mohr und Petra Schwenke im Sekretariat sorgten für einen reibungslosen Ablauf.

Eva Profousová beim SPIEGEL und Katharina Reinartz bei der DVA haben das gesamte Buchprojekt betreut; für die Herstellung war Brigitte Müller verantwortlich. Ihnen allen gilt unser herzlicher Dank für die gute Zusammenarbeit.

Bettina Musall, Eva-Maria Schnurr

PERSONENREGISTER

Albert von Sachsen-Coburg-Gotha 13, 25, 207–213, *210*
Aldred von York, Erzbischof 42
Alexander II., Kaiser von Russland 214
Alexander II., Papst 41
Alfred der Große, König der Angelsachsen 34, 273
Alfred, Herzog von Sachsen-Coburg-Gotha 214
Andrew, Duke of York 236, 238, 243, 246
Anna von Dänemark, Gemahlin Jakobs I. 114
Anna von Kleve 98, 134
Anne, Königin von England 20f., 166, 184, 279
Anne, Princess Royal 236, 243, 246
Arthur Tudor 91
Arthur I., Graf der Bretagne 56
Artus 58–63, 64
Astor, Lord 245
Attenborough, David 232
Atterbury, Francis, Bischof von Rochester 168

Bagehot, Walter 257, 259
Baldwin, Stanley 215, 219
Bartlett, Mike 251, 255
Beaton, Sir Cecil 235
Beaverbrook, William, Baron 245
Beckham, David 264
Blair, Tony 235, 239
Blount, Elizabeth 94
Boleyn, Anne 94–99
Boleyn, Mary 94f.
Bolingbroke, Henry Saint John, Viscount 167
Brecht, Bertolt 123
Brown, Gordon 239
Burchill, Julie 246
Bute, John Stuart, Graf von 171

Calvin, Johannes 101, 132
Cameron, David 239, 259
Camilla (Parker Bowles), Duchess of Cornwall 219, 244–247
Caroline von Brandenburg-Ansbach 169f.
Catesby, Robert 120

Catherine de Valois *siehe* →
Katharina von Frankreich
Catherine (Middleton),
Duchess of Cambridge
24, 242 f., 247–252, *249*, 255,
259 f., 266, 285
Caxton, William 275
Cecil, William 103, 109
Chamberlain, Arthur Neville
223, 283
Charles, Prince of Wales
24, 26, 64, 219, 225, 236 f.,
241–247, 251–254, 258–260,
267 f.
Charteris, Lord Martin 238
Chrétien de Troyes 62
Christina von Dänemark
133
Christine von Mailand 98
Churchill, Winston 18, 26,
66, 70, 74, 136, 220, 224 f.,
227, 234, 284
Clemenceau, Georges
Benjamin 74
Clive, Robert 170
Conyngham, Lord 203
Cook, James 280
Coward, Sir Noël 220
Cromwell, Oliver
12, 127 f., 135–149, 151,
246, 267, 277
Cromwell, Thomas 78, 96

Darnley, Henry Stuart, Lord
112
Defoe, Daniel 185
Devereux, Robert *siehe*
Earl of → Essex
Diana (Spencer), Princess
of Wales 14, 24, 225, 229,
231, 234 f., 241 f., 244–248,
252, 266, 268
Disraeli, Benjamin 21, 213
Drake, Sir Francis 108, 118, 276
Dudley, Robert *siehe Earl of* →
Leicester

Edgar Ætheling 42, 45
Eduard, Sohn Eduards IV.
80, 83
Eduard der Bekenner, König
von England 36, 39–41, 43
Eduard I., König von England
63, 276
Eduard II., König von
England 128
Eduard III., König von
England 64, 68–70
Eduard IV., König von
England 83
Eduard VI., König von
England 98, 101 f., 276
Eduard VIII., König von
England 13, 25, 65, 215–226,
221, 231 f., 235, 243, 267

Edward, Earl of Wessex 243, 247–249
Eisenhower, Dwight D. 26
Eleonore von Aquitanien 48–50, 55 f., 274
Elizabeth I., Königin von England 11, 21 f., 78 f., 99–110, *105*, 112–121, 124 f., 136, 138, 237 f., 276
Elizabeth II., Königin von England 11, 14, 17–27, 64, 66, 225 f., 229–240, 242 f., *243*, 246 ff., 251 ff., 255, 257–262
Elizabeth Bowes-Lyon, »Queen Mum« 223–228, 234, 238, 242, 249
Emma von der Normandie 36 f.
Engels, Friedrich 282
Erasmus von Rotterdam 132
Essex, Robert Devereux, 2. Earl of 78, 109, 115, 119
Evelyn, John 145, 148

Fawkes, Guy 77, 120
Fellowes, Julian 264
Ferdinand II., König von Spanien 91 f.
Ferrers, Graf 190
Filmer, Sir Robert 159
Franco Bahamonde 216
Franz I., König von Frankreich 93
Franz II., König von Frankreich 112
Friedrich I. Barbarossa, römisch-deutscher Kaiser 46, 54
Friedrich II., römisch-deutscher Kaiser 76
Friedrich III., deutscher Kaiser 214
Friedrich Ludwig, Sohn Georgs II. August 169–171, 179

Gandhi, Mahatma 284
Gaulle, Charles de 70, 73 f., 234
Geoffrey von Coutances, Bischof 42
Geoffrey von Monmouth, Bischof 59
Georg I. Ludwig, König von England 13, 165–169, 176 f., 184, 279
Georg II. August, König von England 169–171, 177–180, 189
Georg III., König von England 23, 171–175, 196, 204

Georg IV., König von England 24, 175, 192–199, 204
Georg V., König von England 13, 215f., 231, 283
Georg VI., König von England 26, 66, 215, 221, 223f., 234f., 249
George Plantagenet, Duke of Clarence 79
Godfrey Goodman, Bischof 110
Goebbels, Joseph 225
Göring, Hermann 227
Gottfried, Sohn Heinrichs II. 53
Gottfried V. Plantagenet, Graf von Anjou 47–50
Grosley, Pierre-Jean 189
Gundulf 76
Gutenberg, Johannes 275

Haakon IV., König von Norwegen 77
Händel, Georg Friedrich 176–180, *178*, 191
Harald III. Hardråde, König von Norwegen 42
Hargreaves, James 279
Harington, John 106
Harold II. Godwinson, König der Angelsachsen 41f.
Harris, Sir Arthur Travers 228
Harry von Wales, »Harry« 24, 242, 247, 249, 252, 258, 260
Haydn, Joseph 191
Heath, Sir Edward 237
Heinrich I., König von England 61
Heinrich II., König von England 47–54, *51*, 62, 68, 274
Heinrich II., König von Frankreich 11, 113
Heinrich III., König von England 53, 76
Heinrich IV., römisch-deutscher Kaiser 41
Heinrich V., König von England 71f., 122
Heinrich VI., König von England 72, 80, 128
Heinrich VI., römisch-deutscher Kaiser 55
Heinrich VII., König von England 62, 83, 90, 275
Heinrich VIII., König von England 11, 21f., 62, 89–99, 101, 132–134, 188, 251f., 276
Heinrich der Löwe 55
Henrietta Maria, Gemahlin Karls I. 150f.

Heß, Rudolf 225
Hillary, Edmund 66
Hitler, Adolf 25, 216, 223, 225, 241, 283
Hoesch, Leopold von 219f.
Hogarth, William 189, 193
Hoggart, Simon 227
Holbein, Hans der Jüngere 132–134
Hugo Capet, König von Frankreich 47
Hurault, Andre 107
Hussein, Saddam 285

Innozenz III., Papst 57
Isabella von Frankreich 68

Jakob I., König von England 77, 110, 112, 114–116, 120–124, 138–140, 166, 276f.
Jakob II., König von England 124, 148, 151, 154–156, 159, 161, 278
Jakob IV., König von Schottland 92
Jakob V., König von Schottland 112
Jakob VI., König von Schottland *siehe →Jakob I.*
Jakobs, Josef 75
James Hepburn, Earl of Bothwell 112

Jane Seymour 98
Jeanne d'Arc 72f.
Johann Ohneland, König von England 47, 53, 55ff., 76, 274
Johann II., der Gute, König von Frankreich 70f.
Johann der Blinde, König von Böhmen 70
John de Balliol, König von Schottland 79
Johnson, Samuel 187
Jonson, Benjamin 121

Karl der Große, römischer Kaiser 46f., 273
Karl I., König von England 12, 22, 124–131, *129*, 139–145, 149f., 159, 277
Karl II., König von England 23, 147–155, 159, 182f., 278
Karl VI., König von Frankreich 71f.
Karl VII., König von Frankreich 72
Karl X., König von Frankreich 281
Karl IV., römisch-deutscher Kaiser 70
Karl V., römisch-deutscher Kaiser 93, 96

Karoline von Braunschweig 192, 195–198
Katharina von Aragón 91, 94–96, 133
Katharina von Braganza 154
Katharina von Frankreich 122
Katherine Howard 78, 98
Katherine Parr 98
Keiser, Reinhard 177
Klemens VII., Papst 96, 133
Knut II., der Große, König von Dänemark, England und Norwegen 36, 274
Knut IV., König von Dänemark 46

Leibniz, Gottfried Wilhelm 169
Leicester, Robert Dudley, Earl of 103, 109
Leo IX., Papst 38f.
Leo X., Papst 93, 96
Leopold III., König von Belgien 227
Leopold V., Herzog von Österreich 54f.
Ley, Robert 225
Lichtenberg, Georg Christoph 181f., 191
Locke, John 13, 157–161, 278f.
Lopes, Rodrigo 119

Ludwig VII., König von Frankreich 48, 50, 52
Ludwig XIV., König von Frankreich 156, 278
Luther, Martin 96f., 275

Magellan, Ferdinand 276
Major, John 262
Malory, Sir Thomas 63
Mantel, Hilary 255, 257
Margaret Tudor 92
Mark Phillips 236, 246
Maria I., Königin von England 21, 100–102, 114, 154, 276
Maria I., Königin von Schottland 104, 111–113, 118, 237f., 276
Maria II., Königin von England 21, 155f., 182
Martin, Kingsley 236
Marx, Karl 282
Mary von Teck 215f.
Mathilde, Gemahlin Wilhelm d. Eroberers 38
Mathilde, Gemahlin Gottfrieds V. Plantagenet 50
Mattheson, Johann 177
McCarron, James 229f.
McCarron, Susan 229f.

McElvoy, Anne 249f.
Melbourne, William Lamb, Viscount 205f., 208f.
Melusina von der Schulenburg 166
Mercier, Philip 178
Monck, George, 1. Duke of Albemarle 149
Monckton, Walter 218
Morus, Sir Thomas 98, 133
Mountbatten, Louis, Earl of Burma 284
Mountjoy, Lord 90
Mozart, Wolfgang Amadeus 191
Murdoch, Rupert Keith 245
Murray, Lady Anne 147

Napoleon I. Bonaparte, Kaiser der Franzosen 74, 174f., 196f., 280f.
Nelson, Horatio, Viscount 74, 174, 280
Newton, Sir Isaac 279
Nikolaus II., Papst 39

Oates, Titus 153
Odo von Bayeux, Bischof 39, 45
Osbern, William Fitz 39

Otto IV. von Braunschweig, römisch-deutscher Kaiser 55, 57
Ovid 122

Palmerston, Henry John Temple, Viscount 212
Paterson, William 184
Peel, Sir Robert 208f.
Pepys, Samuel 150, 182
Pétain, Henri Philippe 73
Pitt, William der Ältere 170f.
Pitt, William der Jüngere 173–175
Philip, Duke of Edinburgh 24, 225, 232, 234f., 238, 241, 243, 247
Philipp II., König von Spanien 101, 103, 276
Philipp II. Augustus, König von Frankreich 54f., 68
Philipp VI. von Valois, König von Frankreich 68–70
Pius V., Papst 104
Porpora, Nicolo 179
Prynne, William 142
Putin, Wladimir 241

Queen Mum *siehe →* *Elizabeth Bowes-Lyon*

Raffael 134
Raleigh, Sir Walter 78f., 108
Reagan, Ronald Wilson 238
Ribbentrop, Joachim von 220
Richard, Sohn Eduards IV.
  80, 83
Richard I. Löwenherz, König
  von England 47, 52–56,
  62, 274
Richard II., König von
  England 128
Richard III., König von
  England 80–85, 275
Robert I., Herzog der
  Normandie 38
Robert II. Kurzhose, Herzog
  der Normandie 45f.
Robinson, Mary 194
Rodin, Auguste 70
Roosevelt, Anna Eleanor 224
Roosevelt, Franklin Delano 224
Rousseau, Jean-Jacques 159

Salisbury, Catherine
  Montacute, Gräfin von 65
Salmond, Alexander 255
Sarah (Ferguson), Duchess
  of York 236, 246
Schiller, Friedrich von 111
Seneca 139
Shaftesbury, Anthony Ashley-
  Cooper, 3. Earl of 159–161

Shakespeare, William 71, 80,
  82, 84, 114–123
Shaw, George Bernard 229
Shea, Michael 239
Simpson, Ernest 217, 219
Simpson, Wallis 13, 215–225,
  235, 267
Sixtus V., Papst 109
Sophie von der Pfalz 166
Sophie Dorothea, Gemahlin
  Georgs I. Ludwig 166f.
Spenser, Edmund 109
Stanhope, James, 1. Earl of 167f.
Stubbes, John 106
Sven Gabelbart, König von
  Dänemark und England 36

Thatcher, Margaret 19, 66,
  237–239, 253, 262f., 284
Thomas Becket, Erzbischof
  von Canterbury *51*, 52
Tizian 134
Tyndale, William 97

Victoria, Königin von England
  11, 13, 20f., 24f., 29, 63,
  203–214, *210*, 226, 233, 282
Voltaire 159, 169, 191

Wallmoden, Gräfin 170
Walpole, Horace 190
Walpole, Sir Robert 168–170

Walsingham, Francis 104, 109
Watt, James 279
Welf I., Graf 47
Wellington, Arthur Wellesley, Herzog von 175
Wesley, John 173
Wilhelm I., der Eroberer, König von England 11, 37–46, *43,* 76, 274
Wilhelm II., deutscher Kaiser 161
Wilhelm III. von Oranien, König von England 21, 155f., 182, 278
Wilhelm IV., König von England 203, 206
Wilkes, John 171
William, Duke of Cambridge 24, 64, 232, 247, *248,* 249f., 251f., 254, 258–260, 266, 285
Wilson, Sir Harold 237
Wolsey, Thomas, Erzbischof von York 92–94, 96
Wren, Sir Christopher 183, 186

Zwingli, Ulrich 132